# AHPの理論と実際

木下栄蔵 編著

日科技連

# まえがき

　21世紀を前にして混迷を深める現代社会において，「意思決定」というキーワードはますます重要になっている．近未来の政治，経済，経営の問題，あるいは個々人の進路選択などの問題に対して，さまざまな条件が錯綜する中から，最も重要な戦略的目標を達成するために最適な選択を効率よく行う必要が高まっているからである．

　このようなとき，新しい意思決定手法として登場してきたのが米国ピッツバーグ大学の T. L. Saaty 教授が開発した AHP（Analytic Hierarchy Process, 階層分析法）である．AHP の新しさは，人間なら誰もが持っている経験や勘という感覚情報を意思決定のプロセスにおける重要な要素にしているところにある．これによって，従来の意思決定手法ではモデル化できなかったり，数量化することが難しかったりしたテーマも AHP を使えば扱えるようになった．

　一般には経験や勘といったものは客観的に測定できない不確かなものと思われているが，AHP では，まず戦略的な目標に至るプロセスを階層構造に分け，次にこの階層のそれぞれにおいて経験や勘による評価を行い，それを数学的に処理することによって，偏った主観に陥ることのない総合判断にまとめ上げるのである．すでに米国では，軍事，外交，経営などのさまざまな分野で戦略目標を決定する手法として AHP が使われ，その有効性を立証している．

　このような背景の中で，1998年 AHP 国内シンポジウム（日本オペレーションズ・リサーチ学会主催・土木学会協賛），1999年 第5回 AHP 国際シンポジウム（日本オペレーションズ・リサーチ学会・土木学会共催）を行った．その結果，国内外における AHP の理論研究，ならびに事例研究の高まりを肌で感じた．すなわち，AHP の発展モデルである ANP（Analytic Network Process）や AHP における新しい視点（考え方）が提案され，近年理論的発展は著しいものがある．同時に，事例の数も国内外で飛躍的に伸び，社会的ニーズの高まりがあり，適

用分野も多岐にわたっている．したがって，本書『AHPの理論と実際』の刊行は前述の両シンポジウムの内容を反映している．

また，本書はAHPを研究勉強されている研究者や学生，実際の業務でAHPの解析に従事されている人たちのためにわかりやすくまとめたものである．

なお，本書を刊行する動機は，Saaty教授の研究に対する情熱に感動した所産である．Saaty教授に深い謝意を表したい．

また，前述した両シンポジウムにおいて，お世話になった日本オペレーションズ・リサーチ学会，土木学会の関係者の諸氏に深い謝意を表したい．

最後に，本書の企画から出版に関わる実務にいたるまでお世話になった日科技連出版社出版部部長山口忠夫氏に深い謝意を表したい．

2000年5月23日

編著者　木下栄蔵

## 執筆者一覧

(執筆順)

| | |
|---|---|
| 木下 栄蔵 | 名城大学都市情報学部 教授，工学博士 |
| 高橋 磐郎 | 筑波大学 名誉教授，学術博士 |
| 山田 善靖 | 東京理科大学理工学部経営工学科 教授，工学博士 |
| 中西 昌武 | 名古屋経済大学経済学部 助教授，工学博士 |
| 西澤 一友 | 日本大学生産工学部数理工学科 助教授，工学博士 |
| 高野 伸栄 | 北海道大学大学院工学研究科都市環境工学専攻 助教授，工学博士 |
| 田村 坦之 | 大阪大学大学院基礎工学研究科システム人間系専攻 教授，工学博士 |
| 尾崎 都司正 | 株式会社関西新技術研究所，工学博士 |
| 関谷 和之 | 静岡大学工学部システム工学科 助教授，博士(経営工学) |
| 八巻 直一 | 静岡大学工学部システム工学科 教授，工学博士 |
| 加藤 直孝 | 石川県工業試験場 情報指導部，博士(情報科学) |
| 亀山 嘉正 | 岡山県立大学情報工学部情報システム工学科 教授，工学博士 |
| 倉重 賢治 | 岡山県立大学情報工学部情報システム工学科 助手，博士(工学) |
| 金尾 毅 | 山武ビルシステム株式会社 FM センター |
| 藤本 政博 | ジャスディック・パーク株式会社 |
| 桃澤 宗夫 | 阪神高速道路公団 業務部 調査役，工学博士 |
| 轟 朝幸 | 高知工科大学工学部社会システム工学科 助教授，工学博士 |
| 岸 邦宏 | 北海道大学大学院工学研究科都市環境工学専攻 助手，工学博士 |
| 土井 利明 | 東海旅客鉄道株式会社 総合企画本部 副本部長，工学博士 |
| 印南 洋之 | 栃木県土木部都市計画課 副主幹 |

# 目　　次

まえがき ……………………………………………………………… ⅲ
執筆者一覧 …………………………………………………………… ⅴ

第1章　序　　論 ……………………………………… 木下栄蔵 … 1
　1.1　はじめに ……………………………………………………… 1
　1.2　AHPの発展経緯と諸問題 …………………………………… 2
　1.3　ISAHPの経緯 ………………………………………………… 5
　1.4　本書の構成と各章の内容 …………………………………… 7

## 理　論　編

第2章　AHPからANPへ ……………………………… 高橋磐郎 … 11
　2.1　AHPの基本構造 ……………………………………………… 12
　2.2　AHPとLLS …………………………………………………… 16
　2.3　ANPとは —— その超行列による表現 …………………… 20
　2.4　ANPの解法 —— 強連結ネットワーク構造の場合 ……… 23
　2.5　評価の基本原理 ……………………………………………… 27
　2.6　基本原理のANPへの適用 …………………………………… 29
　2.7　ANPの一般解法 ……………………………………………… 33
　　　2.7.1　既約行列の基準化　34
　　　2.7.2　強連結成分への分割　36
　　　2.7.3　ANPの一般解法　38
　　　2.7.4　応用例　41

## 第3章 支配型AHPと一斉法 ……………… 木下栄蔵 … 47

### 3.1 支配的視点に基づく新しいAHP ── 支配代替案法 ………… 47
3.1.1 支配代替案法　47
3.1.2 支配代替案法の例題　52
3.1.3 適用方法　54

### 3.2 AHPの適用における支配的視点と普遍的視点の関係 ………… 55
3.2.1 従来型AHP（普遍的視点）　55
3.2.2 支配型AHP（支配的視点）　58
3.2.3 本節のまとめ　64

### 3.3 支配代替案法における追加情報処理「一斉法」 ……………… 65
3.3.1 支配代替案における追加データの問題　66
3.3.2 一斉法　67
3.3.3 本節のまとめ　75

## 第4章 集団合意形成とAHP …………… 山田善靖・中西昌武 … 77

### 4.1 区間AHPによる集団合意形成 ………………………………… 77
4.1.1 はじめに　77
4.1.2 提案するグループのための区間AHPの特徴と手順　79
4.1.3 主張区間　82
4.1.4 ［定義1］主張区間　82
4.1.5 グループのための一対比較区間行列の設定　83
4.1.6 重要度決定法　84
4.1.7 不満足度の定義　85
4.1.8 重要度決定モデルの定式化　86
4.1.9 例題　87
4.1.10 結論と将来展望　89

### 4.2 意思決定ストレスによる集団合意形成 ………………………… 90
4.2.1 はじめに　90
4.2.2 集団AHP手法の四つのシナリオ　91
4.2.3 集団意思決定ストレス法のデータモデル　94
4.2.4 集団意思決定ストレス法の算定例　95
4.2.5 格付け値の分布傾向　98

4.2.6　集団意思決定ストレス法の適用方法と今後の課題　101

## 第5章　整合性とファジィ性　　　　　　　　　西澤一友・高野伸栄 … 105

### 5.1　整合性の評価とその改善　105

　　5.1.1　一対比較の優劣の逆転　106
　　5.1.2　過大評価または過小評価　112
　　5.1.3　まとめ　116

### 5.2　非加法的ウェイトを用いたAHP　117

　　5.2.1　AHPとファジィ理論　117
　　5.2.2　可能性測度，必然性測度　117
　　5.2.3　ファジィ測度を用いた評価法の定式化　119
　　5.2.4　非加法的ウェイトを用いた評価例　121
　　5.2.5　まとめ　129

## 第6章　AHPと効用関数　　　　　　　　　　　田村坦之・尾崎都司正 … 131

### 6.1　AHPと効用関数の比較　131

　　6.1.1　効用関数　131
　　6.1.2　多属性効用関数の分解表現　134
　　6.1.3　AHPにおける分解表現とD-AHP　136
　　6.1.4　Barzilaiの選好関数モデリング　142

### 6.2　AHPと効用関数のモデル解釈　143

　　6.2.1　選択確率と効用関数　143
　　6.2.2　ロジットモデルの誘導　145
　　6.2.3　AHPと選択確率　147
　　6.2.4　AHPとロジットモデルの関係　150
　　6.2.5　実データの結合モデルの検証　152

## 第7章　AHPと固有値問題　　　　　　　　　　　　　　　関谷和之 … 160

### 7.1　固有値法とは　160
### 7.2　非負行列とフロベニウス定理　161
### 7.3　自己評価と外部評価　164

|    7.4 ばらつき最小化問題 ……………………………………… 166
|    7.5 最小ノルム問題 ………………………………………… 171
|    7.6 ブランドイメージと価格設定 ………………………… 174
|    7.7 モデル比較と課題 ……………………………………… 176

## 実 際 編

### グループAHPの人事評価への適用 ……………… 八巻直一 … 183
1. はじめに ……………………………………………………… 183
2. 評価項目の重みの決定 ……………………………………… 184
3. 大規模AHPのモデル ………………………………………… 186
4. おわりに ……………………………………………………… 190

### AHP評価の繰返し修正支援法と
### その実装システム ……………………………………… 加藤直孝 … 192
1. はじめに ……………………………………………………… 192
2. AHPによる評価の修正 ……………………………………… 192
3. 例 題 ………………………………………………………… 194
4. システムの概要 ……………………………………………… 197
5. 評価実験 ……………………………………………………… 200
6. 応用事例 ……………………………………………………… 201
7. おわりに ……………………………………………………… 202

### 感覚情報の定量化による機械システムの
### 信頼性・安全性解析 ……………………………… 亀山嘉正・倉重賢治 … 204
1. はじめに ……………………………………………………… 204
2. フォールトツリーとその重要度解析 ……………………… 205
3. 一対比較法を用いたクリティカリティ重要度の算出 …… 206
　　3.1 一対比較結果を表現する修飾語とその割当数値　206
　　3.2 多数の基本事象に対する発生確率の推定　206

3.3　複数のフォールトツリーを考慮した解析　207
　　3.4　総合クリティカリティ重要度の算出手順　207
　4．小型エンジンの信頼性解析 ……………………………………… 208
　5．ファジィ一対比較法の適用 ……………………………………… 213

# 絶対評価法によるリニューアルのコストベネフィット評価 …………………………… 金尾　毅 … 215

　1．はじめに ………………………………………………………… 215
　2．A H P ……………………………………………………………… 216
　3．リニューアルのコストベネフィット分析 ……………………… 217
　　3.1　AHPの拡張　217
　　3.2　コストベネフィット分析　219
　　3.3　フィールドデータ　220
　　3.4　計 算 処 理　222
　　3.5　処 理 結 果　222
　4．おわりに ………………………………………………………… 223

# 国際的適用事例とソフトウェア ……………………………… 藤本政博 … 225

　1．はじめに ………………………………………………………… 225
　2．国際的適用事例 ………………………………………………… 226
　　2.1　原子力発電所建設の可否に対する国会審議での利用　226
　　2.2　ペルー日本大使公邸人質事件　228
　3．AHPを利用するための日本語ソフトウェア ………………… 231
　　3.1　ねまわしくん（㈱日本科学技術研修所）　232
　　3.2　エキスパート・チョイス・プロ（ディエムエス㈱）　233
　　3.3　AHP関連ソフトウェア（大栄広告事業社）　234
　　3.4　人事評価（㈱インテリジェント・ウェイブ）　236
　4．おわりに ………………………………………………………… 237

## 阪神高速道路における自動点検監視システムの評価 ……………………… 桃澤宗夫 … 239

  1. はじめに ……………………………………………………………………… 239
  2. 設備データの導入評価検討 ………………………………………………… 239
    2.1 データ項目の抽出　240
    2.2 評価要因　240
    2.3 ペア比較　241
    2.4 固有ベクトルの算出　243
    2.5 重みベクトルの算出　243
    2.6 評価点数　244
  3. 考　察 ………………………………………………………………………… 246
  4. おわりに ……………………………………………………………………… 248

## 新たな地方国際空港の候補地選定 ……………………… 轟　朝幸 … 249

  1. はじめに ……………………………………………………………………… 249
  2. 候補地選定問題 ……………………………………………………………… 249
    2.1 経　緯　249
    2.2 候補地選定問題の明確化　250
    2.3 第三者機関での審議手順　250
  3. 候補地代替案の総合評価 …………………………………………………… 251
    3.1 代替案評価手法の検討　251
    3.2 AHPによる評価作業　252
    3.3 総合評価の結果　256
  4. AHP適用の成果と留意点 …………………………………………………… 257

## ANPモデルによるリスク評価 ……………………… 岸　邦宏 … 259

  1. はじめに ……………………………………………………………………… 259
  2. 事例対象地区の現状 ………………………………………………………… 259
  3. リスクの受容と拒否 ………………………………………………………… 260
    3.1 リスクとは　260

3.2　リスクの受容と拒否に関するプロセス　260
　4．観光振興と安全性に関する意識調査の実施 ……………………………… 262
　5．ANPモデルによる遊歩道代替案の評価 …………………………………… 263
　　5.1　ANPモデルによる層雲峡遊歩道整備方策の階層図　263
　　5.2　ANPモデルの適用　263
　　5.3　重要度の決定　264
　　5.4　ANPの超行列（Super Matrix）　264
　　5.5　評価項目の総合評価ベクトル　266
　　5.6　代替案の総合評価ベクトル　266
　6．ANPモデルの評価の政策決定への適用 …………………………………… 267

# 21世紀の社会経済環境の構造変化に対応した
# トリップ発生モデル ………………………………… 土井利明 … 269

　1．はじめに ……………………………………………………………………… 269
　2．既往の研究経緯 ……………………………………………………………… 269
　3．提案する需要予測手法の考え方と概要 …………………………………… 270
　　3.1　需要予測の考え方　270
　4．発生モデルの概要 …………………………………………………………… 270
　　4.1　モデル化の考え方　271
　　4.2　トリップ発生量の想定フロー　272
　　4.3　ビジネストリップ発生モデル　273
　5．トリップ発生量の想定 ……………………………………………………… 276
　　5.1　評価すべき課題の設定　276
　　5.2　シナリオの設定　276
　　5.3　ビジネストリップ発生量の想定　276
　6．予測結果 ……………………………………………………………………… 281
　　6.1　トリップ発生量の算定結果　281
　　6.2　感度分析　282
　7．おわりに ……………………………………………………………………… 284

## 県民意識調査と県の将来像の評価 …………………… 印南洋之 … 286
   1. はじめに ……………………………………………………………… 286
   2. 県民意識調査におけるAHPの実施方法 …………………………… 287
   3. AHPによる「県の将来像」の分析結果 …………………………… 289
   4. 「県の将来像」と期待される県政施策 …………………………… 293
   5. おわりに ……………………………………………………………… 297

索　引 ………………………………………………………………………… 299

# 第1章 序　　論

木　下　栄　蔵

## 1.1　はじめに

　社会システムは多くの場合，多目的システムであり，ある目的水準を上げようとすると他の目的水準が下がる，というようなコンフリクトが生じる．このコンフリクトをいかに適切に処理し，総合的にバランスのとれた決定を行うかが重要な課題となる．多目的意思決定モデルは，まさに，このような多目的システムに対するシステム科学的技法である．

　しかし，この種のモデルを社会システムの中で適用するには，人間的価値判断（トレードオフ分析等）をどのように科学的技法の中に取り入れるかが重要な点になる．すなわち，社会システムにおける多目的意思決定は，単に数理計画の目的関数を複数化するだけでは不十分であり，人間の価値判断の処理をも対象とするシステムの中に入れ，総合的な立場からシステムを見ようとする点がその本質と考えられる．

　Thomas L. Saaty の階層分析法（AHP：Analytic Hierarchy Process [1]）は，このような課題に応えうる，主観的判断とシステムアプローチをうまくミックスした手法の一つとして，現在欧米を中心に広く適用されている．適用分野は，経済問題・経営問題・エネルギー問題・政策決定・都市計画など多岐にわたる．

　そこで本章では，つづく1.2節でAHPの発展経緯と諸問題を，1.3節でISAHPの経緯を述べ，最後の1.4節で本書の構成と各章の内容について述べ

ることにする．

## 1.2 AHPの発展経緯と諸問題

Saatyのオリジナル一対比較法は相対評価法(Relative Measuremenet Approach)と呼ばれるものであるが，代替案の数が多くなると対応しきれないなどの欠点を有する．そこでSaatyはこのような欠点を克服するために絶対評価法(Absolute Measurement Approach)を提案した(木下はこのアプローチのひとつの計算法を具体化した [2])．すなわち，AHPには，相対評価法と絶対評価法の二つの手法がある．相対評価法は，評価項目のそれぞれに対する代替案間の一対比較結果をもとに総合評価を行うものである．絶対評価法は，評価項目のそれぞれに対する各代替案の絶対評価値をもとに総合評価を行うものである．前者は代替案間の直接的な比較が有効な場合に適用され，後者は評価尺度を媒介しての代替案間の間接的な比較が有効な場合に適用される．どちらの評価法も評価項目の重みが代替案の評価と独立に与えられる点では同じである．Saatyが提案したこの二つのアプローチを木下・中西は，従来型AHPと名づけた．

従来型AHPにおいては，各評価項目案間，各代替案間，あるいは評価項目と代替案の間は独立であると仮定している．しかし実際には独立ではなく従属している場合がある．そこでSaatyは各評価項目間あるいは各代替案間に従属性がある場合に対して，Inner Dependence法(内部従属法)[3] を提案した．この方法は各評価項目あるいは各代替案の従属関係を別途一対比較により測定し，当該の従属関係を定量的に内包したモデルである．Saatyは，また，評価項目と代替案の間に従属性がある場合に対して，Outer Dependence法(外部従属法)を提案した．この考え方の特徴は，各評価項目の重みが，総合目的より一意に決定されるのではなく，各代替案ごとに決定され，それらが異なってもよい点にある．このように異なるレベル間に従属性があるとき，それらの関係を同時に表現するsuper matrix(Saaty提案)を用いて分析する．この結果，

**図表 1.1** 従来型 AHP 手法の階層的な発展形態

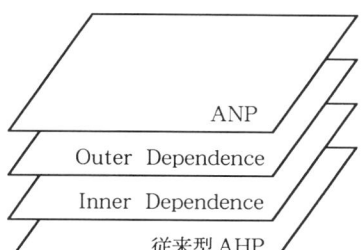

各評価項目の重みと各代替案の評価値が一定値に収束することが示されている．また，このような考え方は，一般の Network 上でも適用可能であることが示され，Saaty は，ANP(Analytic Network Process)[4] と名づけた(図表 1.1)．

ところで，Saaty による従来型 AHP については第 2 章に詳しく解説されている．

一方，木下，中西は，Saaty とは異なる視点で，支配型 AHP [5] を提案した．支配型 AHP は，そもそも各評価項目の重要度，ならびに各代替案の評価が，特定の具体的な代替案を基準にイメージしてはじめて決定できるという考え方によって立つものである．従来型 AHP は，そのような代替案間の差別的関係をまったく根拠としていない．しかし AHP は，もともと合理的な意思決定を水路づける思考オペレーション法として考案されたものである．合理的な意思決定を行うための道筋の恣意的な選択が最初に行われなければならない．支配型 AHP は，AHP が内在的に課題としていた道筋選択の恣意性の問題に関する，従来型 AHP とは別のひとつの解である．

これらは，従来型 AHP と同様の発展型を考えることができ，従来型の相対評価法，絶対評価法に対応するものとして，それぞれ，支配代替案法，支配評価水準法と名づけている [6] [7]（図表 1.2）．

ところで，木下，中西による支配型 AHP については第 3 章に詳しく解説されている．

**図表 1.2　支配型 AHP の今後の発展イメージ**

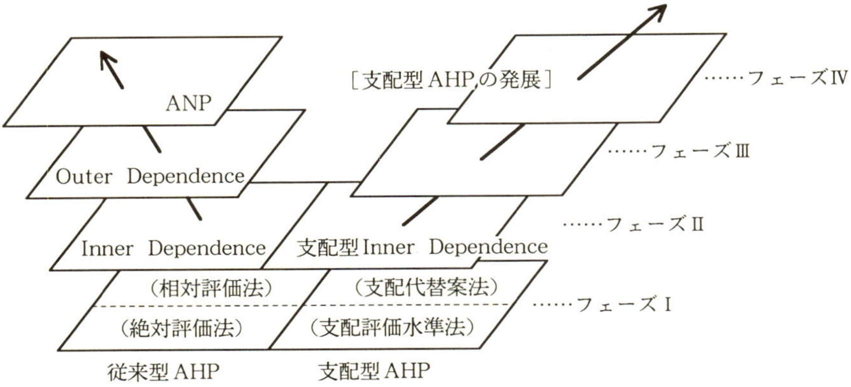

```
                              [支配型 AHP の発展]
        ANP                                          ……フェーズⅣ
   Outer Dependence                                  ……フェーズⅢ
   Inner Dependence  │  支配型 Inner Dependence      ……フェーズⅡ
   (相対評価法)       │   (支配代替案法)
   ─────────────────┼─────────────────              ……フェーズⅠ
   (絶対評価法)       │   (支配評価水準法)
       従来型 AHP           支配型 AHP
```

次に，AHP の諸問題として以下の点が考えられる．

(1)　集団で意思決定を行う際の集団 AHP の考え方(第 4 章参照)
(2)　整合性の評価とその改善について(第 5 章参照)
(3)　AHP モデルの中でのファジィ性の取り扱い方(第 5 章参照)
(4)　米国・ヨーロッパ・日本で大いに議論になっている AHP と効用関数の関係(第 6 章参照)
(5)　AHP と固有値問題(第 7 章参照)
(6)　総合評価値における順位逆転問題(Belton と Gear による提唱)
(7)　一対比較値の尺度について
(8)　具体的事例研究について(実際編参照)

以上の諸問題については対応する各章で解説されている．また(6)については，絶対評価法(Saaty 他)・支配型 AHP(木下他)・D-AHP(田村他)によると Belton と Gear が提唱する順位逆転現象は回避される．(7)一対比較値の尺度については，Saaty 型以外に Lootsma の指数型，Hamalainen 型等が考えられている．(8)具体的事例研究については，実際編に掲載されている 10 事例だけでなく，多岐にわたる事例が報告されている．機会があれば紹介するつもりである．

## 1.3 ISAHPの経緯

　AHPにおける国際シンポジウム，いわゆるISAHP(International Symposium on The Analytic Hierarchy Process)は，1988年9月 中国の天津市(天津大学)で第1回が行われた．実行委員長はBao Liu教授(天津大学)であり，参加者は約130名であった．第2回は，AHPの提唱者Saaty教授のお膝元米国のピッツバーグ市(ピッツバーグ大学)で，1991年8月に行われた．実行委員長は，Luis G. Vargas教授(ピッツバーグ大学)であり，参加者は約70名であった．第3回は，1994年7月 米国ワシントンDC(ジョージ・ワシントン大学)で行われた．実行委員長は，Ernest H. Forman教授(ジョージ・ワシントン大学)であり，参加者は約70名であった．第4回は，1996年7月 カナダのバンクーバー市(サイモン・フレイザー大学)で行われた．それは同時に，Saaty教授の満70歳の誕生パーティ兼AHPからANPへの誕生パーティでもあった．実行委員長は，William C. Wedley教授(サイモン・フレイザー大学)であり，参加者は約130名であった．

　ところで，第5回は，1999年8月に日本で開催されたが，共催学会(土木学会・日本オペレーションズ・リサーチ学会)の学会誌に報告された内容の一部を以下に掲載する．

---

### ISAHP '99(第5回AHP国際シンポジウム)開催される

　さる1999年8月12日～14日，神戸国際会議場において，第5回AHP(Analytic Hierarchy Process：階層分析法)国際シンポジウムが開催された(第5回AHP国際シンポジウム実行委員会〔委員長 名城大学都市情報学部 木下栄蔵教授〕主催，土木学会・日本オペレーションズ・リサーチ学会共催)．参加者は，これまでのシンポジウムの中で最大規模にのぼり，15カ国と1地域から153人，80編の発表が行われた．

AHPは，評価要因，代替案を階層構造としてとらえる意思決定手法であり，これまで，政策立案，軍事，土木，人事評価，設備管理，システム開発，教育経営などの諸分野における，方策策定や代替案選定の局面で多くの適用がなされてきた．また，近年においては，住民参加型ワークショップにおいても用いられるなど，集団合意形成における有力なツールとして，注目されている．

　大会初日には，「きめる社会ときまる社会」と題する名城大学木下教授の基調講演の後，AHPの創始者であるピッツバーグ大学Saaty教授から，「AHPの七つの柱」と題する招待講演が行われた．氏は，これまで問題を階層構造としてとらえるAHPから，ネットワーク構造でとらえるANP(Analytic Network Process)へと，理論化を進めてこられたが，現在の関心は，これを土台とする新たなニューラルネットワークモデル作りにあるとのことである．

　発表セッションにおいては，理論面では，

1) 評価要因，代替案間の従属関係をも考慮するANPとAHPとの比較，
2) AHPにおいて伝統的に適用されてきた固有ベクトル法の新たな理論的意味付け
3) 集団意思決定ストレス法と区間AHP法との関係づけ
4) 総当たりの一対比較法と特定代替案を基準とする評価手法との比較
5) 主観的評価における評価尺度のありかたについての見直し
6) AHPとロジットモデルとの理論的関係
7) AHPとゲーム理論との理論的接合

などについて内外の研究者による積極的な討議がなされ，適用面では，教育法および交通，地域開発，経営，労働など広範囲にわたる実証研究について，熱心な議論があった．

　今回のISAHPでは，これまでにない試みとして，理論的にホットな話題を取り上げたパネルディスカッションや特別ゼミナールをセッションに組み込んだが，期待どおり大変示唆に富むディベートが展開された．

　また，2日目に行われた懇親会の最後には，Saaty教授のジョークコレクションが披露されるなど，とてもアットホームな雰囲気の中で，世界各国のAHP研究者の交流もなされた．

次回第6回はスイスで開催される予定である．

ところで，AHP国内シンポジウム（日本オペレーションズ・リサーチ学会主催，土木学会協賛）は，「AHPの理論と実際」と題して，1998年10月14日に日本大学会館で行われた（実行委員長 名城大学 木下栄蔵）．参加者は，約100名であった．

## 1.4 本書の構成と各章の内容

本書は「AHPの理論と実際」という題名が表すように，理論編（第2章から第7章）と実際編（経営・システム，インフラ整備関係10事例）により構成されている．以下，各章，各事例の内容について簡単に述べる．

〔理論編〕

第2章 AHPからANPへ （担当 高橋磐郎）

  AHPの特徴の基本は，一対比較に基づいて評価を行うこと，その解析法に主固有ベクトルを用いること，またその評価構造に階層構造としてとらえるという点にあるといえる．この階層構造をネットワーク構造に拡張したものが，ANPと呼ばれるものである．SaatyはANPの解析の基本として，超行列（super matrix）なる概念を導入し，その累乗の極限として，総合評価値を求めるという方法を確立した．本章では，以上の内容について最近の研究動向をも含めて解説する．

第3章 支配型AHPと一斉法 （担当 木下栄蔵）

  木下，中西は，Saatyとは異なる視点で，支配型AHPを提案した．支配型AHPは，そもそも各評価項目の重要度，ならびに各代替案の評価が，特定の具体的な代替案を基準にイメージしてはじめて決定できるという考え方に依って立つものである．さらに，木下，中西は支配型AHPを拡張した一斉法（ANPとは異なる）を提案している．本章では，以上の内容について最近の研究動向をも含めて解説する．

第4章　集団合意形成とAHP　（担当　山田善靖・中西昌武）

　　本章は，集団でAHPを適用する際に用いられる手法を二つ解説する．一つは，山田，杉山，八巻が提案するグループAHP法（区間AHP法）である．この手法は，Arbel他による区間判断のAHP手法を応用し，区間値により個人見解を保持するグループAHP法である．もう一つは，中西，木下が提案する集団意思決定ストレス法である．この手法は，集団見解に対する個人の不満の総和を最小化する個人見解の合理的格付け手法としての集団AHP法である．

第5章　整合性とファジィ性　（担当　西澤一友・高野伸栄）

　　本章は，AHPにおける整合性の問題とファジィ性について解説する．整合性の問題については，整合性の評価と改善のための具体的な方法を例をあげて説明する．ファジィ性については，ファジィ測度として，可能性測度および必然性測度を用いる方法を具体例をあげて説明する．

第6章　AHPと効用関数　（担当　田村坦之・尾崎都司正）

　　本章は，AHPと効用関数の比較検討とAHPと効用関数のモデル解釈について解説する．前者では，AHPの効用関数における位置付けを行い，新たに田村他が提案するD-AHPとBarzilaiが提案する選好関数モデルを説明する．後者では，効用関数を用いて選択確率を考え，AHPの選択確率とAHPの効用値を用いて推定したロジットモデルの選択確率とが同じであることを説明する．

第7章　AHPと固有値問題　（担当　関谷和之）

　　本章は，AHPと固有値問題について解説する．AHPは一対比較行列の主固有ベクトルを求めればよいが，この主固有ベクトル法の基本原理（関谷，八巻提案）を中心に説明する．これは，フロベニウスのミニマックス定理と関連し，AHPの主固有ベクトル法の根拠を与えるだけでなくANPの解法の根拠をも与えることになる．

〔実際編〕　事例10（経営・システム関係（1）〜（5），インフラ整備関係（6）

～(10))

(1)「グループ AHP の人事評価への適用」(担当 八巻直一)

　本事例は，あるソフトウェアハウス(A 社)における人事評価に，〔理論編〕第 4 章 4.1 節で紹介したグループ AHP 法(区間 AHP 法)を適用するものである．

(2)「AHP 評価の繰返し修正支援法とその実装システム」(担当 加藤直孝)

　本事例は，AHP 評価の繰返し修正を支援するため，重要度および整合度の感度係数を利用した重用度の調整方法とこの方法を実装した AHP 支援システムの概要と評価実験について報告するものである．

(3)「感覚情報の定量化による機械システムの信頼性・安全性解析」(担当 亀山嘉正・倉重賢治)

　本事例は，熟練エンジニアの持っている感覚的な情報を，AHP における一対比較法を用いることで基本事象発生確率の推定を行い，クリティカリティ重要度を主観的に算出する方法を中心に報告するものである．

(4)「絶対評価法によるリニューアルのコストベネフィット評価」(担当 金尾　毅)

　本事例は，ビルの中の自動制御設備のリニューアル評価に AHP の拡張手法の一つである絶対評価法を適用するものである．

(5)「国際的適用事例とソフトウェア」(担当 藤本政博)

　本事例は，国際的適用事例(ペルー人質事件・原子力発電所建設)の報告と，日本語で利用できる AHP ソフトウェア 4 種類の紹介である．

(6)「阪神高速道路における自動点検監視システムの評価」(担当 桃澤宗夫)

　本事例は，阪神高速道路における電力系施設の点検監視項目について，導入の優先順位の評価を絶対評価法により行うものである．

(7)「新たな地方国際空港の候補地選定」(担当 轟　朝幸)

　本事例は，ある地方における国際空港の候補地一本化のために設けられ

た第三者機関での分析（AHP 手法による）を報告するものである．
(8)「ANP モデルによるリスク評価」（担当 岸 邦宏）

本事例は，観光客，地域住民，行政といった異なる立場のリスク評価，遊歩道の整備方策に関する代替案の評価に ANP モデルを適用するものである．

(9)「21 世紀の社会経済環境の構造変化に対応したトリップ発生モデル」（担当 土井利明）

本事例は，新たな新幹線計画のための，社会経済環境の構造変化を考慮した AHP モデルによるトリップ発生モデルを報告するものである．

(10)「県民意識調査と県の将来像の評価」（担当 印南洋之）

本事例は，約千名から回答を得た県民意識調査において，個々の回答者が一対比較を行う形式でアンケート調査を実施した AHP 手法の適用事例である．

## 参考文献

[1] Saaty, T. L., *The Analytic Hierarchy Process*, McGraw-Hill, 1980.
[2] 木下栄蔵，「拡張 AHP 手法を利用したリニューアルのコストベネフィット分析」，『オペレーションズリサーチ』，Vol.40, No.8, 1995, pp.67-75.
[3] Saaty, T. L., *Inner and Outer Dependence in AHP*, University of Pittsburgh, 1991.
[4] Saaty, T. L., *The Analytic Network Process*, Expert Choice, 1996.
[5] 木下栄蔵，中西昌武，「AHP における新しい視点の提案」，『土木学会論文集IV』，1997 年 7 月，pp.1-8.
[6] Kinoshita, E. and Nakanishi, M., "Proposal of New AHP Model in Light of Dominant Relationship among Alternatives," *Journal of Operations Research Society of Japan*, Vol.42, No.2, 1999, pp.180-197.
[7] 木下栄蔵，中西昌武，「支配代替案法における追加データの処理手法「一斉法」の提案」，『土木学会論文集IV』，1999 年 1 月，pp.13-19.

理論編

# 第2章　AHPからANPへ

高橋磐郎

　T. L. Saatyの提案したAHPは意思決定の基本原則としてORをはじめ多くの分野に利用されている．これは人間の直観を生かし，しかもこれらを客観的に総合化するという新しい意思決定の方法を与えたもので，とくに社会科学や企業経営の分野で重要な役割を果たしつつある．

　AHPの特徴の基本は，一対比較に基づいて評価を行うこと，その解析法に主固有ベクトルを用いること，またその評価構造を階層構造としてとらえるという点にあるといえる．この階層構造をネットワーク構造に拡張したものが，いわゆるANP(Analytic Network Process)と呼ばれるもので，Saatyが最近提案した新分野である．これによって適用分野が大幅に広がったということができよう．

　SaatyはANPの解析の基本として，超行列なる概念を導入し，その累乗の極限として，総合評価値を求めるという方法を確立した．しかし最近この分野の研究が進み，AHPの解析と同様，超行列の主固有ベクトルを用いる従来より簡単な解法が開発されている．また，評価のネットワーク構造が強連結でない場合は，従来の方法では，十分な解法が得られなかったが，この場合もグラフの強連結成分への分解を基本とする新しい解法が確立された．

　本章ではAHPの基本からはじめて，上記のようなANPの諸問題について解説することにしよう．またこれらAHPもANPも共に，評価における一つの基本的な原理から説明されることがわかってきた．そしてその数理的な基本は，フロベニウスのミニマックス定理とも呼ばれるべきものに基づいている．

## 2.1　AHPの基本構造

AHPについてはすでに多くの解説書[2][3][9]もあり，ここではその基本的な面だけをまとめておこう．

AHPの構造の典型は次のようになる．まずいくつかの評価基準(criteria)があり，その各評価基準に対して，対象としていくつかの代替案(alternative)を評価し，さらに評価基準そのものの重要度を評価し，そのウェイトの下で代替案の総合評価を求めるということが，その典型である．

例えば，ここに代替案として3編の小説 $A_1$, $A_2$, $A_3$ があり，これを文学性($C_1$)と思想性($C_2$)という2つの評価基準の下に評価する問題を考えよう．

一つの評価基準の下で代替案の評価値を求める方法としてAHPでは，代替案間の一対比較値を直感的に与えることから出発する．例えば上例で $A_i$ と $A_j$ と比較して，$A_i$ は $A_j$ に比べて $a_{ij}$ 倍の評価値をもつとみなされるとき，$i, j=1, 2, 3$ に対して $a_{ij}$ を行列の形に並べたものを比較行列(comparison matrix)と呼ぶ．

この一対比較値 $a_{ij}$ は，AHPではつねに正の値であるとする(負の値は許さない)．むろん $A_i$ が $A_j$ に比べて高い(低い)評価をもてば，$a_{ij}>1$ ($a_{ij}<1$) となる．また同一対象は同一評価をもつから $a_{ii}=1$．また，$A_i$ が $A_j$ より $a_{ij}$ 倍の評価をもてば，$A_j$ は $A_i$ の $1/a_{ij}$ の評価をもつことになるから，$a_{ji}=1/a_{ij}$ である．したがって，比較行列 $A$ はつねに，次の形になる．

$$A=\begin{bmatrix} 1 & a_{12} & a_{13} \\ 1/a_{12} & 1 & a_{23} \\ 1/a_{13} & 1/a_{23} & 1 \end{bmatrix} \qquad (2.1)$$

AHPの解析の大きな特徴は，このような一対比較値からなる比較行列 $A$ から各対象の個別評価値を $A$ の主固有ベクトル(最大固有値に対する固有ベクトル)の成分によって求めるというところにある．

一対比較値としては，上例のような小説の優劣を問題とするような場合を考

えてもわかるように,「より良い」とか「非常に良い」とかの大まかなことしかいえないのがつねである.したがって,$a_{ij}$ の値は,物理学や工学における精密な測定値とは異なった扱いをすべきだと思う.筆者の考えでは,一つのパラメータ $\theta(>1)$ を選び,

$A_i$ が $A_j$ より「良い」(高い評価をもつ)なら $a_{ij}=\theta$(これは $A_j$ が $A_i$ より「悪い」(低い評価をもつ)と同義とする).

$A_i$ が $A_j$ より「非常に良い」(非常に高い評価をもつ)なら $a_{ij}=\theta^2$(これは $A_j$ が $A_i$ より「非常に悪い」(非常に低い評価をもつ)と同義).

の与え方が妥当であると思っている.$\theta$ の値としては,2 とか 1.5 くらいが適当と思うが問題によって色々変えて適当なものを選ぶとよい.なお,Saaty は $a_{ij}$ の値として 1 から 9 までの整数値(またはその逆数)を薦めているので,多くの文献はその方法をとっているが,これが必ずしも絶対的な方法ではないと思う.

さて,上例で文学性という評価基準の下に $A_1$,$A_2$,$A_3$ を比較した結果,

$$\begin{cases} A_1 \text{ は } A_2 \text{ より良い} \\ A_1 \text{ は } A_3 \text{ より良い} \\ A_3 \text{ は } A_2 \text{ より良い} \end{cases}$$

という答が得られたとする.このとき,パラメータ $\theta=2$ とすると,比較行列 $A$ は

$$A = \begin{bmatrix} 1 & 2 & 2 \\ 1/2 & 1 & 1/2 \\ 1/2 & 2 & 1 \end{bmatrix} \tag{2.2}$$

となり,$A$ の主固有ベクトル $u$ を求めると,

$$u = \begin{bmatrix} u_1 \\ u_2 \\ u_3 \end{bmatrix} = \begin{bmatrix} 0.493 \\ 0.196 \\ 0.311 \end{bmatrix}$$

となることがわかる(一般に固有ベクトルは任意の定数倍することができるから,AHP ではその成分の和が 1 となるようにつねに基準化されるものを用い

る).したがって文学性の下では

$$\begin{cases} A_1 \text{の個別評価値は } 0.493 \\ A_2 \text{の個別評価値は } 0.196 \\ A_3 \text{の個別評価値は } 0.311 \end{cases}$$

となる.ついでに $A$ の最大固有値は $\lambda_{\max}=3.054$.

**問1** $\theta=1.5$ として上の問題を計算せよ.

思想性という評価基準の下では,

$$\begin{cases} A_1 \text{ は } A_2 \text{ より非常に良い} \\ A_1 \text{ は } A_3 \text{ より良い} \\ A_2 \text{ は } A_3 \text{ と同程度} \end{cases}$$

という一対比較結果が与えられたとすると,その比較行列は

$$A=\begin{bmatrix} 1 & 4 & 2 \\ 1/4 & 1 & 1 \\ 1/2 & 1 & 1 \end{bmatrix} \tag{2.3}$$

となり,この主固有ベクトル $v$ は,$u$ を求めると,

$$v=\begin{bmatrix} v_1 \\ v_2 \\ v_3 \end{bmatrix}=\begin{bmatrix} 0.584 \\ 0.184 \\ 0.232 \end{bmatrix}$$

となる(最大固有値は $\lambda_{\max}=3.054$).したがって思想性から見ると

$$\begin{cases} A_1 \text{の個別評価値は } 0.584 \\ A_2 \text{の個別評価値は } 0.184 \\ A_3 \text{の個別評価値は } 0.232 \end{cases}$$

**問2** $\theta=2.5$ として上の問題を計算せよ.

以上で各評価基準の下で代替案の個別評価値が求められるから,次に評価基

準 $C_1$, $C_2$ 自身の重要度を求めることになるが，これも以上と同様の原則，つまり一対比較値から比較行列を作り，その主固有ベクトルを求める，という原則で求められる．$C_1$(文学性)と $C_2$(思想性)との一対比較の結果，

$$C_1 \text{ は } C_2 \text{ より重要}$$

となったとすると，比較行列は(やはり $\theta=2$ とすれば)

$$A = \begin{bmatrix} 1 & 2 \\ 1/2 & 1 \end{bmatrix} \tag{2.4}$$

となり，この主固有ベクトルは容易にわかるように

$$[\,2/3,\ 1/3\,]$$

となり，$C_1$ の重要度は 2/3，$C_2$ のそれは 1/3 となる(比較行列が $2\times 2$ の場合，一対比較値の比がそのまま個別の重要度の比となる)．

以上の結果をまとめると $A_1$, $A_2$, $A_3$ の総合評価を出すには，$C_1$ の下に得られた主固有ベクトル $u$ と $C_2$ の下に得られた主固有ベクトル $v$ に対して，$C_1$, $C_2$ のウェイト 2/3，1/3 を掛けて加えてみればよい．つまり

$$\frac{2}{3}\begin{bmatrix} 0.493 \\ 0.196 \\ 0.311 \end{bmatrix} + \frac{1}{3}\begin{bmatrix} 0.584 \\ 0.184 \\ 0.232 \end{bmatrix} = \begin{bmatrix} 0.523 \\ 0.192 \\ 0.285 \end{bmatrix} \tag{2.5}$$

の各成分 0.523，0.192，0.285 がそれぞれ $A_1$, $A_2$, $A_3$ の総合評価値となる．

以上が AHP の解法の基本構造であるが，これをしばしば図表 2.1 のように表す．

$G$ は全体目標を示し，$G$ が $C_1$, $C_2$ を評価した値が 2/3，1/3 で $C_1(C_2)$ が

**図表 2.1** AHP の基本構造

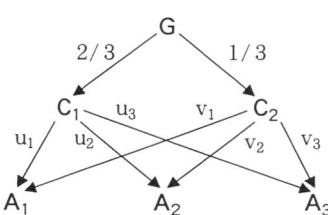

$A_j$ を評価した値が $u_j(v_j)(j=1, 2, 3)$ であることを表している．このような意味で，AHP の評価構造は階層構造をもっている．

この例は AHP の最も簡単な典型例である．実際は評価基準がグループ化されていたり，多段階にわたったりして複雑な構造を持つことがあるが，それが階層構造であることには変わりない．

## 2.2 AHP と LLS

AHP の解析の中心は，比較行列 $A$ の主固有ベクトルの成分によって各対象の評価を求めることであった．何故この方法が妥当なのかという詳しい説明は後の 2.5 節で示すことにするが，ここではごく直感的な見方で説明しよう．

$n$ 個の対象に対して一対比較を行った比較行列 $A=[a_{ij}]$ を作る場合，対象 $i$ の真の個別評価値が $u_i$ であったとすると，一対比較値 $a_{ij}$ は $a_{ij}=u_i/u_j$ となるはずである．したがって，比較行列は

$$A = \begin{bmatrix} 1 & u_1/u_2 & \cdots & u_1/u_n \\ u_2/u_1 & 1 & \cdots & u_2/u_n \\ \vdots & \vdots & & \vdots \\ u_n/u_1 & u_n/u_2 & \cdots & 1 \end{bmatrix} \quad (2.6)$$

となるが，この最大固有値 $\lambda_{\max}$ は $n$(その他の固有値がすべて 0) となり，$\lambda_{\max}$ に対する固有ベクトル，つまり主固有ベクトル $v$ は，$v=[u_1, u_2, \cdots, u_n]$ となることが容易にわかる．

このことは，比較行列 $A$ は，もし誤差がなければ，その主固有ベクトルが正しい答を与えることを示している．そこで，多少の誤差があっても，$A$ の主固有ベクトルの成分が真の個別評価値 $u_1, u_2, \cdots, u_n$ に対する近似値を与えるであろうと考える．

いずれにせよ上記の固有ベクトル法の解析は比較行列 $A=[a_{ij}]$ というデータが与えられ，それに基づいて対象の個別評価の真の値 $u_i, u_2, \cdots, u_n$ を推定するものであると考えられる．これは統計学における一種の推定論であるが，

## 2.2 AHP と LLS

統計学では，データにはその構造式(いわゆるモデル)を仮定して解析するというのが一般的である．一対比較のデータ $a_{ij}$ に対するモデルとしては，その真の値 $u_i/u_j$ にある正の値の誤差 $e_{ij}$ を乗じたもの

$$a_{ij} = \frac{u_i}{u_j} e_{ij} \qquad (e_{ij} > 0) \tag{2.7}$$

と考えるのが妥当であろう．$a_{ij}$ はつねに正の値をとること，また比が問題であるということから，(2.7)式のように真値と誤差の(和でなく)積で表すことが妥当である．

(2.7)式のモデルの下で $a_{ij}$ がデータとして $i, j = 1, \cdots, n \, (i<j)$ に対して与えられたとき $u_i \, (i=1, \cdots, n)$ を推定するというのが，統計学的見地からの解析となるが，このような場合は，(2.7)式の対数をとって最小二乗法を適用するのが常套手段である．これを対数最小二乗法(LLS)という．何故なら最小二乗法はある意味で最良の推定を与えるといういわゆるガウス・マルコフの定理［6］があるからである．

(2.7)式の両辺の対数(底は何でもよいが一応 $e$ としておこう)をとると，

$$\log a_{ij} = \log u_i - \log u_j + \log e_{ij} \tag{2.8}$$

となる．今後簡単のために，対数をドットで表すと，(2.8)式は

$$\dot{a}_{ij} = \dot{u}_i - \dot{u}_j + \dot{e}_{ij} \tag{2.9}$$

となるが，$\dot{e}_{ij}$ は平均 0，分散 $\sigma^2$ の分布をもつ，独立な確率変数と仮定する．

簡単のため $n=3$ に対して，(2.9)式を $i, j=1, \cdots, 3 \, (i<j)$ について列挙すると，

$$\begin{aligned} \dot{a}_{12} &= \dot{u}_1 - \dot{u}_2 + \dot{e}_{12} \\ \dot{a}_{13} &= \dot{u}_1 - \dot{u}_3 + \dot{e}_{13} \\ \dot{a}_{23} &= \dot{u}_2 - \dot{u}_3 + \dot{e}_{23} \end{aligned} \tag{2.10}$$

となる．これに対して最小二乗法を適用するには，誤差の二乗和

$$\begin{aligned} S &= \dot{e}_{12}^2 + \dot{e}_{13}^2 + \dot{e}_{23}^2 \\ &= (\dot{a}_{12} - \dot{u}_1 + \dot{u}_2)^2 + (\dot{a}_{13} - \dot{u}_1 + \dot{u}_3)^2 + (\dot{a}_{23} - \dot{u}_2 + \dot{u}_3)^2 \end{aligned} \tag{2.11}$$

を最小にする $\dot{u}_1, \dot{u}_2, \dot{u}_3$ を求めればよい．

しかしこの場合(2.7)式をみてもわかるように，$u_1$, $u_2$, $u_3$ の値は比だけが問題であるので，全体を一定倍しても結果は変わらないから，$u_1 u_2 u_3 = 1$ と仮定してもよい．この対数をとると，

$$\dot{u}_1 + \dot{u}_2 + \dot{u}_3 = 0 \tag{2.12}$$

となる．そこで(2.12)式の条件下で(2.11)式を最小にする問題を解けばよいが，これにはラグランジュ法を用いて，ラグランジュ関数

$$L = S + \lambda(\dot{u}_1 + \dot{u}_2 + \dot{u}_3)$$

の $\dot{u}_i (i=1, 2, 3)$ についての微分を 0 とおいた式と(2.12)式とからなる連立方程式を解けば，その解が求める最小二乗推定である．

$$\frac{\partial L}{\partial \dot{u}_1} = 2(\dot{a}_{12} - \dot{u}_1 + \dot{u}_2)(-1) + 2(\dot{a}_{13} - \dot{u}_1 + \dot{u}_3)(-1) + \lambda$$

より，

$$2\dot{u}_1 - \dot{u}_2 - \dot{u}_3 - \lambda/2 = \dot{a}_{12} + \dot{a}_{13} \tag{2.13}$$

となり，同様に $\partial L/\partial \dot{u}_2 = 0$, $\partial L/\partial \dot{u}_3 = 0$ より，それぞれ

$$-\dot{u}_1 + 2\dot{u}_2 - \dot{u}_3 + \lambda/2 = -\dot{a}_{12} + \dot{a}_{23} \tag{2.14}$$

$$-\dot{u}_1 - \dot{u}_2 + 2\dot{u}_3 + \lambda/2 = -\dot{a}_{13} + \dot{a}_{23} \tag{2.15}$$

を得るが，(2.13)，(2.14)，(2.15)式の両辺の和をとると，左辺は $3/2\lambda$，右辺は 0 となるので，$\lambda = 0$ となる．(2.13)，(2.14)，(2.15)式の各式に(2.12)式を加えると

$$3\dot{u}_1 = \dot{a}_{12} + \dot{a}_{13}$$

$$3\dot{u}_2 = -\dot{a}_{12} + \dot{a}_{23}$$

$$3\dot{u}_3 = -\dot{a}_{13} - \dot{a}_{23}$$

となるから，これらを真数(対数の逆)にもどすと，$u_1$, $u_2$, $u_3$ の対数最小二乗推定は

$$\begin{aligned}\hat{u}_1 &= (a_{12} a_{13})^{1/3} \\ \hat{u}_2 &= (a_{12}^{-1} a_{23})^{1/3} \\ \hat{u}_3 &= (a_{13}^{-1} a_{23}^{-1})^{1/3}\end{aligned} \tag{2.16}$$

となって，これが個別評価値の推定を与えることになる．(2.16)式をよく見る

と，各 $\tilde{u}_i$ は比較行列

$$A = \begin{bmatrix} 1 & a_{12} & a_{13} \\ 1/a_{12} & 1 & a_{23} \\ 1/a_{13} & 1/a_{23} & 1 \end{bmatrix} \quad (2.17)$$

の第 $i$ 行の幾何平均となっていることがわかる．

上例は $n=3$ の場合について解析したが，一般の $n$ についても，

「LLS の方法によれば第 $i$ 番目の対象の個別評価値は，比較行列の第 $i$ 行の幾何平均で与えられる」

という簡単なルールによればよいことがわかる．

**問 3** AHP の LLS による解析を一般の $n$ に対して行え．

以上から AHP の解析法として，主固有ベクトル法と LLS の 2 通りがあることがわかった (対象数 $n=3$ 以下の場合，この両者の答は完全に一致することが証明されている [4] が，$n=4$ 以上の場合は一般に一致しない)．(2.7)式のモデルが正しいならば，ガウス・マルコフの定理から LLS の方がよい推定 (推定量の分散が小さい) を与えることが明らかである．それなら主固有ベクトル法は意味がないのだろうか．それなら何故，Saaty はあえて，主固有ベクトル法を提案したのだろう．このことについて考えてみよう．

まず，ガウス・マルコフの定理は，最小二乗推定が線形推定量 (データの線形関数としての推定量) のうちで最良であることを主張しているが，主固有ベクトルは $a_{ij}(i, j=1, \cdots, n)$ の線形関数ではないから，比較の対象の範囲外にある．しかしもし誤差 $e_{ij}$ (の対数) が正規分布をするなら，線形性の制限をとってもやはり最小二乗法が最良であることがいえる．しかし AHP では，$a_{ij}$ の値は Saaty の提案する 1〜9 の整数値であっても，また，上記のパラメータ $\theta$ を用いる方法であっても，離散的な値に制約されているので，正規分布の仮定は成立しない．いずれにせよ主固有ベクトル法と LLS とどちらがよいかは今のところ不明である．

## 2.3 ANPとは — その超行列による表現

　AHPの評価構造は2.1節で見たように階層構造(図表2.1)であったが，ANPはそれをネットワーク構造に拡張したものであったことをはじめにのべた．それがどのような意味を持つかを簡単な例を通してみてみよう．

　アメリカにマクドナルド($A_1$)，バーガーキング($A_2$)，ウェンディーズ($A_3$)というファーストフードの3大会社があるが，これを代替案とみて，これらを広告($C_1$)とサービス($C_2$)という二つの評価基準によって評価しようとする．2.1節でのべたAHPの場合と同様，各$C_i$の下での$A_1$, $A_2$, $A_3$の個別評価が図表2.2のように得られたとする．第1列ベクトル，第2列ベクトルはそれぞれ，2.1節の$u$, $v$に相当するものである．AHPでは，$C_1$, $C_2$のウェイトは全体目的$G$(図表2.1)の観点から一通りにきめられているものであったが，ANPでは，これが各代替案によって異なった立場できめられる．例えば，マクドナルド($A_1$)は広告($C_1$)，サービス($C_2$)をそれぞれ$w_{11}$, $w_{21}$のウェイトで経営戦略を立てているが，バーガーキング($A_2$)はこれを$w_{12}$, $w_{22}$，ウェンディーズ($A_3$)は$w_{13}$, $w_{23}$のウェイトで考えているとする．つまり，$A_1$, $A_2$, $A_3$が$C_1$, $C_2$を評価しているものと考えられる．つまり，ANPでは評価基準が代替案を評価するだけでなく，代替案自身が評価基準を評価するという構造をもつ．AHPでは評価基準が代替案を評価するというように評価者と被評価者の区別が固定しているが，ANPではもはやその区別はなく，図表2.4に示すように，相互評価あるいはフィードバックの構造が入ってくるのである．

図表2.2　$C_i$による$A_j$の評価

|  | $C_1$ | $C_2$ |
|---|---|---|
| $A_1$ | $u_{11}$ | $u_{12}$ |
| $A_2$ | $u_{21}$ | $u_{22}$ |
| $A_3$ | $u_{31}$ | $u_{32}$ |

図表2.3　$A_j$による$C_i$の評価

|  | $A_1$ | $A_2$ | $A_3$ |
|---|---|---|---|
| $C_1$ | $w_{11}$ | $w_{12}$ | $w_{13}$ |
| $C_2$ | $w_{21}$ | $w_{22}$ | $w_{23}$ |

## 2.3 ANPとは — その超行列による表現

**図表 2.4** ANP の相互評価構造

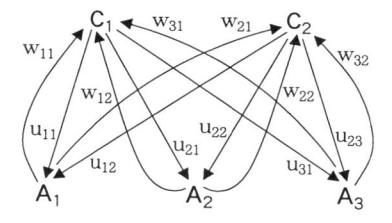

図表 2.2 は $(C_1, C_2)$ が $(A_1, A_2, A_3)$ を評価する評価行列

$$U = \begin{bmatrix} u_{11} & u_{12} \\ u_{21} & u_{22} \\ u_{31} & u_{32} \end{bmatrix} \tag{2.18}$$

を, 図表 2.3 は $(A_1, A_2, A_3)$ が $(C_1, C_2)$ を評価する評価行列

$$W = \begin{bmatrix} w_{11} & w_{12} & w_{13} \\ w_{21} & w_{22} & w_{23} \end{bmatrix} \tag{2.19}$$

を示しているが, これらを

$$S = \begin{bmatrix} 0 & W \\ U & 0 \end{bmatrix} = \begin{array}{c} \\ C_1 \\ C_2 \\ A_1 \\ A_2 \\ A_3 \end{array} \begin{bmatrix} \begin{array}{ccccc} C_1 & C_2 & A_1 & A_2 & A_3 \end{array} \\ \begin{array}{ccccc} 0 & 0 & w_{11} & w_{12} & w_{13} \\ 0 & 0 & w_{21} & w_{22} & w_{23} \\ u_{11} & u_{12} & 0 & 0 & 0 \\ u_{21} & u_{22} & 0 & 0 & 0 \\ u_{31} & u_{32} & 0 & 0 & 0 \end{array} \end{bmatrix} \tag{2.20}$$

の形にまとめたものを Saaty は超行列 (super matrix) と呼んでいる.

これは考えている評価基準, 代替案全部 $(C_1, C_2, A_1, A_2, A_3)$ を同等の対象としてまとめて取り扱うという考えに基づいている.

ここで, 2.1 節でのべたように各対象による評価値の和は 1 にするという基準化の原則から,

$$\sum_{i=1}^{3} u_{ij} = 1 \quad (j=1, 2), \quad \sum_{i=1}^{2} w_{ij} = 1 \quad (j=1, 2, 3) \tag{2.21}$$

という条件が成り立つ. つまり超行列はその要素は非負で各列での成分の和が

1であるような確率行列(stochastic matrix)となるのである．

上にあげた例はANPとしては最も簡単な構造を持つもので，これはANPの一般論が提案される前にすでに外部従属法(outer dependence)として考えられていたものである．その後，あとでのべるようなもっと複雑なネットワーク構造を持つ場合でも，やはり超行列を基本にした一貫した解析法を持つANPが確立したのである．

ANPの解析の目的は，この超行列が与えられたとき，対象とする代替案と評価基準との総合評価値を求めることである．AHPの場合は代替案の総合評価は2.1節の(2.5)式のような単なる重み付けの和で求まるが，ANPの場合はこのように簡単ではない．この解法としてSaatyは超行列の累乗の極限を用いることを提案しているが，その方法は超行列の行列としての性質，既約性とか原始性によって少しずつ変わってくる．

超行列 $S=[s_{ij}]$ が $i$ 行 $j$ 列要素 $s_{ij}$ がゼロでないとき(そしてそのときに限って)点 $i$ から点 $j$ への矢線(有向枝)を考えると，$S$ には一つのグラフが対応する．このグラフの構造をこのANPのネットワーク構造と呼ぶが，これは $S$ の行列としての性質と密接な関係をもつ．

例えば，$S$ が既約行列(irreducible matrix)であることは，対応するグラフが強連結(任意の点 $p$ から任意の点 $q$ への矢印の方向に進んで到達できる)であることと同値である．グラフの一点 $p$ から矢線の方向へ進んではじめて元の点 $p$ に戻るまでにたどった矢線の集まりをサイクルといい，その矢線の数をサイクルの長さと呼ぶが，強連結グラフのすべてのサイクルの長さの最大公約数 $c$ をこのグラフの原始指標と呼んでいる．図表2.4のグラフではサイクルの長さは，2, 4, 6, … であるから，$c=2$ である．$S$ が原始行列(primitive matrix)であるとは，対応するグラフの原始指標が1であることと同値である．既約行列とか原始行列は，行列論的に定義するよりは，このグラフ論的に考えたほうが理解しやすいと思う．

(2.20)式の超行列 $S$ に対応するネットワーク構造は図表2.4であるが，これは明らかに強連結である．なお，AHP自身もANPの特殊な場合と考える

ことができるが，例えば2.1節でのべたAHPを考えると，対象全体は$(G, C_1, C_2, A_1, A_2, A_3)$となり，その超行列は

$$S = \begin{array}{c} \\ G \\ C_1 \\ C_2 \\ A_1 \\ A_2 \\ A_3 \end{array} \begin{array}{c} G \quad C_1 \quad C_2 \quad A_1 \; A_2 \; A_3 \end{array} \left[ \begin{array}{cccccc} 0 & 0 & 0 & 0 & 0 & 0 \\ 2/3 & 0 & 0 & 0 & 0 & 0 \\ 1/3 & 0 & 0 & 0 & 0 & 0 \\ 0 & 0.493 & 0.581 & 0 & 0 & 0 \\ 0 & 0.196 & 0.144 & 0 & 0 & 0 \\ 0 & 0.311 & 0.232 & 0 & 0 & 0 \end{array} \right] \quad (2.22)$$

となり，そのネットワーク構造(図表2.1)は明らかに強連結でない．

　超行列が既約行列である場合，つまりネットワーク構造が強連結の場合とそうでない場合とでは，その解析に決定的な違いがある．既約な場合の方がはるかに容易である．そこで，次の節では既約な場合についてのANPの解法についてのべよう．そうでない場合については，後ほど評価の基本原理の節のあとでのべることになる．

## 2.4　ANPの解法 ― 強連結ネットワーク構造の場合

　ANPのネットワーク構造が強連結の場合，つまり超行列$S$が既約行列の場合，Saatyの提案している解法は$S$の累乗による方法であるが，ここではもっと簡単な解法について解説しよう．この方法とSaatyの累乗法が同一の結果を与えることはあとで証明する．

　超行列$S$が既約行列である場合の解法は極めて簡単で，

$$Sx = x \quad (2.23)$$

をみたす$x = [x_1, \cdots, x_n]^T$の各成分$x_i$が対象$i$の総合評価を与えるというものである．この(2.23)式はANPの基本方程式と呼んでもよいものである．この方法の根拠については2.6節に詳しくのべるが，ここでは，基本方程式(2.23)の解についていくつかの性質をのべておこう．

まず，$S$ は確率行列であるから，その最大固有値は 1 であるから，(2.23)式の解 $x$ は $S$ の主固有ベクトルである．そこで，$S$ が既約行列であれば，ANP の解析は，

「超行列 $S$ の主固有ベクトルを求めればよい．」 (2.24)

という極めて簡単なルールになる．これは，AHP の解析が「比較行列の主固有ベクトルを求めればよい」ということに呼応して極めて憶えやすくもある．

さらに非負の既約行列に関するつぎのフロベニウスの定理(詳しくは第 7 章参照)から(2.23)式の解 $x=[x_1, \cdots, x_n]^T$ は(定数倍を除いて)唯一であって，その成分 $x_i (i=1, \cdots, n)$ はすべて正であることが保証される．

**定理 2.1(フロベニウスの定理)** 非負の既約行列の主固有ベクトルは(定数倍を除いて)唯一であり，その成分はすべて正とすることができる．

2.3 節の(2.20)式の超行列 $S$ に対する解を(2.23)式を解くことによって求めてみよう．むろん $S$ の主固有ベクトルをパワー法等によって直接求めてもよいが，ここでは次のような分割計算を用いてみよう．

$C_1$, $C_2$, $A_1$, $A_2$, $A_3$ の総合評価値を $x_1$, $x_2$, $y_1$, $y_2$, $y_3$ と，改めて

$$x = \begin{bmatrix} x_1 \\ x_2 \end{bmatrix}, \quad y = \begin{bmatrix} y_1 \\ y_2 \\ y_3 \end{bmatrix} \tag{2.25}$$

とおくと，(2.23)式は

$$\begin{bmatrix} 0 & W \\ U & 0 \end{bmatrix} \begin{bmatrix} x \\ y \end{bmatrix} = \begin{bmatrix} x \\ y \end{bmatrix} \tag{2.26}$$

となるが，これを分解すると，

$$Wy = x, \quad Ux = y \tag{2.27}$$

となる．これから $y$ を消去すると

$$WUx = x \tag{2.28}$$

となるから,これを $x$ について解き,さらに,(2.27)式の第2式にこの $x$ を代入すれば $y$ が得られる.

実際に $U$, $W$ が次のように与えられたとする.

$$U = \begin{bmatrix} 1/6 & 0.6 \\ 1/3 & 0.3 \\ 1/2 & 0.1 \end{bmatrix}, \quad W = \begin{bmatrix} 1/5 & 3/4 & 2/3 \\ 4/5 & 1/4 & 1/3 \end{bmatrix} \tag{2.29}$$

$$WU = \begin{bmatrix} 0.617 & 0.412 \\ 0.383 & 0.588 \end{bmatrix}$$

となるので,(2.28)式は

$$\begin{bmatrix} 0.383 & -0.412 \\ -0.383 & 412 \end{bmatrix} \begin{bmatrix} x_1 \\ x_2 \end{bmatrix} = 0$$

となり,この解は

$$\begin{bmatrix} x_1 \\ x_2 \end{bmatrix} = \alpha \begin{bmatrix} 0.412 \\ 0.383 \end{bmatrix} \tag{2.30}$$

これを(2.27)式に代入すると,

$$\begin{bmatrix} y_1 \\ y_2 \\ y_3 \end{bmatrix} = \alpha \begin{bmatrix} 0.298 \\ 0.252 \\ 0.244 \end{bmatrix} \tag{2.31}$$

(2.30)式が評価基準 $C_1$, $C_2$ の(重みの)総合評価値,(2.31)式が代替案 $A_1$, $A_2$, $A_3$ の総合評価値である.$\alpha$ は任意の値であるが,全体の和が1となるように定めるのが普通である.

この節の最後に上記の方法の解がSaatyの提案した累乗法の解と一致することを示そう.はじめに最も簡単な場合,つまり超行列 $S$ が原始行列である場合について,Saatyの方法 [3] を定理の形でのべておこう.

**定理2.2** 確率行列である超行列 $S$ が既約であり,かつ原始であれば,$S$ の累乗の極限は一定の行列 $S^\infty$ に収束しかつその列ベクトルはすべて同一のベクト

ルとなる．つまり，
$$\lim_{t\to\infty} S^t = S^\infty = [s, s, \cdots, s] \tag{2.32}$$
そして，このベクトル $s$ の各成分が各対象の総合評価を与える．

以下に(2.32)式の $s$ が実は(2.23)式の解 $x$ に(定数倍を除いて)一致することを示そう．(2.23)式が成り立つから，
$$S^t = [s, s, \cdots, s] + E_t \tag{2.33}$$
$$S^{t+1} = [s, s, \cdots, s] + E_{t+1} \tag{2.34}$$
とおくと，$t\to\infty$ で $E_t$, $E_{t+1}$ はともに 0 に収束する．そこで(2.34)式の左辺を $S \cdot S^t$ とみて，この $S^t$ を(2.33)式で表せば，
$$S([s, s, \cdots, s] + E_t) = [s, s, \cdots, s] + E_{t+1}$$
となるから，$t\to\infty$ の極限で
$$S[s, s, \cdots, s] = [s, s, \cdots, s]$$
が成り立つ．この左辺は $[Ss, Ss, \cdots, Ss]$ と書けるから，
$$Ss = s$$
が成り立ち，$s$ は(2.23)式の解である．しかし，(2.23)式の解はフロベニウスの定理から(定数倍を除いて)唯一であるから，$s$ と $x$ は一致する．

$S$ が既約で原始でないときは，その原始指標を $c$ とすると，$\lim_{t\to\infty}(S^c)^t$ が収束することを Saaty は示し，上記とほぼ同様の解法を与えている．この場合もそれが(2.23)式の解と一致することが示される(詳しい証明は [7] を参照されたい)．いずれにせよ $S$ が既約でありさえすれば，原始か否かに関係なく，(2.23)式の解が総合評価値を与え，これが Saaty の提案した方法と一致することがわかる．

**問 4** 確率行列の最大固有値が 1 であることを示せ．

## 2.5 評価の基本原理

2.1節でAHPの主固有ベクトル法が妥当であることの簡単な説明をしたが，理論的根拠としてこれだけでは不十分である．最小二乗法は誤差の二乗和を最小にするという一つの原理から生まれているが，主固有ベクトル法も何か基本原理から導かれるのではないだろうか．SaatyがAHPの主固有ベクトル法を提案して以来，この問題が考えられてきたが，つい最近，関谷，八巻［8］によって解決された．これはフロベニウスのミニマックス定理とも呼ばれている理論と深くかかわっている．そしてこれはAHPの主固有ベクトル法の根拠を与えるだけでなく，2.4節にのべたANPの解法の根拠も与えることになる．これは，7.2節で詳説されるがANPの解法とも関連するのでここで，その骨子を解説しよう．

いま，$n$ 個の対象に対する比較行列

$$A = \begin{bmatrix} 1 & a_{12} & \cdots & a_{1n} \\ a_{21} & 1 & \cdots & a_{2n} \\ \vdots & \vdots & \vdots & \vdots \\ a_{n1} & a_{n2} & \cdots & a_{nn} \end{bmatrix} \quad (2.35)$$

が与えられていて，対象 $i$ の個別評価値の真の値が $u_i$ $(i=1, \cdots, n)$ であったとしよう．$a_{ij}$ は対象 $j$ を基準として対象 $i$ を評価した比の値であるから，これに対象 $j$ の個別評価値 $u_j$ をかけたもの $a_{ij}u_j$ は，対象 $i$ が $j$ から受ける評価値であるといえる．これを対象 $i$ の $j$ からの外部評価と呼ぶ．評価が正しく行われていれば，これは対象 $i$ の自己評価 $u_i$ と一致するはず，つまり $u_i = a_{ij}u_j$ となるはずである．

しかし，むろん完全に正しい評価は不可能であるから，これには食い違いつまり誤差がおこる．対象 $i$ は（自己以外から）$n-1$ 個の外部評価 $a_{ij}u_j$ $(j=1, \cdots, n, \neq i)$ を受けるから，その平均

$$\bar{u}_i = \frac{\sum_{j \neq i} a_{ij} u_j}{n-1} \tag{2.36}$$

と自己評価 $u_i$ との食い違いを比の形

$$\frac{\bar{u}_i}{u_i} = \frac{\sum_{j \neq i} a_{ij} u_j / (n-1)}{u_i} \tag{2.37}$$

で表すとき，これができるだけ1に近くなるような $u_1, \cdots, u_n$ が妥当な個別評価であろうと考えられる．(2.37)式は対象 $i$ に対する外部評価の平均と自己評価の比であるが，これが $i=1, \cdots, n$ 全体として1に近いためには

$$\left. \begin{array}{l} \max\left\{\frac{\bar{u}_1}{u_1}, \cdots, \frac{\bar{u}_n}{u_n}\right\} \text{を最小にし} \\ \min\left\{\frac{\bar{u}_1}{u_1}, \cdots, \frac{\bar{u}_n}{u_n}\right\} \text{を最大にする} \end{array} \right\} \tag{2.38}$$

が成り立てばよい．そこで，(2.38)式の条件を満たす $u_1, \cdots, u_n$ を真の個別評価値の推定値としようという考えが，関谷，八巻の原理 [8] であるが，これは評価問題の基本原理ともいわれるものである．

ところが，この(2.38)式の解が実は(2.35)式で示される比較行列 $A$ の主固有ベクトルに他ならないことが，7.2節で述べるフロベニウスのミニマックス定理によって証明されるのである．フロベニウスは非負の行列に関するいくつかの定理を証明しているが，このミニマックス定理は上記の評価の基本原理にピタリと当てはまる．まるでフロベニウスがAHPの主固有ベクトル法のために準備してくれたかのようである．

さて，評価の基本原理(2.38)式は，外部評価平均 $\bar{u}_i$ と自己評価 $u_i$ との比が $i=1, \cdots, n$ の全体としてできるだけ1に近くなるような，$u_1, \cdots, u_n$ を求めようとするものであるが，比が1に近いことは差が0に近いことと同値だから，$\bar{u}_i$ と $u_i$ との差が全体として0に近くなるような原理，つまり(2.38)式の代わりに

$$\sum_{i=1}^{n} (\bar{u}_i - u_i)^2 \to \min \tag{2.39}$$

という原理も妥当なものである．むろん単なる(2.38)式の解 $u_1 = \cdots = u_n = 0$ となるから，(2.38)式は条件

$$u_1+\cdots+u_n=1 \tag{2.40}$$

の下で考えなければならない．

　この原理は一種の最小二乗法で極めて自然であり，解法も簡単であるが，必ずしも正の解を得られるわけでないことがわかっている．これについては第7章に詳しい説明がある．このように AHP には 3 種類の解法があって，いずれが最も良いかは依然 open problem なのである．

**問 5**　(2.40)式の条件の下での(2.39)式の解を与える連立一次方程式を作れ．
**問 6**　いろいろな AHP に対して，固有ベクトル法，LLS，直接最小二乗法によって解き，比較せよ．

## 2.6　基本原理の ANP への適用

　以上によって，自己評価と外部評価の平均の比ができるだけ 1 に近くなるように個別評価値を決めるという基本原理(2.38)式から，Saaty のいわゆる主固有ベクトル法が導かれることが示された．Saaty はおそらく直観的に主固有ベクトル法の良さを見抜いていたのであろうが，その根拠が基本原理(2.38)式であったのである．

　この原理は，AHP の主固有ベクトル法の根拠を与えるだけでなく，これをANP の超行列に適用すると，2.4 節で見たようにやはり超行列の主固有ベクトルが妥当な総合評価を与えることが示される．またそれだけでなく，AHP の変種である不完全情報問題に対してもこの原理を適用すると自然に一つの解法が生まれてくる．AHP の不完全情報問題というのは，一対比較行列の一部のデータが欠けている場合であり，これに対して従来 Harker 法，二段階法など [5] の解法が提案されていたが，これらはいずれも基本原理(2.38)式とは多少異なった結果を与える．後者は一貫した基本原理から導出されるものであるから，筆者の考えとしては，この解法を薦めたい．いずれにせよ，この問題は第 7 章で詳しい説明があるので，ここでは ANP への適用に話をしぼること

にしよう．

さて ANP の問題は $n$ 個の対象 $\{1, 2, \cdots, n\}$ に対して，対象 $i$ の $j$ による評価値 $s_{ij}$ を $(i, j)$ 要素とする超行列 $S=[s_{ij}]$ を解析の基本とするものであった．一方，AHP における比較行列 $A=[a_{ij}]$ の $a_{ij}$ の値は対象 $i$ が $j$ の何倍だけよいか（あるいは重要かなど）を表したものと考えられるから，数学的には $s_{ij}$ の値と同等の役割をもつものである．一般的通念としては，超行列 $S$ はその要素が多くの解析の結果得られた値であって，その「超」の字が示すとおり，比較行列 $A$ より一段高度な行列であるように思われがちであるが，数学的には同質のものとして取り扱える．したがって，AHP の比較行列に適用できる方法は，ANP の超行列にも適用できる．

そこで，基本原理(2.38)式を超行列 $S$ に適用するとどのような結果になるかを考えてみよう．簡単のために 2.3 節の例，つまり (2.20) 式の超行列について考えよう．これを再録すると，

$$S = \begin{array}{c} \\ C_1 \\ C_2 \\ A_1 \\ A_2 \\ A_3 \end{array} \begin{array}{c} \begin{array}{ccccc} C_1 & C_2 & A_1 & A_2 & A_3 \end{array} \\ \left[ \begin{array}{ccccc} 0 & 0 & w_{11} & w_{12} & w_{13} \\ 0 & 0 & w_{21} & w_{22} & w_{23} \\ u_{11} & u_{12} & 0 & 0 & 0 \\ u_{21} & u_{22} & 0 & 0 & 0 \\ u_{31} & u_{32} & 0 & 0 & 0 \end{array} \right] \end{array} \quad (2.41)$$

であるが，$C_1$, $C_2$, $A_1$, $A_2$, $A_3$ の自己評価値をそれぞれ $x_1$, $x_2$, $y_1$, $y_2$, $y_3$ とすると，

$C_1$ に対する外部評価の平均は $(w_{11}y_1 + w_{12}y_2 + w_{13}y_3)/3$
$C_2$ に対する外部評価の平均は $(w_{21}y_1 + w_{22}y_2 + w_{23}y_3)/3$
$A_1$ に対する外部評価の平均は $(u_{11}x_1 + u_{12}x_2)/2$ (2.42)
$A_2$ に対する外部評価の平均は $(u_{21}x_1 + u_{22}x_2)/2$
$A_3$ に対する外部評価の平均は $(u_{31}x_1 + u_{32}x_2)/2$

となるから，フロベニウスのミニマックス定理(2.5節)の(2.41)式に対応する

行列 $B$ は，

$$B = \begin{bmatrix} 0 & 0 & w_{11}/3 & w_{12}/3 & w_{13}/3 \\ 0 & 0 & w_{21}/3 & w_{22}/3 & w_{23}/3 \\ 0 & 0 & w_{31}/3 & w_{32}/3 & w_{33}/3 \\ u_{11}/2 & u_{12}/2 & 0 & 0 & 0 \\ u_{21}/2 & u_{22}/2 & 0 & 0 & 0 \\ u_{31}/2 & u_{32}/2 & 0 & 0 & 0 \end{bmatrix} = \begin{bmatrix} 0 & \frac{1}{3}W \\ \frac{1}{2}U & 0 \end{bmatrix} \quad (2.43)$$

となる．

したがって $B$ の主固有ベクトルは基本原理(2.38)式による ANP の解を与えることになる．この $B$ は超行列 $S$ の部分行列 $U$ と $W$ にそれぞれ 1/2, 1/3 の係数がかかったものとなるから，行列としては $S$ と一致しないかもしれないが，基本方程式(2.23)(2.4節)の解は $B$ の主固有ベクトルと定数倍を除いて等しいことがわかる．何故かを以下にのべよう．

$B$ の最大固有値を $\lambda$，主固有ベクトルを $[\dot{x}_1, \ \dot{x}_2, \ \dot{y}_1, \ \dot{y}_2, \ \dot{y}_3]^T$ とし，$\dot{x}=[\dot{x}_1, \ \dot{x}_2]^T$，$\dot{y}=[\dot{y}_1, \ \dot{y}_2, \ \dot{y}_3]^T$ とすると，

$$B \begin{bmatrix} \dot{x} \\ \dot{y} \end{bmatrix} = \lambda \begin{bmatrix} \dot{x} \\ \dot{y} \end{bmatrix} \quad (2.44)$$

となるから，(2.43)式から

$$\begin{bmatrix} 0 & \frac{1}{3}W \\ \frac{1}{2}U & 0 \end{bmatrix} \begin{bmatrix} \dot{x} \\ \dot{y} \end{bmatrix} = \lambda \begin{bmatrix} \dot{x} \\ \dot{y} \end{bmatrix} \quad (2.45)$$

となり，分割すると，

$$\frac{1}{3}W\dot{y} = \lambda \dot{x}, \quad \frac{1}{2}U\dot{x} = \lambda \dot{y} \quad (2.46)$$

となるので，この第2式の $\dot{y}$ を第1式に代入すると，

$$WU\dot{x} = 6\lambda^2 \dot{x} \quad (2.47)$$

を得る．

上の導出法から(2.47)式の $6\lambda^2$ は $WU$ の最大固有値となることは明らかで

あるが，$WU$ は確率行列であるから(→問 4)，その最大固有値は 1 であり，したがって，$6\lambda^2=1$ となり，$\dot{x}$ は(2.28)式の解 $x$ と定数倍を除いて一致する．また(2.46)式の第 2 式から

$$\dot{y}=\frac{1}{2\lambda}U\dot{x} \qquad (2.48)$$

となり，これは(2.27)式の $y$ と定数倍を除いて一致することがわかる．

(2.48)式による $\dot{x}$ と $\dot{y}$ との比と，(2.27)式による $x$ と $y$ との比は一般に異なるが，$x$ は評価基準($C_1$, $C_2$)に対する評価値で $y$ は代替案($A_1$, $A_2$, $A_3$)に対するものであるから，もともと異質なものである．したがって，$x_i$ どうしの比較は意味を持つが，$x_i$ と $y_i$ との比較は意味がないから，上記の差異は事実上問題でないであろう．

ただし上で取り上げた議論は，2.3節の例，図表2.4のようなネットワーク構造を持つANPについての議論である．したがってもっと複雑な構造を持つネットワークについては，従来のANPの解法(2.23)式と基本原理(2.38)式による解法とでは答が違ってくる．その違いの原因は，後者が自己評価と外部評価の平均値との比を考えるからで，もしこれを外部評価の総計に置きかえれば，つまり(2.42)式で 3 や 2 で割らないことにすると，$B$((2.43)式)と $S$((2.42)式)とは一致するから，両者の答は一致する．AHPの比較行列はすべての要素が正でありゼロを含まないから，平均値をとるときの分母がどの行の $n-1$ となり，したがって(固有値は異なっても)固有ベクトルには関係がないから，AHPの場合は平均と総計の差はなかったのである．しかし，ANPの場合，超行列は一般に行ごとに正の要素の個数は異なるので，平均と総計とでは異なった結論となるのである．この差はAHPでも不完全情報の場合には起こってくるが，これについては第 7 章に詳しくのべられる．

平均なのか総計なのか？　は問題によって異なる．例えば学生の成績は平均点で評価されるが，同じ平均点なら，多くの科目をとった学生と少ない科目をとった学生とでは，前者が高く評価されるのが常識である．こう考えると学生の評価はむしろ総計の方が妥当な気もする．

いずれにせよ，どちらが妥当かは数理的には解決できないから，その問題に応じて考える必要がある．

以上によって，基本原理(2.38)式によるANPの解法は，超行列を平均操作で改訂した行列$B$の((2.48)式のような)主固有ベクトルを求めればよいということがわかった．これによると超行列に課せられた確率行列としての要請(2.21)式は，もはや必要がないことがわかる．

超行列$S=[s_{ij}]$が確率行列であるということは各対象$j$の他の対象$i=1, 2, \cdots, n (\neq j)$に対する評価値の和がどの$j$に対しても1であること，つまり各対象$j$の評価権利がすべて平等という条件を謳ったものと思われるが，このことは次の節でものべるように必ずしも必然的なものではないであろう．

**問7** $WU$が確率行列であることを示せ．

**答** $WU$の$(i, j)$要素を$v_{ij}$とすると，$v_{ij}=\sum_k w_{ik} u_{kj}$であるから$\sum_i v_{ij}$
$=\sum_i \sum_k w_{ik} u_{kj}=\sum_k (\sum_i w_{ik}) u_{kj}=\sum_k u_{kj}=1$．

## 2.7 ANPの一般解法

これまでの節でANPの解法は超行列$S$(あるいは改訂行列$B$(2.43)式)の主固有ベクトルを求めさえすればよいことがわかった．しかし，これらの根拠がフロベニウスのミニマックス定理にあることから，$S$は既約行列でなければならない，つまりネットワーク構造が強連結でなければならないことが大前提であった．しかしこの大前提が成立しない多くの実例がある．そこで，この節では必ずしも強連結構造をもたないANPについて一般解法をのべよう．

この一般解法で対象とするANPの超行列$S=[s_{ij}]$としては，その成分が非負であるという制限および自己評価の要素はないという制限，つまり

$$s_{ij} \geq 0, \quad s_{ii}=0 \quad (2.49)$$

以外に，確率行列性とか逆数行列性とかいう一切の制限はおかない．一般解法

をのべる前にいくつかの準備をしておく．

### 2.7.1 既約行列の基準化

はじめに非負の既約行列の基準化ということを考えよう．非負既約行列 $A$ の最大固有値 $\lambda_{\max}$ は，フロベニウスの定理からつねに正である（0 や負にはならない）が，$A$ を $\lambda_{\max}$ で割った行列

$$\bar{A} = \frac{1}{\lambda_{\max}} A \tag{2.50}$$

を $A$ の基準化と呼ぶことにする．むろん $\bar{A}$ の最大固有値は 1 であり，主固有ベクトルは $A$ のそれと変わらない．

基準化という操作はこのように数学的には極めて簡単であるが，これは評価値を平準化するという意味で重要な操作である．Saaty の提案する超行列は各列の和が 1 となるように基準化されている．これは各対象の評価の権利を平等にするものとみてよい．しかし，この行列全体の基準化は各対象ごとでなく，全体として他の評価システムとの平準化をもたらすものである．

この基準化はむろん AHP と ANP にも適用できることであるが，例えば AHP の問題を考えると，その比較行列 $A=[a_{ij}]$ の要素 $a_{ij}$ の値について，Saaty は 1〜9 の整数およびその逆数をとることを提案している．しかし 2.1 節でのべたパラメータ法などを用いると，これを越えた大きな値になったり，あるいはより小さな値となったりすることもあり得る．しかし，$a_{ij}$ の値がどのような大きさにバラついても，基準化によって $\bar{A}$ の要素の値は，大まかにいって一定の間隔におさまるはずである．

また ANP の場合，以下にのべるような対象のクラスタ分割が行われるが，各クラスタに対する既約行列の基準化を行うことによって，クラスタ間の平準化を行うことができる．

第 3 章で見られるように，木下，中西は ANP 的な問題に対して，支配代替案（あるいは支配評価基準）を代表として選び，これを基準として他の代替案

(あるいは評価基準)を評価しようとする考えである．代表として選ばれたものはいわばたたき台のような役割を果すことになる．つまりその評価値を基準値の1として，他を評価することになるので，超行列に相当するものは一般に確率行列とはならない．このような場合にも(2.50)式の行列の基準化の考え方が適用される．

たとえば，2.3節以降にのべたファーストフードの例に対して，$A_1$ を代表者として選んだ場合は，$A_1$ の評価値を1として，他を評価するので，図表2.5のようになる．また評価基準 $C_2$ を代表者として選ぶ場合は，図表2.6のようになる．

これに対する超行列は

$$S=\begin{bmatrix} 0 & 0 & 1/4 & 3 & 2 \\ 0 & 0 & 1 & 1 & 1 \\ 1 & 1 & 0 & 0 & 0 \\ 2 & 1/2 & 0 & 0 & 0 \\ 3 & 1/6 & 0 & 0 & 0 \end{bmatrix} \qquad (2.51)$$

となって，もはや確率行列とはならない．$S$ の最大固有値を計算すると $\lambda_{max}=3.65$ となるので，

$$\bar{S}=\frac{1}{3.65}S \qquad (2.52)$$

が基準化された超行列である．

**図表2.5** 支配型($A_1$)

|  | $C_1$ | $C_2$ |
|---|---|---|
| $A_1$ | 1 | 1 |
| $A_2$ | 2 | 1/2 |
| $A_3$ | 3 | 1/6 |

**図表2.6** 支配型($C_1$)

|  | $A_1$ | $A_2$ | $A_3$ |
|---|---|---|---|
| $C_1$ | 1/4 | 3 | 2 |
| $C_2$ | 1 | 1 | 1 |

## 2.7.2 強連結成分への分割

ネットワーク構造が連結ではあるが,強連結でない ANP の例を考えよう(むろん構造が連結でない場合は連結成分ごとに別な問題として取り扱われるべきものだから強いて考える必要はない).先にのべたように AHP の階層構造自身を一つの評価システムと考えれば(図表 2.1,(2.22)式)これは強連結ではない.これも ANP の一つの特殊例であるが,この他にファーストフード会社の評価問題(図表 2.4,(2.20)式)で,この他にもファーストフード産業として,広告($C_1$)とサービス($C_2$)の重要度がそれぞれ $v_1$,$v_2$ と評価されたとする.これを,

$$v = \begin{bmatrix} v_1 \\ v_2 \end{bmatrix} \tag{2.53}$$

とすると,この場合の超行列は

$$S = \begin{bmatrix} 0 & 0 & 0 \\ v & 0 & W \\ 0 & U & 0 \end{bmatrix} \tag{2.54}$$

となり,ネットワーク構造は図表 2.7 のようになる.この中の $G$ はこの産業界全体を表すものとみればよい.これは明らかに強連結ではない.

一般に強連結でない連結グラフは,いくつかの強連結成分(これをここではクラスタと呼ぶ)に分割できることはよく知られている.図表 2.8 にその典型

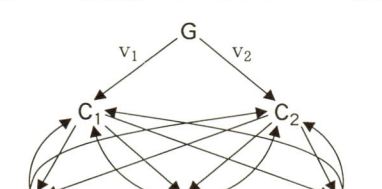

**図表 2.7** 強連結でないネットワーク構造

例を示す．ここでは4つのクラスタ $I$, $II$, $III$, $IV$ に分割されている．そしてこれらのクラスタには一つの半順序が定まる．つまりインプットの矢線をもたないものがオーダー1であり，オーダー1のみからのインプットをもつものがオーダー2であり，オーダー1と2のみからのインプットをもつものがオーダー3である．図表2.8では，クラスタ $I$ がオーダー1，$II$, $III$ がオーダー2で，$IV$ がオーダー3である．

クラスタをこのオーダーの順にならべると（同一オーダーのクラスタはどちらを先に並べてもよい），その超行列はブロック下三角行列となる．図表2.8に対応する超行列は次のようになる．

$$S = \begin{array}{c} \\ I \\ II \\ III \\ IV \end{array} \begin{array}{c} \begin{array}{cccc} I & II & III & IV \end{array} \\ \left[ \begin{array}{cccc} A_1 & 0 & 0 & 0 \\ B_{21} & A_2 & 0 & 0 \\ B_{31} & 0 & A_3 & 0 \\ 0 & B_{42} & B_{43} & A_4 \end{array} \right] \end{array} \quad (2.55)$$

ここで，$A_i$ はクラスタ $i$ の中での評価行列で，クラスタはつねに強連結であるから，クラスタ $i$ の成分の個数が2以上であれば，$A_i$ は既約行列である．ただし，クラスタ $i$ がただ1つの対象からなるとき，つまり $A_i$ がスカラーのとき，それは（自己評価をしていないという原則(2.49)式）つねに0となる（$i=I, \cdots, IV$）．

**問8** 次のような超行列に対するANPのネットワーク構造を示すグラフをかけ．

$$S = \begin{array}{c} \\ 1 \\ 2 \\ 3 \\ 4 \\ 5 \end{array} \begin{array}{c} \begin{array}{ccccc} 1 & 2 & 3 & 4 & 5 \end{array} \\ \left[ \begin{array}{ccccc} 0 & 1 & 0 & 0 & 0 \\ 1 & 0 & 0 & 1 & 0 \\ 0 & 1 & 0 & 0 & 1 \\ 0 & 0 & 0 & 0 & 0 \\ 0 & 0 & 0 & 1 & 0 \end{array} \right] \end{array}$$

またこれを強連結成分に分割し、その各成分のオーダーを求め、オーダー順に並べかえて(2.55)式のようなブロック下三角行列の超行列にかきかえよ。

また、$B_{ij}$ はクラスタ $i$ のクラスタ $j$ による評価行列である。図表2.8をみればわかるように、クラスタ $I$ から $IV$ へのインプット、$II$ から $III$ へのインプットはないから、$B_{41}$, $B_{31}$ 等はゼロ行列である $(i, j = I, \cdots, IV)$。

図表2.7の場合、クラスタは2個で $I=\{G\}$, $II=\{C_1, C_2, A_1, A_2, A_3\}$ となる。したがって、超行列 (2.54)式を(2.55)式の形式に書くと

$$S = \begin{bmatrix} A_1 & 0 \\ B_{21} & A_2 \end{bmatrix} \tag{2.56}$$

となり、$A_1 = 0$, $B_{21} = \begin{bmatrix} v \\ 0 \end{bmatrix}$, $A_2 = \begin{bmatrix} 0 & W \\ U & 0 \end{bmatrix}$ となる。

**問9** AHPの階層構造図表2.1に対して、これを強連結成分に分割した場合、クラスタの個数はいくつあるか。また(2.22)式を(2.55)式の形式に書いたときの $A_i$, $B_{ij}$ を求めよ。

### 2.7.3 ANPの一般解法

以上の準備の下、この項でANPの一般解法をのべる。この節のはじめにのべたように、我々に与えられた超行列には、非負性と対角要素が0という条件((2.49)式)の他は一切の制限はない一般的なものである。理解を容易にするため、典型的な例として図表2.8のネットワーク構造、(2.55)式の超行列に対する解法を考える。

解法は初期ステップの後、オーダーの若いクラスタ順に次のように進められる。

## 2.7 ANPの一般解法

**初期ステップ**　基準化：まず対角ブロックにある部分行列 $A_1$, $A_2$, $A_3$, $A_4$ の最大固有値 $\lambda_1$, $\lambda_2$, $\lambda_3$, $\lambda_4$ を求め，各 $A_i$ を基準化すると同時に，クラスタ $i$ を基準化すると同時に，クラスタ $i$ からのアウトプット矢線に相当する．

$$\bar{A}_i = \frac{1}{\lambda_i} A_i \quad (i = I, \cdots, IV)$$
$$\bar{B}_{ki} = \frac{1}{\lambda_i} B_{ki} \quad (k = i+1, \cdots, IV) \tag{2.57}$$

（もし $A_i$ がスカラーで 0 のとき，$\lambda_i = 1$ と仮定する．）

**クラスタ I**　$\bar{A}_1$ の第 $i$ 行の正の個数を $n_{1i}$ とし，この第 $i$ 行の各要素を $n_{1i}$ で割った行列を $\hat{A}_1$ とする．$\hat{A}_1$ は既約行列だから，2.4 節の解法を適用して，$\hat{A}_1$ の主固有ベクトル $u_1$ を求める．$u_1$ はその成分の和が 1 となるように基準化しておく．$u_1$ の成分がクラスタ I に属する対象の総合評価値を与える（もしクラスタ I が唯一個の成分からなる場合，$u_1 = u_{11}$ はスカラーであるが $u_{11} = 1$ を仮定する）．

**クラスタ II**　$[\bar{B}_{21} \bar{A}_2]$ の第 $i$ 行の正の要素の個数を $n_{2i}$ とし，この第 $i$ 行の各要素を $n_{2i}$ で割った行列を $[\hat{B}_{21} \hat{A}_2]$ とし，さらに

$$\hat{b}_2 = \hat{B}_{21} u_1 \tag{2.58}$$

を求める．この $\hat{b}_2$ はクラスタ I から II へ与えられる評価値である．そして

$$\begin{bmatrix} 1 & 0 \\ \hat{b}_2 & \hat{A}_2 \end{bmatrix} \tag{2.59}$$

の主固有ベクトルを $\begin{bmatrix} 1 \\ u_2 \end{bmatrix}$ とするとき，$u_2$ の成分がクラスタ II に属する対象の総合評価を与える．

**クラスタ III**　クラスタ III はクラスタ II の場合とまったく同様にして求められる．その結果を $u_3$ とする．

**クラスタ IV**　$[\hat{B}_{42} \hat{B}_{43} \hat{A}_4]$ は以上と同様に定義し，

$$\hat{b}_4 = \hat{B}_{42} u_2 + \hat{B}_{43} u_3 \tag{2.60}$$

を計算して，

$$\begin{bmatrix} 1 & 0 \\ \hat{b}_4 & \hat{A}_4 \end{bmatrix} \tag{2.61}$$

を主固有ベクトルを $\begin{bmatrix} 1 \\ u_4 \end{bmatrix}$ とするとき，$u_4$ の成分がクラスタ $IV$ に属する対象の総合評価を与える．

以上が解法のアルゴリズムであるが，この根拠の詳細については，参考文献[7]を参照することとし，ここでは簡単な説明を与えるにとどめよう．

まず(2.59)式((2.61)式もまったく同様であるが)の行列は既約ではないから，その主固有ベクトルの成分がすべて正となる保証はない．しかし $\overline{A}_2$ の最大固有値は1であるから，この各行を1より大きい $n_{2i}$ で割った $\hat{A}_2$ の最大固有値は1より小さくなることは明らかである．(2.59)式は固有値1をもつから，その最大固有値は1であり，したがって(2.59)式の主固有ベクトルは，

$$\begin{bmatrix} 1 & 0 \\ \hat{b}_2 & \hat{A}_2 \end{bmatrix} \begin{bmatrix} 1 \\ u_2 \end{bmatrix} = \begin{bmatrix} 1 \\ u_2 \end{bmatrix} \tag{2.62}$$

の解，つまり

$$\hat{b}_2 + \hat{A}_2 u_2 = u_2 \tag{2.63}$$

の解である．この解 $u_2$ は $\hat{A}_2$ の最大固有値が1より小のときは($\hat{b}_2$ が非負である限り)その成分がすべて正であることは線形代数上よく知られた事実である[1]．

なお，ここで注意すべきことは，インプットをもたない，つまりオーダー1のクラスタ(この例ではクラスタ $I$)の $u_I$ 以外の $u_i$ については，(2.62)式の形の解であることからもわかるようにその成分和が1であるという性質はもっていない．つまり $u_i$ は固有ベクトルのもつ「定数倍だけ任意」という性質はもたず，(2.62)式の解としては一意に決まるのである．

## 2.7.4 応用例

**[例1]** いままでしばしば考えてきたファーストフード産業の例で，その構造が図表2.7，超行列が(2.54)式の場合を考えよう．この超行列 $S$ の構造はすでに(2.56)式に与えるが，その数値としては(2.51)式の場合を考えると，$S$ はつぎのようになる．

$$S = \begin{bmatrix} A_1 & 0 \\ B_{21} & A_2 \end{bmatrix} = \begin{array}{c} \\ G \\ C_1 \\ C_2 \\ A_1 \\ A_2 \\ A_3 \end{array} \begin{bmatrix} \begin{array}{c|ccccc} G & C_1 & C_2 & A_1 & A_2 & A_3 \\ \hline 0 & 0 & 0 & 0 & 0 & 0 \\ v_1 & 0 & 0 & w_{11} & w_{12} & w_{13} \\ v_2 & 0 & 0 & w_{21} & w_{22} & w_{23} \\ 0 & u_{11} & u_{12} & 0 & 0 & 0 \\ 0 & u_{21} & u_{22} & 0 & 0 & 0 \\ 0 & u_{31} & u_{32} & 0 & 0 & 0 \end{array} \end{bmatrix} \quad (2.64)$$

**初期ステップ** 各行列の基準化を行うと $\lambda_1 = 1$, $\lambda_2 = 3.65$ ((2.51)式)だから

$$\bar{A}_1 = [0], \quad \bar{B}_{21} = B_{21}, \quad \bar{A}_2 = \frac{1}{3.65} A_2$$

**クラスタ I** クラスタ I の成分は唯一 $G$ で，その評価値は 1．

**クラスタ II** クラスタ II の評価値ベクトル $u_2$ は

$$\begin{bmatrix} 1 & 0 \\ \hat{b}_2 & \hat{A}_2 \end{bmatrix} \begin{bmatrix} 1 \\ u_2 \end{bmatrix} = \begin{bmatrix} 1 \\ u_2 \end{bmatrix} \quad (2.65)$$

の解となるが，ここで

$$\hat{b}_2 = \hat{B}_{21} = \begin{bmatrix} v_1/4 \\ v_2/4 \\ 0 \\ 0 \\ 0 \end{bmatrix}, \quad \hat{A}_2 = \frac{1}{3.65} \begin{bmatrix} 0 & 0 & 0 & 1/16 & 3/4 & 2/4 \\ 0 & 0 & 0 & 1/4 & 1/4 & 1/4 \\ 1/2 & 1/2 & 0 & 0 & 0 & 0 \\ 2/2 & 1/4 & 0 & 0 & 0 & 0 \\ 3/2 & 1/12 & 0 & 0 & 0 & 0 \end{bmatrix}$$

ここで $u_2 = \begin{bmatrix} x \\ y \end{bmatrix}$ とおき $x = \begin{bmatrix} x_1 \\ x_2 \end{bmatrix}$, $y = \begin{bmatrix} y_1 \\ y_2 \\ y_3 \end{bmatrix}$ として(2.65)式を解くと

$$\left.\begin{aligned}
x_1 &= 0.2828 v_1 + 0.0056 v_2 \ (C_1 \text{の評価}) \\
x_2 &= 0.0116 v_1 + 0.2543 v_2 \ (C_2 \text{の評価}) \\
y_1 &= 0.0410 v_1 + 0.0356 v_2 \ (A_1 \text{の評価}) \\
y_2 &= 0.0786 v_1 + 0.0190 v_2 \ (A_2 \text{の評価}) \\
y_3 &= 0.1166 v_1 + 0.0081 v_2 \ (A_3 \text{の評価})
\end{aligned}\right\} \quad (2.66)$$

図表2.7からわかるように，$C_1$ は $G$ から直接 $v_1$ の影響を受けるが $v_2$ の影響は間接でしかない．そのことが(2.66)式の $x_1$ の $v_1$，$v_2$ の係数によく表れていて，$v_1$ の係数は $v_2$ のそれよりずっと大きい．$C_2$ についても同様である．また $(A_1, A_2, A_3)$ は $(C_1, C_2)$ にくらべて $v_1$，$v_2$ の影響は間接的でしかないが，これは(2.66)式で $y_j$ の係数は全体として $x_i$ の係数より小さいことに反映されている．

[例2] この例は例1の拡張でもあり，また参考文献［3］の4.5節にある実例をやや簡単化し補正したものである．

代替案の集合はいままでどおり，{マクドナルド，バーガーキング，ウェンディーズ}でこれらを $\{A_1, A_2, A_3\}$ と書く．評価基準は広告と料理という2種類があり，広告については{創造性，宣伝性，頻度}を考え，これを $\{C_1, C_2, C_3\}$ とする．また料理については{栄養，味，配分量}でこれらを $\{D_1, D_2, D_3\}$ としておく．

さらに $A_1, A_2, A_3$ の各社は国際的 $(R_1)$ と国内 $(R_2)$ の一般評価を受けている．したがって $\{R_1, R_2\}$ はもう一種類の評価基準となる．全体目的を $G$ とすると，結局対象全体は次のようになる．

$$\{G, R_1, R_2, A_1, A_2, A_3, C_1, C_2, C_3, D_1, D_2, D_3\} \quad (2.67)$$

この評価構造は図表2.8となり，超行列は(2.68)式となる．ここで，$R_1$，$R_2$ の重みはパラメータ $v_1$，$v_2$ としておく．

$$S = \begin{bmatrix} 0 & 0 & 0 & 0 & 0 & 0 & 0 & 0 & 0 & 0 & 0 & 0 \\ v_1 & 0 & 0 & 0 & 0 & 0 & 0 & 0 & 0 & 0 & 0 & 0 \\ v_2 & 0 & 0 & 0 & 0 & 0 & 0 & 0 & 0 & 0 & 0 & 0 \\ 0 & 0.657 & 0.540 & 0 & 0 & 0 & 0.614 & 0.717 & 0.717 & 0.249 & 0.291 & 0.595 \\ 0 & 0.196 & 0.297 & 0 & 0 & 0 & 0.268 & 0.195 & 0.195 & 0.157 & 0.105 & 0.128 \\ 0 & 0.147 & 0.163 & 0 & 0 & 0 & 0.117 & 0.088 & 0.088 & 0.594 & 0.605 & 0.276 \\ 0 & 0 & 0 & 0.104 & 0.089 & 0.134 & 0 & 0 & 0 & 0 & 0 & 0 \\ 0 & 0 & 0 & 0.066 & 0.056 & 0.036 & 0 & 0 & 0 & 0 & 0 & 0 \\ 0 & 0 & 0 & 0.330 & 0.355 & 0.325 & 0 & 0 & 0 & 0 & 0 & 0 \\ 0 & 0 & 0 & 0.166 & 0.140 & 0.313 & 0 & 0 & 0 & 0 & 0 & 0 \\ 0 & 0 & 0 & 0.070 & 0.036 & 0.140 & 0 & 0 & 0 & 0 & 0 & 0 \\ 0 & 0 & 0 & 0.264 & 0.325 & 0.047 & 0 & 0 & 0 & 0 & 0 & 0 \end{bmatrix}$$

(2.68)

この構造を強連結成分に分割すると図表2.8のⅠ,Ⅱ,Ⅲ,Ⅳのように四つのクラスタに分割される.このうちⅠ,Ⅱ,Ⅲの各クラスタは唯一の成分からなる.超行列を(2.55)式の形式に書くと各部分行列は次の(2.69),(2.70)式となる.

**図表 2.8** 例2のネットワーク構造

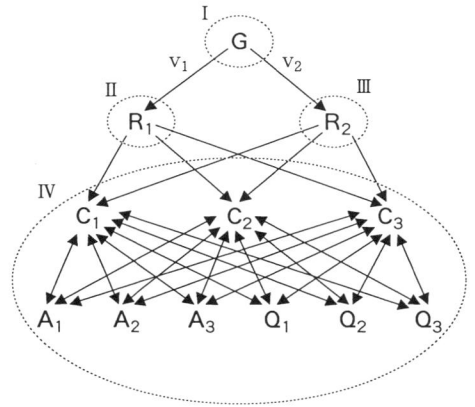

$A_1=0$, $B_{21}=v_1$, $A_2=0$, $B_{31}=v_2$, $B_{32}=0$, $A_3=0$

$$B_{41}=\begin{bmatrix} 0 \\ 0 \\ 0 \\ 0 \\ 0 \\ 0 \\ 0 \\ 0 \\ 0 \end{bmatrix},\ B_{42}=\begin{bmatrix} 0.6571 \\ 0.1963 \\ 0.1466 \\ 0 \\ 0 \\ 0 \\ 0 \\ 0 \\ 0 \end{bmatrix},\ B_{43}=\begin{bmatrix} 0.5396 \\ 0.297 \\ 0.1634 \\ 0 \\ 0 \\ 0 \\ 0 \\ 0 \\ 0 \end{bmatrix} \quad (2.69)$$

$$A_4=\begin{bmatrix} 0 & 0 & 0 & 0.614 & 0.717 & 0.717 & 0.249 & 0.291 & 0.595 \\ 0 & 0 & 0 & 0.268 & 0.195 & 0.195 & 0.157 & 0.105 & 0.128 \\ 0 & 0 & 0 & 0.117 & 0.088 & 0.088 & 0.594 & 0.605 & 0.276 \\ 0.104 & 0.089 & 0.140 & 0 & 0 & 0 & 0 & 0 & 0 \\ 0.066 & 0.056 & 0.036 & 0 & 0 & 0 & 0 & 0 & 0 \\ 0.330 & 0.355 & 0.325 & 0 & 0 & 0 & 0 & 0 & 0 \\ 0.166 & 0.140 & 0.313 & 0 & 0 & 0 & 0 & 0 & 0 \\ 0.070 & 0.036 & 0.140 & 0 & 0 & 0 & 0 & 0 & 0 \\ 0.264 & 0.325 & 0.047 & 0 & 0 & 0 & 0 & 0 & 0 \end{bmatrix} \quad (2.70)$$

これらを基準化すると，$A_4$ は確率行列でその最大固有値は1だから

$$\overline{A}_1=A_1,\ \overline{B}_{21}=B_{21},\ \overline{A}_2=A_2,\ \overline{B}_{31}=B_{31},\ \overline{B}_{32}=B_{32},\ \overline{A}_3=A_3,\ \overline{A}_4=A_4$$

となり，さらに次を得る．

$$\hat{A}_1=1,\ \hat{A}_2=\overline{A}_2,\ \hat{A}_3=\overline{A}_3.$$

$G$ の重みは1であり，$R_i$ の重み $u_i$ は次の方程式の解として

$$\begin{bmatrix} 1 & 0 \\ v_i & 0 \end{bmatrix}\begin{bmatrix} 1 \\ u_i \end{bmatrix}=\begin{bmatrix} 1 \\ u_i \end{bmatrix}$$

## 2.7 ANPの一般解法

$u_i = v_i (i=1, 2)$ となる．さらに各行の正の要素個数から次が得られる．
$$\hat{B}_{41} = 1/8 \overline{B}_{41}, \quad \hat{B}_{42} = 1/8 \overline{B}_{42}$$

および

$$\hat{c}_4 = \begin{bmatrix} \frac{0.657v_1+0.540v_2}{8} \\ \frac{0.196v_1+0.297v_2}{8} \\ \frac{0.147v_1+0.163v_2}{8} \\ 0 \\ 0 \\ 0 \\ 0 \\ 0 \\ 0 \end{bmatrix}, \quad \hat{A}_4 = \begin{bmatrix} 1/8 & 0 & 0 & 0 & 0 & 0 & 0 & 0 & 0 \\ 0 & 1/8 & 0 & 0 & 0 & 0 & 0 & 0 & 0 \\ 0 & 0 & 1/8 & 0 & 0 & 0 & 0 & 0 & 0 \\ 0 & 0 & 0 & 1/3 & 0 & 0 & 0 & 0 & 0 \\ 0 & 0 & 0 & 0 & 1/3 & 0 & 0 & 0 & 0 \\ 0 & 0 & 0 & 0 & 0 & 1/3 & 0 & 0 & 0 \\ 0 & 0 & 0 & 0 & 0 & 0 & 1/3 & 0 & 0 \\ 0 & 0 & 0 & 0 & 0 & 0 & 0 & 1/3 & 0 \\ 0 & 0 & 0 & 0 & 0 & 0 & 0 & 0 & 1/3 \end{bmatrix} \overline{A}_4.$$

次の方程式

$$\begin{bmatrix} 1 & 0 \\ \hat{c}_4 & \hat{A}_4 \end{bmatrix} \begin{bmatrix} 1 \\ x_1 \\ x_2 \\ x_3 \\ y_1 \\ y_2 \\ y_3 \\ z_1 \\ z_2 \\ z_3 \end{bmatrix} = \begin{bmatrix} 1 \\ x_1 \\ x_2 \\ x_3 \\ y_1 \\ y_2 \\ y_3 \\ z_1 \\ z_2 \\ z_3 \end{bmatrix},$$

を解くことによって以下のものが得られる．

$$x_1 = 0.0852v_1 + 0.0705v_2 = A_1 \text{の評価値}$$
$$x_2 = 0.0255v_1 + 0.0381v_2 = A_2 \text{の評価値}$$
$$x_3 = 0.0198v_1 + 0.0219v_2 = A_3 \text{の評価値}$$

$$y_1 = 0.0046v_1 + 0.0046v_2 = C_1 \text{ の評価値}$$
$$y_2 = 0.0026v_1 + 0.0025v_2 = C_2 \text{ の評価値}$$
$$y_3 = 0.0145v_1 + 0.0146v_2 = C_3 \text{ の評価値}$$
$$z_1 = 0.0080v_1 + 0.0080v_2 = D_1 \text{ の評価値}$$
$$z_2 = 0.0032v_1 + 0.0031v_2 = D_2 \text{ の評価値}$$
$$z_3 = 0.0106v_1 + 0.0107v_2 = D_3 \text{ の評価値}$$

この結果を見ると，$x_i$ は $v_j$ の係数が $y_i$ や $z_i$ のものより大きくなっている．それは $A_i$ が $v_j$ の直接の影響を受けるが，$C_i$ や $D_i$ は $v_j$ の影響を間接的にしか受けないからである．

## 参考文献

[1] 古屋 茂，『行列と行列式』，培風館，1959．
[2] Saaty, T. L., *The Analytic Hierarchy Process*, McGraw-Hill, NewYork, 1980.
[3] Saaty, T. L., *The Analytic Network Process*, RWS Publications, Pittsburgh PA 1996.
[4] Saaty, T. L. and Vargas, L. G., "Comparison of eigen value, logarithmic least squares and least squares methods in estimating ratios," *Mathematical Modelling*, Vol.5, 1984, pp.309-324.
[5] 高橋磐郎，「AHP から ANP への諸問題 I 〜VI」，『オペレーションズ・リサーチ』，1月〜6月，1998．
[6] 高橋磐郎，小林竜一，小柳芳雄，『統計解析』，培風館，1994．
[7] Sekitani, K. and Takahashi, I., "A unified model and analysis for AHP and ANP," Submitted to *Journal of the Operations Research Society of Japan*.
[8] Sekitani, K. and Yamaki, N., "A logical interpretation for eigenvalue method in AHP." *Journal of the Operations Research Society of Japan*, Vol.42, 1999, pp.219-232.
[9] 刀根 薫，『ゲーム感覚意思決定法—AHP 入門』，日科技連出版社，1995．

# 第3章　支配型 AHP と一斉法

木下 栄蔵

本章では木下，中西が提案した支配型 AHP と一斉法について解説する．

## 3.1　支配的視点に基づく新しい AHP ―支配代替案法

本節では木下，中西が提案した相対評価法における新しい視点(支配代替案法)[1] について解説する．

### 3.1.1　支配代替案法

#### （1）　支配代替案法の考え方

　従来型 AHP では各評価項目の重みは総合目的からトップダウン的に一意に決定した．

　しかし，意思決定のパターンの中には，総合目的から各評価項目の重みを決定するのではなく，特定の代替案を念頭にそれを評価しやすいように評価項目の重みを決めていくアプローチも存在すると考えられる．そのように評価項目の重みを規制する機能を持つ代替案をここでは「規制代替案」と呼ぶことにする．

　ところで，評価項目の重みの分布は，規制代替案の数だけ存在することになるが，それは評価項目の重みの決定に関する規制代替案間の争いを予想させる

ものである．Saatyの外部従属法は，ボトムアップ型のアプローチに対する一つの提案である．しかし，適用に当たってはすべての規制代替案による評価項目の重みの入力を要求する「民主主義的な姿勢」が示され，作業負担はかなり大きくなる．

しかしながら，われわれは常にそのようなものとして評価項目の重みを煮詰めるプロセスを取っているわけではない．意思決定は，リスクが少なければ多少の誤差を許容してでもできるだけ少ない作業負担で済ませようとするはずである．

ここでは，そのような要望に応える有力な方法として，評価の根拠地として決めた規制代替案による評価項目の重みの考え方に支障がなければそのまま最後までその方針で評価してしまうアプローチを，考察することにする．ただし評価の根拠地となる代替案は，具体的な適用に当たり最初に評価されるとは限らない．むしろ，評価プロセス全般をガイドするものとして，評価に入る前にあらかじめ措定されるものである．評価の根拠地には，たたき台，一目惚れ，反面教師，その他さまざまな設け方が考えられるが，内容は評価者の恣意にまかされるものとする．

そこでここでは次のような評価方法を考える．すなわち，各評価項目の重みは，それぞれの規制代替案によって異なる分布をする．しかし，その分布は，意思決定者の恣意によって選ばれた規制代替案によって一意に決定されるものとする．つまり，評価の根拠地として決めた規制代替案以外の規制代替案に関する各評価項目の重みは，根拠地となる規制代替案に関する評価項目の評価に〈完全に服従〉するものとする．ここでは，このような支配力を持つ規制代替案を「支配代替案」，また支配代替案に服従する規制代替案を「服従代替案」と呼ぶことにしよう．つまり，服従代替案の評価項目の重みは，支配代替案の各評価項目の重みから自動的に導出される．このモデルでは支配代替案は，各評価項目の重みの分布のみならず，それぞれの重みの分布から導かれる総合評価値までを支配する．

このことはしかし，必ずしも支配代替案がもっとも選好度の高い代替案にな

ることを意味しない．支配代替案は，評価項目の重みを決めるためのいわば〈原点・たたき台〉の提供しか行わない．つまり，総合評価値は，支配代替案，服従代替案のすべての評価項目の重みの分布において同一となる．総合評価は，実は，支配代替案を原点とする評価においてすでに内定している．服従代替案による評価項目の重みの評価は，支配代替案による総合評価の正当性を服従者の立場から弁護する機能を果たしているにすぎない．しかし，このような評価方法はわれわれの日常生活においても常套的・定石的なものである．以下，ここでわれわれの提案する新しい視点による評価方法を「支配代替案法」と呼ぶことにする．

**（2） 一対比較法に起因する問題の排除**

従来型 AHP では，各評価項目から見た各代替案の評価は，各代替案間の一対比較で決定した．しかし一対比較には以下の3つの適用上の問題 [2] が指摘されている．

1） 代替案が追加されたときもう一度一対比較をやり直さなければならない．
2） 代替案が追加されたとき代替案の順位が逆転する場合がある．この問題は Belton と Gear により指摘されたものであり，既存代替案のコピーが追加されたときに生じるものである．
3） 代替案の数が多くなると，一対比較の数が極めて多くなり一人の観測者では一度に処理(一対比較)するのが困難になる．しかも精度が悪くなる．

支配代替案法では，各代替案の評価は支配代替案と服従代替案との一対比較のみで行う．支配代替案法の副次的効果として一対比較の数は，従来の $n(n-1)/2$ から $(n-1)$ に減少し，意思決定者の評価作業の負担を軽くすることが可能となる．また，代替案の追加への対応は，追加服従代替案と支配代替案の一対比較のみで済ませることになる．一方，代替案総当たり一対比較に起因していた代替案間の順位逆転現象も回避できる．

## (3) 支配代替案法の枠組みの前提

支配代替案法は,そもそも各評価項目の重み,ならびに各代替案の評価が,特定の具体的な代替案を基準にイメージして初めて決定できるという考え方によって立つものである.従来型 AHP はそのような代替案間の差別的関係をまったく前提としていない.しかし,AHP は,もともと合理的な意思決定を水路づける思考オペレーション技法として考案されたものである.合理的な意思決定を行うための道筋(Process)は唯一ではなく合理的な解も一つではない.合理的な意思決定を行うための道筋の恣意的な選択が最初に行われなければならない.支配代替案法は,AHP が内在的に課題としていた道筋選択の恣意性の問題に対する,従来型 AHP とは別の一つの解である.

## (4) 支配代替案法による計算法

次に,この支配代替案法による計算法を述べる.

$B_i$:評価項目($i=1, \cdots, n$)

$C_j$:代替案($j=1, \cdots, m$)

$C_{ji}$:評価項目 $B_i$ に対する代替案 $C_j$ の評価

$B_i(C_j)$:代替案 $C_j$ に関する評価項目 $B_i$ の重み

$E_j$:代替案 $C_j$ の総合評価値

⟨STEP-1⟩ 総合目的/評価項目/代替案からなる階層構造を作る(従来のAHP と同じ).

⟨STEP-2⟩ 支配代替案 $C_{j*}$ を選び,これについて各評価項目間の一対比較を行う.支配代替案 $C_{j*}$ に関する評価項目 $B_i$ の重み $B_i(C_{j*})$ は,従来型 AHP と同じ方法を用いて求める.ただし一対比較は,支配代替案についてのみ行う.

⟨STEP-3⟩ 各評価項目 $B_i$ に対する各代替案 $C_j$ の評価を行う.ただし,この評価値は,支配代替案 $C_{j*}$ とのみ比較するものである(支配代替案 $C_{j*}$ の各評価項目に対する評価値を1とする).その結果,$C_{ji}$ を得る.こ

## 3.1 支配的視点に基づく新しい AHP —支配代替案法

**図表 3.1** 支配代替案法における評価行列と代替案の総合評価

| 評価項目<br>（重み） | $B_1$<br>$B_1(C_{j*})$ | $\cdots$ | $B_i$<br>$B_i(C_{j*})$ | $\cdots$ | $B_n$<br>$B_m(C_{j*})$ | 総合評価<br>$E_j$ |
|---|---|---|---|---|---|---|
| 代替案 $C_1$ | $C_{11}$ | $\cdots$ | $C_{1i}$ | $\cdots$ | $C_{1n}$ | $\sum\{B_i(C_{j*})\cdot C_{1i}\}$ |
| $\vdots$ | $\vdots$ | | $\vdots$ | | $\vdots$ | $\vdots$ |
| $C_j$ | $C_{j1}$ | $\cdots$ | $C_{ji}$ | $\cdots$ | $C_{jn}$ | $\sum\{B_i(C_{j*})\cdot C_{ji}\}$ |
| $\vdots$ | $\vdots$ | | $\vdots$ | | $\vdots$ | $\vdots$ |
| $C_{j*}$ | 1 | $\cdots$ | 1 | $\cdots$ | 1 | 1 |
| $\vdots$ | $\vdots$ | | $\vdots$ | | $\vdots$ | $\vdots$ |
| $C_m$ | $C_{m1}$ | $\cdots$ | $C_{mi}$ | $\cdots$ | $C_{mn}$ | $\sum\{B_i(C_{j*})\cdot C_{mi}\}$ |

こから，各代替案の総合評価値 $E_j$ を求めることができる（図表 3.1）．

次に，支配代替案以外の代替案（服従代替案）に関する各評価項目の重みを導出する．例えば，評価項目 $B_i$ ($i=1, \cdots, n$) の中から任意の 2 項目 $B_\alpha$, $B_\beta$ を選び，支配代替案 $C_{j*}$ と服従代替案 $C_{j**}$ を選ぶ．

このとき，STEP-2 より支配代替案 $C_{j*}$ に関する評価項目 $B_\alpha$, $B_\beta$ のおのおのの重み $B_\alpha(C_{j*})$, $B_\beta(C_{j*})$ は既知である．つまり，

$$\frac{B_\beta(C_{j*})}{B_\alpha(C_{j*})}=x_{j*} \quad \cdots(既知) \tag{3.1}$$

となる．

ここで，支配代替案 $C_{j*}$ と服従代替案 $C_{j**}$ がそれぞれ規制する評価項目 $B_\alpha$ の重みの比 $B_\alpha(C_{j*}):B_\alpha(C_{j**})$ は，評価項目 $B_\alpha$ から見た支配代替案 $C_{j*}$ と服従代替案 $C_{j**}$ の評価値の比 $C_{j*,B_\alpha}:C_{j**,B_\alpha}$ と同じであるとおく．すなわち，

$$\frac{B_\alpha(C_{j**})}{B_\alpha(C_{j*})}=\frac{C_{j**,B_\alpha}}{C_{j*,B_\alpha}}=x_\alpha \quad \cdots(既知) \tag{3.2}$$

となる．同様にして，

$$\frac{B_\beta(C_{j**})}{B_\beta(C_{j*})}=\frac{C_{j**,B_\beta}}{C_{j*,B_\beta}}=x_\beta \quad \cdots(既知) \tag{3.3}$$

となる．

すると，(3.2)，(3.3)式より服従代替案 $C_{j**}$ に関する評価項目 $B_\alpha$, $B_\beta$ の重み $B_\alpha(C_{j**})$, $B_\beta(C_{j**})$ の比は以下のように導出される．

$$\frac{B_\beta(C_{j**})}{B_\alpha(C_{j**})} = \frac{x_\beta \cdot B_\beta(C_{j*})}{x_\alpha \cdot B_\alpha(C_{j*})} = x_{j**} \qquad (3.4)$$

このようにして，服従代替案 $C_{j**}$ に関する $B_i$ の重みが決定する．

以上の結果，服従代替案 $C_{j**}$ に関する総合評価値を図表3.1と同様に求めることができる(ただし，この場合は，$C_{j**}$ の総合評価値が1である)．

### 3.1.2 支配代替案法の例題

ここでは，3.1.1項で提案した支配代替案法に関する例題を記述する．

〈STEP-1〉 階層構造は二つの評価項目 $B_1$ および $B_2$，三つの代替案 $C_1$ および $C_2$, $C_3$ とする(図表3.2)．

〈STEP-2〉 評価項目 $B_1$, $B_2$ 間の重みの一対比較を評価者の恣意により選ばれた支配代替案 $C_1$($C_{1*}$ と表記する)について行う．その結果，$B_1(C_{1*})$=0.4，$B_2(C_{1*})$=0.6になったとする．

〈STEP-3〉 評価項目 $B_1$, $B_2$ に対する代替案 $C_{1*}$, $C_2$, $C_3$ の評価を支配代替案 $C_{1*}$ との一対比較で行う(図表3.3)．

この結果，代替案 $C_{1*}$, $C_2$, $C_3$ の総合評価値が求まる．ただし支配代替案 $C_{1*}$ の総合評価値は1である．

次に，支配代替案に関する情報をもとに，服従代替案 $C_2$($C_{2**}$ と表記する)が規制する $B_1$, $B_2$ の重み $B_1(C_{2**})$, $B_2(C_{2**})$ を求める．

**図表3.2** 支配代替案法の階層構造図

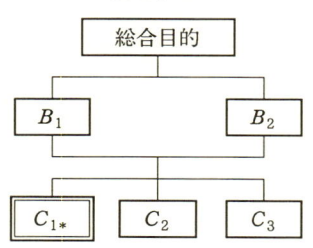

**図表3.3** 支配代替案 $C_{1*}$ に関する評価

| 支配代替案 | | 評価項目 | | |
|---|---|---|---|---|
| | $C_{1*}$ | $B_1$ (0.4) | $B_2$ (0.6) | $E_j(C_{j*})$ 総合 |
| 評価 | $C_1$ | 1 | 1 | 1 |
| | $C_2$ | 2 | 1/2 | 1.1 |
| | $C_3$ | 3 | 1/6 | 1.3 |

## 3.1 支配的視点に基づく新しいAHP─支配代替案法

$$\frac{B_2(C_{1*})}{B_1(C_{1*})} = \frac{0.6}{0.4} \quad \cdots (既知) \tag{3.5}$$

ここで，次の $x_1$，$x_2$ はともに既知である．

$$\frac{C_{21}}{C_{11}} = \frac{2}{1} = x_1, \quad \frac{C_{22}}{C_{12}} = \frac{1/2}{1} = x_2 \quad \cdots (既知) \tag{3.6}$$

したがって，

$$\frac{B_2(C_{2**})}{B_1(C_{2**})} = \frac{x_2 \cdot B_2(C_{1*})}{x_1 \cdot B_1(C_{1*})} = \frac{1/2 \times 0.6}{2 \times 0.4} = \frac{0.3}{0.8} \tag{3.7}$$

となる．この結果，$B_1(C_{2**})=0.8/1.1=0.727$，$B_2(C_{2**})=0.3/1.1=0.273$ となる．また図表3.3を用いて，服従代替案 $C_{2**}$ の規制に基づく評価項目の重みによる代替案 $C_1$，$C_2$，$C_3$ の総合評価値を求めると，図表3.4のようになる．

次に，服従代替案 $C_{3**}$ の規制に基づく $B_1$，$B_2$ の重みおよび，$C_1$，$C_2$，$C_3$ の総合評価値を同様にして求める．この結果は図表3.5のようになる．

ここで図表3.3〜3.5 の $C_1$，$C_2$，$C_3$ の総合評価値 $E_1$，$E_2$，$E_3$ を正規化すると，いずれも $E_1:E_2:E_3=0.294:0.324:0.382$ となり，どの服従代替案の規制による評価項目の重みを適用しても総合評価値は支配代替案による総合評価値と同じとなることが分かる．すなわち図表3.3〜3.5における服従代替案

**図表3.4** 服従代替案 $C_{2**}$ に関する評価

| 服従代替案 | $C_{2**}$ | 評価項目 | | $E_j(C_{2**})$ |
| --- | --- | --- | --- | --- |
| | | $B_1$ (0.727) | $B_2$ (0.273) | 総合 |
| 評価 | $C_1$ | 1/2 | 2 | 0.909 |
| | $C_2$ | 1 | 1 | 1 |
| | $C_3$ | 3/2 | 1/3 | 1.184 |

**図表3.5** 服従代替案 $C_{3**}$ に関する評価

| 服従代替案 | $C_{3**}$ | 評価項目 | | $E_j(C_{3**})$ |
| --- | --- | --- | --- | --- |
| | | $B_1$ (0.922) | $B_2$ (0.078) | 総合 |
| 評価 | $C_1$ | 1/3 | 6 | 0.766 |
| | $C_2$ | 2/3 | 3 | 0.844 |
| | $C_3$ | 1 | 1 | 1 |

$C_{2**}$，$C_{3**}$ に関する評価項目の重みは，支配代替案 $C_{1*}$ に関する評価項目の重みから導出された値と同じになる．

ここで図表 3.3～3.5 の立場を変えて，図表 3.4 の値が $C_2$ を支配代替案とする評価項目の重みとして与えられた場合を仮定してみよう．すると今度は，図表 3.3，3.5 の値が図表 3.4 の値から導出されることがわかる．このことは，図表 3.5 の値が $C_3$ を支配代替案とする評価項目の重みとして与えられた場合を仮定しても同じことがいえる．このような状態を「支配代替案間の互換性」と呼ぶことにしよう．支配代替案間の互換性が成立するときは理想的な評価品質の状態にあるといえる．

### 3.1.3 適用方法

支配代替案法は，支配代替案に関する評価項目の重みが得られれば，服従代替案に関する評価項目の重みが容易に推定でき，しかも総合評価はどの評価においても常に同じになる，という合理的なアプローチである．

現実のわれわれの評価プロセスは，ある場合は特定代替案からボトムアップに評価項目の重みを求める支配代替案法的であり，ある場合は目的からトップダウンに評価項目の重みを判断する従来型 AHP である．

いずれの適用が適切であるかは，評価者自身の評価感触によって判断されるべき問題である．推定された重みに不満があれば，はじめに考えた支配代替案よりも支配力のある代替案が存在するかもしれない．その場合は，支配代替案の取り替えが必要となる．代替案による評価項目の重みの規制は実は存在していなかったとなれば，従来型 AHP に戻って適用すればよい．不満が生じなければ支配代替案法がそのまま最後まで適用できる．

このようなことから，適用に当たっては，いったん，支配代替案法による各代替案に関する評価項目の重みについての手応えを確認する作業を行い，その上で，どちらのアプローチを適用するかを最終的に判断すればよい(図表 3.6)．

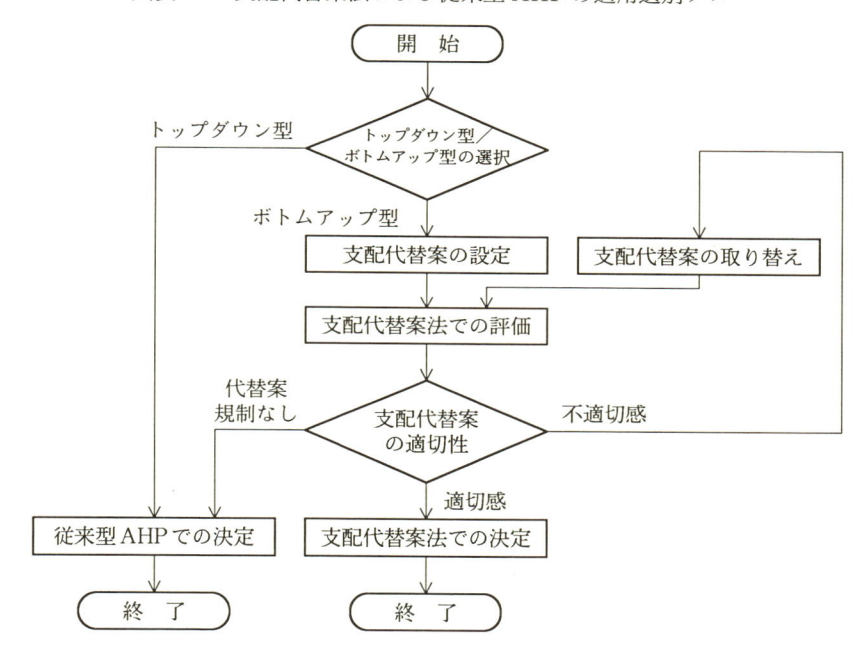

図表 3.6 支配代替案法および従来型 AHP の適用選別フロー

## 3.2 AHP の適用における支配的視点と普遍的視点の関係

本節では，AHP の適用において支配関係が存在する場合の，従来型 AHP とは別の視点(木下，中西が提案する支配的視点)による相対評価法と絶対評価法の適用方法を具体的に解説する [3]．

### 3.2.1 従来型 AHP(普遍的視点)

（1） 従来型相対評価法

従来型 AHP の相対評価法を，以下，従来型相対評価法と呼ぶことにする．

ここでは次のような事例を考える．評価項目 $B_1$, $B_2$ の重みは，$B_1 : B_2 =$ 0.4：0.6 であるとする．それぞれの評価項目に関する代替案の評価は図表 3.7, 3.8 のとおりとする．

評価項目の重みにより加重した各代替案の総合評価値 $E_j$ は図表 3.9 のようになる．代替案のプライオリティは，優位＞劣位と表せば，$C_1 > C_2 > C_3$ となる．

### （2） 従来型絶対評価法

従来型 AHP の絶対評価法を，以下，従来型絶対評価法と呼ぶことにする．この手法は，第 2 ステップにおける評価項目に関する代替案の評価を一対比較でなく，評価項目ごとに設けられた評価尺度に対する代替案の評価尺度値によ

**図表 3.7** 評価項目 $B_1$ に関する代替案間の一対比較

| $B_1 = 0.4$ | $C_1$ | $C_2$ | $C_3$ | 重み |
|---|---|---|---|---|
| $C_1$ | 1 | 1/2 | 1/3 | 0.167 |
| $C_2$ | 2 | 1 | 2/3 | 0.333 |
| $C_3$ | 3 | 3/2 | 1 | 0.500 |

**図表 3.8** 評価項目 $B_2$ に関する代替案間の一対比較

| $B_2 = 0.6$ | $C_1$ | $C_2$ | $C_3$ | 重み |
|---|---|---|---|---|
| $C_1$ | 1 | 2 | 6 | 0.6 |
| $C_2$ | 1/2 | 1 | 3 | 0.3 |
| $C_3$ | 1/6 | 1/3 | 1 | 0.1 |

**図表 3.9** 従来型相対評価法による評価項目の重みと総合評価

| | | 評価項目 | | |
|---|---|---|---|---|
| | | $B_1$ (0.4) | $B_2$ (0.6) | $E_j$ 総合 |
| 代替案評価 | $C_1$ | 0.167 | 0.600 | 0.427 |
| | $C_2$ | 0.333 | 0.300 | 0.313 |
| | $C_3$ | 0.500 | 0.100 | 0.260 |

って行う．評価尺度は〈H：高い，M：普通，L：低い〉などの評価水準間の一対比較によって尺度構成する．各評価項目に対する評価水準はこうして各評価尺度で定義された評価尺度値に変換される．以下，同じ対象を従来型絶対評価法で評価してみよう（図表3.10, 3.11）．

第3ステップでは，第2ステップで得られた各評価項目に対する各代替案の評価尺度値を求め，その結果を各評価項目の重みで加重合計し，最後に合計が1となるように正規化して代替案の総合評価値とする．その結果，図表3.12のような総合評価となった．代替案のプライオリティは，図表3.9と同じく，$C_1 > C_2 > C_3$ となる．

**図表3.10　評価項目 $B_1$ の評価尺度**

| $B_1 = 0.4$ | H | M | L | 評価尺度 |
|---|---|---|---|---|
| H：高い | 1 | 2 | 4 | 0.558 |
| M：普通 | 1/2 | 1 | 3 | 0.320 |
| L：低い | 1/4 | 1/3 | 1 | 0.122 |

**図表3.11　評価項目 $B_2$ の評価尺度**

| $B_2 = 0.6$ | H | M | L | 評価尺度 |
|---|---|---|---|---|
| H：高い | 1 | 3 | 5 | 0.627 |
| M：普通 | 1/3 | 1 | 4 | 0.279 |
| L：低い | 1/5 | 1/4 | 1 | 0.094 |

**図表3.12　従来型絶対評価法による評価項目の重みと総合評価**

| | | 評価項目 | | | |
|---|---|---|---|---|---|
| | | $B_1$ (0.4) | $B_2$ (0.6) | $E_j$ 総合 | $Eg_j$ 正規化値 |
| 代替案評価 | $C_1$ | L　0.122 | H　0.627 | 0.425 | 0.425 |
| | $C_2$ | M　0.320 | M　0.279 | 0.295 | 0.295 |
| | $C_3$ | H　0.558 | L　0.094 | 0.280 | 0.280 |
| | | | | 1.000 | 1.000 |

## 3.2.2 支配型 AHP（支配的視点）

　従来型 AHP の相対評価法や絶対評価法は，評価項目の重みが特定の代替案や評価水準のイメージを根拠とすることなく普遍的に決定しうる，という前提に立っている（普遍的視点）．実際，従来型 AHP の上記の評価ステップは，特定の代替案や評価水準を念頭においていない．評価項目の重みは，総合目的から直接得られるものとして扱っている．

　しかし，前節で述べたごとく人間は，むしろ，特定の代替案や評価水準を常に頭におきながらそれとの比較によって実際の評価を行っているのではなかろうか（支配的視点）．支配的視点によれば，どの代替案や評価水準を念頭におくかで評価項目の重みは変わってくることになる．そこで，次にこのような「評価における支配関係」を前提とする，従来型 AHP とは別の階層分析アプローチによる相対評価法および絶対評価法について具体的に考える．

### （1） 支配代替案法

　前節で詳述した支配代替案法は，支配的視点における相対評価法である．従来型相対評価法と違い，ここでの評価項目の重みは，着眼する代替案により異なり，しかも特定の代替案（支配代替案）に着眼した重みが他の代替案（服従代替案）に着眼した重みを支配する関係にある．

　前節の図表 3.3～3.5 における $C_1$, $C_2$, $C_3$ の正規化された総合評価値は，いずれも $(E_1, E_2, E_3)=(0.294, 0.324, 0.382)$ と同じ結果になる．すなわちどの服従代替案の規制による評価項目の重みを適用しても総合評価値は支配代替案による総合評価値と同じ結果になり，代替案のプライオリティは $C_1 < C_2 < C_3$ となる．

**【支配代替案法と従来型相対評価法との視点の違い】**

　支配代替案法は，特定の代替案については情報が豊富だが他の代替案についてはそうでない条件などで比較を行う場合の適用に適している．支配代替案法

では，代替案の各評価値は，支配代替案の評価を1としたときの各代替案の評価項目の評価指数を表している．

また，従来型相対評価法における評価項目の重みは総合目的から一意に決定されるが，支配代替案法においては支配代替案に対する各評価項目の尺度格付け基準としての意味を持つ．つまり従来型相対評価法における評価項目の重み$B_1:B_2$が，代替案同士の奪い合いの対象となる各パイ(評価項目)の大きさを意味するのに対し，支配代替案法における評価項目の重みは，支配代替案と比較するときの各モノサシ(評価項目)のスケールの相対的大きさを意味する．

図表3.3～3.5の支配代替案法の評価において，評価者は必ずしも評価対象の出来高(属性値)を知っているわけではないが，支配代替案との比較が可能であるということは，評価者は仮のモノサシを用いてでも評価対象の出来高を測定しているということである．真の出来高をいい当てることは難しいかもしれないが，比較評価のためには仮のモノサシによる出来高間の比(正規化値)がわかれば十分である．

実は，支配代替案法における各代替案に関する評価項目の重みは，各代替案における各評価項目に関する出来高値の比に他ならない(図表3.13)．つまり支配代替案法は，支配代替案の情報を手がかりに各代替案の出来高を推論していくアプローチである．支配代替案と服従代替案とで，代替案の総合評価値が一致するのは，このようにして各代替案の出来高に関する情報が唯一のものと

**図表3.13** 支配代替案法における出来高(属性値)の推定

| | | 評価項目 | | | |
| --- | --- | --- | --- | --- | --- |
| | | $B_1$ (重み) | $B_2$ (重み) | $E_j$ 総合 | $Eg_j$ 正規化値 |
| 代替案出来高 | $C_1$ | 20 (0.400) | 30 (0.600) | 50 | 0.294 |
| | $C_2$ | 40 (0.727) | 15 (0.273) | 55 | 0.324 |
| | $C_3$ | 60 (0.922) | 5 (0.078) | 65 | 0.382 |

なるためである．支配代替案法は，評価者がそのようなかたちで出来高推論を用いる評価に対し適用可能な手法であるといえる．

ここで仮に，普遍的視点の事例で取り上げた評価項目の重み $B_1:B_2=0.4:0.6$ が，実は支配代替案 $C_{1*}$ に関する重みであるにもかかわらず，意思決定者が支配的視点の存在を知らないために，普遍的視点による分析で評価を行っているものと仮定しよう．するとどのような結果が生じるだろうか．

図表 3.3～3.5 のごとく正しい評価は $E_1:E_2:E_3=0.294:0.324:0.382$，つまり $C_1<C_2<C_3$ であるのに，普遍的視点による分析（図表 3.9）を適用した結果，意思決定者は，$E_1:E_2:E_3=0.427:0.313:0.260$，つまり $C_1>C_2>C_3$ の選択を迫られることになってしまった．このような選択は，意思決定者にとっても不本意であろう．このようなとき評価主体はしばしば，自分の予想に合致するように普遍的視点の枠組みの中で評価項目の重みを意図的にデータ改変しがちである．だが，上の総合評価値を得るための，普遍的視点による分析結果の評価項目の重み $B_1:B_2=0.706:0.294$ は，むろん本来の値ではない．もし意思決定者が支配的視点の存在を知っていれば，より綿密で効率的な総合評価を行うことができたはずである．

### （2） 支配評価水準法

次に，絶対評価法における支配関係について検討する．絶対評価法における支配的視点は，評価水準に関する支配関係に着目する．

すなわち，従来型絶対評価法と異なり，ここでは評価項目の重みは，着眼する評価水準により異なり，しかも特定の評価水準（支配評価水準）に着眼した重みが他の評価水準（服従評価水準）に着眼した重みを支配しているものとする．

すると，支配代替案法と同じ計算方法により，支配評価水準に関する評価項目の重みから服従評価水準に関する評価項目の重みを導出することができる．ここではこの手法を「支配評価水準法」（木下，中西の提案）と呼ぶことにする．

計算例で見てみよう．いま，支配評価水準 $H^*$ に関し，図表 3.14，3.15 の

**図表 3.14** 評価項目 $B_1$ の評価尺度

| $B_1(H^*)=0.4$ | H | M | L | 評価尺度 | H基準尺度 |
|---|---|---|---|---|---|
| H：高い | 1 | 2 | 4 | 0.558 | 1 |
| M：普通 | 1/2 | 1 | 3 | 0.320 | 0.573 |
| L：低い | 1/4 | 1/3 | 1 | 0.122 | 0.219 |

**図表 3.15** 評価項目 $B_2$ の評価尺度

| $B_2(H^*)=0.6$ | H | M | L | 評価尺度 | H基準尺度 |
|---|---|---|---|---|---|
| H：高い | 1 | 3 | 5 | 0.627 | 1 |
| M：普通 | 1/3 | 1 | 4 | 0.279 | 0.445 |
| L：低い | 1/5 | 1/4 | 1 | 0.094 | 0.150 |

ような評価尺度の情報があるとする．評価項目 $B_i$ の重みは，支配評価水準 ($H^*$, $H^*$) により，$B_1(H^*):B_2(H^*)=0.6:0.4$ と重み付けられている．また服従評価水準 ($L^{**}$, $L^{**}$)，($M^{**}$, $M^{**}$) の評価尺度は，各々の評価項目の重みに関し支配力を持つ支配評価水準 ($H^*$, $H^*$) との比によって直接定義されている．評価項目の重みは，支配評価項目との比によって直接求められている．

いま，すべての評価項目の評価が最高点 $H=$ 支配評価水準をマークする代替案 $X(H^*, H^*)$ を考える (仮想代替案)．仮想代替案は，意思決定者が支配評価水準として設定したものなら，どのような評価項目についてどのような評価水準値が与えられていても構わない (例えば，$B_1$ については $H^*$，$B_2$ については $L^*$ となるような仮想代替案)．

支配代替案法と同じく，$X(H^*, H^*)$ の各評価項目に対する評価値はすべて 1 であるとおき，$X(H^*, H^*)$ を基準に個々の代替案を比較評価する．代替案の評価値は，仮想代替案との比によって直接求められる．最後に，評価項目の重みにより重み付けた各代替案の総合評価を行う．支配評価水準 ($H^*$, $H^*$) に関する各代替案の総合評価値は図表 3.16 のようになる．

次に，支配評価水準 ($H^*$, $H^*$) の結果を元に，それ以外の評価水準 (例えば服従評価水準 ($L^{**}$, $L^{**}$)，($M^{**}$, $M^{**}$) など) に関する評価項目の重みと総合評価を求める．まず，服従評価水準 ($L^{**}$, $L^{**}$) に関する評価項目の重みと

**図表 3.16** 支配評価水準 ($H^*$, $H^*$) による評価項目の重みと総合評価

| | | 評価項目 | | | |
|---|---|---|---|---|---|
| 支配 | ($H^*$, $H^*$) | $B_1$ (0.4) | $B_2$ (0.6) | $E_j$ 総合 | $Eg_j$ 正規化値 |
| 代替案評価 | $C_1$ | L 0.219 | H 1.000 | 0.688 | 0.411 |
| | $C_2$ | M 0.573 | M 0.445 | 0.496 | 0.296 |
| | $C_3$ | H 1.000 | L 0.150 | 0.490 | 0.293 |
| 仮想代替案 | $X$ | H 1.000 | H 1.000 | 1.000 | — |

総合評価を求める．ここではすべての評価項目の評価が最低点 $L$ となる仮想代替案 $Y(L^{**}, L^{**})$ が比較基準となる（図表 3.17）．

$$\frac{B_1(L)}{B_2(L)} = \frac{L_{B_1(H^*)} \times B_1(H^*)}{L_{B_2(H^*)} \times B_2(H^*)} = \frac{0.219 \times 0.4}{0.150 \times 0.6} = \frac{0.493}{0.507} \tag{3.8}$$

同様に，服従評価水準 ($M^{**}$, $M^{**}$) に関する評価項目の重みと総合評価を求める．ここではすべての評価項目の評価が中程度の得点 $M$ となる仮想代替案 $Z(M^{**}, M^{**})$ が比較基準となる（図表 3.18）．

$$\frac{B_1(M)}{B_2(M)} = \frac{M_{B_1(H^*)} \times B_1(H^*)}{M_{B_2(H^*)} \times B_2(H^*)} = \frac{0.573 \times 0.4}{0.445 \times 0.6} = \frac{0.462}{0.538} \tag{3.9}$$

図表 3.16～3.18 の正規化された総合評価値は，いずれも $E_{g1} : E_{g2} : E_{g3} =$ 0.411 : 0.296 : 0.293 という同じ結果になる．すなわちどの服従評価水準の規制による評価項目の重みを適用しても総合評価値は支配評価水準による総合評価値と同じ結果になり，代替案のプライオリティは $C_1 > C_2 ≒ C_3$ となる．

**【支配評価水準法と従来型絶対評価法との視点の違い】**

**図表 3.17** 服従評価水準 ($L^{**}$, $L^{**}$) による評価項目の重みと総合評価

| | | 評価項目 | | | |
|---|---|---|---|---|---|
| 服従 | ($L^{**}$, $L^{**}$) | $B_1$ (0.493) | $B_2$ (0.507) | $E_j$ 総合 | $Eg_j$ 正規化値 |
| 代替案評価 | $C_1$ | L 1.000 | H 6.667 | 3.872 | 0.411 |
| | $C_2$ | M 2.616 | M 2.967 | 2.794 | 0.296 |
| | $C_3$ | H 4.566 | L 1.000 | 2.759 | 0.293 |
| 仮想代替案 | $Y$ | L 1.000 | L 1.000 | 1.000 | — |

## 3.2 AHPの適用における支配的視点と普遍的視点の関係

**図表 3.18** 服従評価水準($M^{**}$, $M^{**}$)による評価項目の重みと総合評価

| 服従 | ($M^{**}$,<br>$M^{**}$) | 評価項目 | | $E_j$<br>総合 | $Eg_j$<br>正規化値 |
|---|---|---|---|---|---|
| | | $B_1$<br>(0.462) | $B_2$<br>(0.538) | | |
| 代替案評価 | $C_1$ | L  0.382 | H  2.247 | 1.386 | 0.411 |
| | $C_2$ | M  1.000 | M  1.000 | 1.000 | 0.296 |
| | $C_3$ | H  1.754 | L  0.337 | 0.988 | 0.293 |
| 仮想代替案 | $Z$ | M  1.000 | M  1.000 | 1.000 | — |

　支配評価水準法は，評価水準の基準となる何らかの評価水準のセット(仮想代替案)が存在する場合の適用に適している．支配評価水準法では，各評価値は，支配評価水準の評価を1としたときの各評価水準の評価指数を表している．

　また，従来型絶対評価法における評価水準の重みは評価項目から一意に決定されるが，支配評価水準法においては支配評価水準に対する各評価項目の尺度格付け基準としての意味を持つ．つまり従来型絶対評価法における評価項目の重みが，代替案同士の奪い合いの対象となる各パイ(評価項目)の大きさを意味するのに対し，支配評価水準法における評価項目の重みは，支配評価水準(仮想代替案)によって代替案を評価するときの各モノサシ(評価項目)のスケールの大きさを意味する．この視点の違いは，従来型相対評価法と支配代替案法の関係と同じ性質を有する．

　また支配評価水準法も，支配評価水準と服従評価水準とで総合評価値が一致しているが，これは支配代替案法と同様，出来高(属性値)推論のサポートによるものである．

　ちなみに，仮に支配代替案 $C_1^*$ の評価水準を支配評価水準($L$, $H$)とした場合は，図表3.19のように支配代替案法と同じ結果 $C_1 < C_2 < C_3$ となる．これは支配代替案法と支配評価水準法とのモデル間の整合性を意味する．このときの支配評価水準(仮想代替案) $W(L^*, H^*)$ に対する各服従評価水準の評価項目の重みは，

**図表 3.19** 支配評価水準($L^*$, $M^*$)＝支配代替案 $C_{1*}$ の評価水準による評価

| 支配 | | 評価項目 | | | |
|---|---|---|---|---|---|
| | ($L^*$, $H^*$) | $B_1$ (0.400) | $B_2$ (0.600) | $E_j$ 総合 | $Eg_j$ 正規化値 |
| 代替案評価 | $C_1$ | L 1.000 | H 1.000 | 1.000 | 0.236 |
| | $C_2$ | M 2.616 | M 0.445 | 1.314 | 0.311 |
| | $C_3$ | H 4.566 | L 0.150 | 1.916 | 0.453 |
| 仮想代替案 | $W=C_{1*}$ | L 1.000 | H 1.000 | 1.000 | — |

$$X(H^*, H^*)=(0.753, 0.257)$$
$$Y(L^*, L^*)=(0.817, 0.183)$$
$$Z(M^*, M^*)=(0.797, 0.203)$$

となる．

### 3.2.3 本節のまとめ

支配的視点の存在は，評価項目の重みが，Saaty の考えるように常に先験的に与えられるとは限らないことを意味する．すなわち分析対象によっては，普遍的視点による分析が適用できない場合がある．支配的視点と普遍的視点は，それぞれ別の適用局面を持つといえる（図表 3.20）．われわれは，評価に当た

**図表 3.20** 階層分析における普遍的視点と支配的視点の適用局面の違い

| 手法 \ 視点 | 普遍的視点 (従来型 AHP) | 支配的視点 (支配型 AHP) |
|---|---|---|
| 相対評価法 | 従来型 相対評価法 | 支配代替案法 |
| 絶対評価法 | 従来型 絶対評価法 | 支配評価水準法 |

り，目の前の対象が普遍的視点と支配的視点のどちらの適用を求めているかを分析を通して判断する必要がある．

　支配的視点で分析する場合は，相対評価法においては代替案間の支配関係が，絶対評価法においては評価水準間の支配関係を考慮しなければならない．逆にいえば，評価項目の重みは，相対評価法においては代替案の支配関係により，絶対評価法においては仮想代替案を通しての評価水準の支配関係により，規制を受ける．どの代替案もしくは評価水準に念頭をおくかで，評価項目の重みは大きく変わるのである．しかし代替案の真の値の推定に基づく評価項目の格付けによって，代替案の総合評価は，支配代替案(支配評価水準)と服従代替案(服従評価水準)とで同じとなる．

　従来型 AHP が適用する普遍的視点による分析は，相対評価法，絶対評価法のいずれも，この問題を考慮に入れてこなかった．しかし，実際の適用場面では，評価結果が意思決定者の予想と大きく異なるケースが多々ある．そのような場合は，支配的視点による分析の適用可能性を考える必要がある．

　評価項目の重みを総合目的から無条件に求めることができる場合は，従来どおり普遍的視点による相対評価法や絶対評価法を適用すればよい．

## 3.3　支配代替案法における追加情報処理「一斉法」

　支配代替案法は，評価項目の重みが特定の代替案によって支配されるような場合に有効に適用することができる．

　ところで評価を行う主体が人間である以上，評価結果が人間の価値意識とともに変化していくことは避けられない．では支配代替案法を調査枠組みに用いた意識調査を継続的に行う場合に，後続調査の追加データをどのように先行調査結果に反映していくべきだろうか．本節では，このような運営技術上の問題に対処するための処理方法「一斉法」(木下，中西の提案 [4][5])を解説する．

### 3.3.1 支配代替案法における追加データの問題

ここでは，図表 3.2 の支配代替案のデータ構造において，図表 3.3～3.5 の先行調査結果に対し，図表 3.21 のような結果が後続調査で得られたとする．

$B_1$，$B_2$ それぞれに対する代替案の相対評価は変わらないが，後続調査では支
配代替案が $C_2$ に変わっており，これに関する評価項目の重み $B_1(C_{2*})$，$B_2(C_{2*})$ が
$$B_1(C_{2*}) : B_2(C_{2*}) = 0.8 : 0.2$$
となっていることが判明した．もし評価項目値が
$$B_1(C_{2*}) : B_2(C_{2*}) = 0.727 : 0.273$$
であれば，支配代替案が変わっても評価項目の重みは二つの調査を通して一貫して変わらなかったことになるが，ここでの結果はそうならなかった．

評価者の解答結果がそのまま評価者の価値意識の変化を示すものであれば，分析としては先行調査の結果を廃棄し，後続調査の結果を現在時点の評価状況として採用すべきである．しかし，もしこの値が「評価者の揺れ動く支配視点」を表すものとすれば，何らかの方法で先行結果と後続結果を総合しなければならなくなる．

ここでは，次のような総合方法を提案する．一斉法はそのための具体的手法である．

図表 3.21 評価項目値のみが異なる新支配代替案 $C_{2*}$

| 支配代替案 | $C_{2*}$ | 評価項目 | | $E_j(C_{2*})$ 総合 |
|---|---|---|---|---|
| | | $B_1$ (0.8) | $B_2$ (0.2) | |
| 評価 | $C_1$ | 1/2 | 2 | 0.8 |
| | $C_2$ | 1 | 1 | 1 |
| | $C_3$ | 3/2 | 1/3 | 1.267 |

3.3 支配代替案法における追加情報処理「一斉法」　　**67**

> 提案：
> 複数の異なる支配代替案評価が得られた場合は，それぞれの評価からの導出結果を用いて，支配代替案の性質を保持した総合的評価案を合成する．

## 3.3.2 一　斉　法

### （1）一般的解法

はじめに，一斉法の一般的解法を示す．

いま $m$ 個の代替案 $C_j (j=1, \cdots, m)$ の評価に関し，追加データとして与えられた支配代替案を含む $s$ 個の支配代替案 $C_{j*(k)}$ が存在 $(k=1, \cdots, s)$ し，それぞれの支配代替案に視点を置いた代替案評価が $[C_{ji}]_{j*(k)}$ として与えられている．ここでは，支配代替案は変わらないが評価値が変わる場合もありうるものとする．また，それぞれの支配代替案に関し $n$ 個の評価項目 $B_i (i=1, \cdots, n)$ は，それぞれ固有の評価項目値 $B_i(C_{j*})_{(k)}$ が与えられている．

〈STEP-1〉　それぞれの支配代替案 $C_{j*(k)}$ に関し，幾何平均を用いて以下のように各代替案の評価値 $[C_{ji}]_{j*(k)}$ を合成し，$m$ 個の合成行列から成る代替案評価代表値 $[\hat{C}_{ji}]_r (r=1, \cdots, m)$ を得る．

$$[\hat{C}_{ji}]_r = \left[\left\{\prod_{k=1}^{s} \frac{C_{ji(k)}}{C_{r*i(k)}}\right\}^{\frac{1}{s}}\right]_r \tag{3.10}$$

〈STEP-2〉　それぞれの支配代替案 $C_{j*(k)}$ に関する評価項目値 $B_i(C_{j*})_{(k)}$ をもとに以下の比を解き，他の代替案 $C_{j(k)}$ に関する評価項目値 $B_i(C_j)_{(k)}$ を導出する．

$$B_1(C_j)_{(k)} : B_2(C_j)_{(k)} \cdots : B_n(C_j)_{(k)}$$
$$= \left\{ B_1(C_{j*})_{(k)} \cdot \widehat{C}_{j1(j*)} \right\} : \left\{ B_2(C_{j*})_{(k)} \cdot \widehat{C}_{j2(j*)} \right\} \tag{3.11}$$
$$\cdots : \left\{ B_n(C_{j*})_{(k)} \cdot \widehat{C}_{jn(j*)} \right\}$$

ただし，$\sum_{i=1}^{n} B_i(C_j)_{(k)} = 1$

ところで異なる支配代替案から導出される他の代替案の評価項目値は一般に一致しない．

$$B_i(C_j)_{(1)} \neq B_i(C_j)_{(2)} \cdots \neq B_i(C_j)_{(s)} \tag{3.12}$$

そこで，これらを平均して第1次の評価項目合成値 $B_i(C_j)^{(1)}$ を得る．

$$B_i(C_j)^{(1)} = \frac{1}{s} \sum_{k=1}^{s} B_i(C_j)_{(k)} \tag{3.13}$$

第1次の評価項目合成値を出発点に同様の導出・平均を繰り返す．これは以下の漸化式となり，最終的には，互いの導出値が一致する評価項目合成値の収束値 $\widehat{B}_i(C_j)$ に到達する（反復数 $P$）．

$$B_i(C_j)^{(p+1)} = \frac{1}{s} \left[ \sum_{k=1}^{s} \frac{B_i(C_j)^{(p)}_{(k)} \cdot C_{ji(k)}}{\sum_{i=1}^{n} B_i(C_j)^{(p)}_{(k)} \cdot C_{ji(k)}} \right] \tag{3.14}$$

この評価項目合成値は，次の方程式の解となる．

$$\widehat{B}_i(C_j) = \frac{1}{s} \left[ \sum_{k=1}^{s} \frac{\widehat{B}_i(C_j)_{(k)} \cdot C_{ji(k)}}{\sum_{i=1}^{n} \widehat{B}_i(C_j)_{(k)} \cdot C_{ji(k)}} \right] \tag{3.15}$$

この合成評価値を適用すると，各代替案に関し互いに導出された評価項目値がすべて一致し，それぞれの評価項目値から求められる代替案の総合評価値もまたすべて一致する．

このように，それぞれの評価項目の重みから他の重みを一斉に導出し，その平均値が収束するまで導出操作を繰り返していく方法を，ここでは「一斉法」(Concurrent Convergence) と呼ぶことにする．一斉法は収束効率が高く，追加データと先行データとが相当食い違っている場合でも数回の繰り返しで収束

する．

　なお，単一の支配代替案のみからなる評価事例は，はじめから互いの評価項目の導出値が一致しているので，一斉法の特殊ケース($P=0$)としてこのモデルの中に包含することができる．

## (2) 加重一斉法

　対象によっては，一斉法における評価項目値の導出・平均を加重して行うことにより効果的な結果が得られる場合がある．ここではこれを「加重一斉法」と呼ぶことにする．これに対し加重処理を行わない一斉法を「非加重一斉法」と呼ぶことにする．加重一斉法には，以下の二つの格付けタイプがあり，併用も可能である．

### (a) 支配代替案間の支配力の格付け

　先行調査のデータ蓄積をより重く評価する場合などのように，何らかの理由により特定の支配代替案の支配力を他の支配代替案よりも重く評価したい場合がある．

　この場合の一斉法は，以下の手順となる．ここでは支配代替案を $C_{j^*(k)}$，それぞれの支配力を $W_{j^*(k)}$ とする．ただし，

$$\text{支配力の合計}\quad \sum_{k=1}^{s} W_{j^*(k)} = 1 \tag{3.16}$$

〈STEP-1〉 重み付け幾何平均による各代替案の評価値 $[C_{ji}]_{j^*(k)}$ の合成．

$$[\hat{C}_{ji}]_r = \left[\prod_{k=1}^{s}\left\{\frac{C_{ji(k)}}{C_{r^*i(k)}}\right\}^{W_{j^*(k)}}\right]_r \tag{3.17}$$

〈STEP-2〉 重み付けの操作を入れた漸化式による他の代替案に関する評価項目値の導出．

$$B_i(C_j)^{(p+1)} = \sum_{k=1}^{s}\left[\frac{B_i(C_j)_{(k)}^{(p)} \cdot C_{ji(k)}}{\sum_{i=1}^{n} B_i(C_j)_{(k)}^{(p)} \cdot C_{ji(k)}} \cdot W_{j^*(k)}\right] \tag{3.18}$$

### (b) 導出源と導出値の格付け

支配代替案に関する評価項目値(導出源)と，ここから導出される他の代替案の評価項目値(導出値)とでは，情報としての価値が自ずと異なる．そこで両者の違いを加重平均で格付けしたい場合がある．

この場合は，導出源の格付け値 $G_{j*(k)}$ と，別の導出源から導出される $s-1$ 個の導出値の格付け値 $G_{j(-k)}$ を準備する．ただし，

$$G_{j(-k)} = \frac{1}{s-1} \{1 - G_{j*(k)}\} \tag{3.19}$$

である(格付け値の合計1)．

この場合の一斉法は，以下の漸化式を実行すればよい．$G_{j(k)}$ は $G_{j*(k)}$ および $G_{j(-k)}$ の合併集合である．

$$B_i(C_j)^{(p+1)} = \sum_{k=1}^{s} \left[ \frac{B_i(C_j)^{(p)}_{(k)} \cdot C_{ji(k)}}{\sum_{i=1}^{n} B_i(C_j)^{(p)}_{(k)} \cdot C_{ji(k)}} \cdot G_{j(k)} \right] \tag{3.20}$$

(3) 一斉法の計算事例

以下，二つの簡単な事例を用いて，非加重一斉法(支配代替案間の支配力を同等とし，導出源・導出値の重みを同等とする)による追加データの処理方法を説明する．ここでは $C_2$ を支配代替案とする追加データが与えられたことにより，$C_1$，$C_2$ の二つが支配代替案($C_3$ は服従代替案)となった場合を考える．

(a) 評価項目値のみが異なる場合

はじめに，図表3.21の事例で説明する．

この評価における図表3.4との違いは $C_2(k=2)$ に関する評価項目の重みだけである．この場合はSTEP-2のみを適用する．図表3.22は，これらの $C_1$，$C_2$ を導出源とする非加重一斉法の収束過程を示している．

図表3.21の $C_2$ に関する評価項目の重みから $C_1$ および $C_3$ に関する評価項目の重みを上で述べた方法によって導出すると，以下のようになる(導出1回目，$p=1$)．

3.3 支配代替案法における追加情報処理「一斉法」   71

**図表3.22** 支配代替案法の合成(非加重一斉法)

| | | $C_{1*}$ 支配 ($k=1$) | | | $C_{2*}$ 支配 ($k=2$) | | | $C_{3**}$ は $C_{1*}, C_{2*}$ に従属 | |
| | 評価項目 | $B_1(C_{1\cdot})$ | $B_2(C_{1\cdot})$ | 評価項目 | $B_1(C_{2\cdot})$ | $B_2(C_{2\cdot})$ | 評価項目 | $B_1(C_{3\cdot\cdot})$ | $B_2(C_{3\cdot\cdot})$ |
|---|---|---|---|---|---|---|---|---|---|
| | 導出源k1 | 0.4000 | 0.6000 | 導出原k2 | 0.8000 | 0.2000 | | | |
| | | | | k1導出値 | 0.7273 | 0.2727 | k1導出値 | 0.9231 | 0.0769 |
| | k2導出値 | 0.5000 | 0.5000 | | | | k2導出値 | 0.9474 | 0.0526 |
| 1回目 | 平均 | 0.4500 | 0.5500 | 平均 | 0.7636 | 0.2364 | 平均 | 0.9352 | 0.0648 |
| | | | | k1導出値 | 0.7660 | 0.2340 | k1導出値 | 0.9364 | 0.0636 |
| | k2導出値 | 0.4468 | 0.5532 | | | | k2導出値 | 0.9356 | 0.0644 |
| 2回目 | 平均 | 0.4484 | 0.5516 | 平均 | 0.7648 | 0.2352 | 平均 | 0.9360 | 0.0640 |
| | | | | k1導出値 | 0.7648 | 0.2352 | k1導出値 | 0.9360 | 0.0640 |
| | k2導出値 | 0.4484 | 0.5516 | | | | k2導出値 | 0.9360 | 0.0640 |
| 3回目 | 平均 | 0.4484 | 0.5516 | 平均 | 0.7648 | 0.2352 | 平均 | 0.9360 | 0.0640 |
| | ⋮ | ⋮ | ⋮ | ⋮ | ⋮ | ⋮ | ⋮ | ⋮ | ⋮ |
| 収束 | 平均 | 0.4484 | 0.5516 | 平均 | 0.7648 | 0.2352 | 平均 | 0.9360 | 0.0640 |

$$B_1(C_1)^{(1)}_{(2)} : B_2(C_1)^{(1)}_{(2)} = 0.5000 : 0.5000$$

$$B_1(C_3)^{(1)}_{(2)} : B_2(C_3)^{(1)}_{(2)} = 0.9474 : 0.0526$$

この値は，先行調査(支配代替案は $C_1$，$k=1$)における以下の値と異なる．

$$B_1(C_{1*})_{(1)} : B_2(C_{1*})_{(1)} = 0.4000 : 0.6000$$

$$B_1(C_3)_{(1)} : B_2(C_3)_{(1)} = 0.9231 : 0.0769$$

そこでこれらの重みを $C_1$，$C_2$，$C_3$ それぞれについて平均する(1回目の平均)．

$$B_1(C_1)^{(1)} = (0.4000_{(1)} + 0.5000_{(2)})/2 = 0.4500$$

$$B_2(C_1)^{(1)} = (0.6000_{(1)} + 0.5000_{(2)})/2 = 0.5500$$

$$B_1(C_2)^{(1)} = (0.7273_{(1)} + 0.8000_{(2)})/2 = 0.7636$$

$$B_2(C_2)^{(1)} = (0.2727_{(1)} + 0.2000_{(2)})/2 = 0.2364$$

$$B_1(C_3)^{(1)} = (0.9231_{(1)} + 0.9474_{(2)})/2 = 0.9352$$

$$B_2(C_3)^{(1)} = (0.0769_{(1)} + 0.0526_{(2)})/2 = 0.0648$$

次に，この中の $C_1$，$C_2$ の値を導出源として用いて $C_1$，$C_2$，$C_3$ に関する $B_1$，$B_2$ の重みをそれぞれ導出する（2 回目，$P=2$）と，互いの導出値は急速に接近するが，まだ一致しない．そこで 3 回目の導出を行うために，それぞれの導出値の 2 回目の平均を行う．

$$B_1(C_1)^{(2)} = (0.4500_{(1)} + 0.4468_{(2)})/2 = 0.4484$$

$$B_2(C_1)^{(2)} = (0.5500_{(1)} + 0.5532_{(2)})/2 = 0.5516$$

$$B_1(C_2)^{(2)} = (0.7636_{(1)} + 0.7660_{(2)})/2 = 0.7648$$

$$B_2(C_2)^{(2)} = (0.2363_{(1)} + 0.2340_{(2)})/2 = 0.2352$$

$$B_1(C_3)^{(2)} = (0.9364_{(1)} + 0.9356_{(2)})/2 = 0.9360$$

$$B_2(C_3)^{(2)} = (0.0636_{(1)} + 0.0644_{(2)})/2 = 0.0640$$

3 回目の導出では，互いの導出値の食い違いは，

$$B_1(C_3)^{(3)}_{(1)} : B_2(C_3)^{(3)}_{(1)} = 0.936031 : 0.063969$$

$$B_1(C_3)^{(3)}_{(2)} : B_2(C_3)^{(3)}_{(2)} = 0.936030 : 0.063970$$

などのごとく，すべて 0.00001 未満となった．この後まもなく漸化式の値は完全に収束し，すべての導出値が一致する以下の評価項目値が得られた．

$$\hat{B}_1(C_1) = 0.4484$$
$$\hat{B}_2(C_1) = 0.5516$$
$$\hat{B}_1(C_2) = 0.7648$$
$$\hat{B}_2(C_2) = 0.2352$$
$$\hat{B}_1(C_3) = 0.9360$$
$$\hat{B}_2(C_3) = 0.0640$$

この重みを用いて $C_1$，$C_2$，$C_3$ それぞれの代替案に着目した代替案の総合評価を求める．

$C_1$ に関して $E_1(C_1) : E_2(C_1) : E_3(C_1) = 1.000 : 1.173 : 1.437$

$C_2$ に関して $E_1(C_2) : E_2(C_2) : E_3(C_2) = 0.853 : 1.000 : 1.226$

$C_3$ に関して $E_1(C_3) : E_2(C_3) : E_3(C_3) = 0.696 : 0.816 : 1.000$

これらの値を，合計が1になるように正規化すると，いずれの代替案に関しても，

$$E_1 : E_2 : E_3 = 0.277 : 0.325 : 0.398 \tag{3.21}$$

となり，収束結果は支配代替案法の性質を保持していることがわかる（なお，収束途中の値を用いても，この性質は得られない）．先行調査時点の総合評価 $E_1 : E_2 : E_3 = 0.294 : 0.324 : 0.382$ は，追加データによりこのように変更された．

(b) **代替案評価値も異なる場合**

次に代替案評価値が異なる追加データが与えられた場合の処理方法を説明する．この場合は，STEP-1 および STEP-2 を適用する．

〈STEP-1〉 図表3.23は図表3.4に対し，代替案評価値も異なる．そこではじめに，支配代替案 $C_1$, $C_2$ に関する評価項目値をもとにそれぞれの服従代替案についての評価項目値を導出する．

支配代替案 $C_1(k=1)$ に関しては，すでに図表3.3～3.5が導出されているので，ここでは支配代替案 $C_2(k=2)$ に関し，二つの服従代替案 $C_{1**(2)}$,

**図表 3.23** 代替案評価値も異なる新支配代替案 $C_{2*(2)}$

| 支配代替案 | $C_{2*(2)}$ | 評価項目 | | |
|---|---|---|---|---|
| | | $B_1$ (0.8) | $B_2$ (0.2) | $E_j(C_{2*(2)})$ 総合 |
| 評価 | $C_1$ | 1/4 | 3 | 0.8 |
| | $C_2$ | 1 | 1 | 1 |
| | $C_3$ | 3/2 | 1/3 | 1.267 |

**図表 3.24** 支配代替案 $C_{2*(2)}$ に関する服従代替案 $C_{1**(2)}$

| 服従代替案 | $C_{1**(2)}$ | 評価項目 | |
|---|---|---|---|
| | | $B_1$ | $B_2$ |
| 評価 | $C_1$ | 1 | 1 |
| | $C_2$ | 4 | 1/3 |
| | $C_3$ | 6 | 1/9 |

**図表 3.25** 支配代替案 $C_{2*(2)}$ に関する服従代替案 $C_{3**(2)}$

| 服従代替案 | $C_{3**(2)}$ | 評価項目 | |
|---|---|---|---|
| | | $B_1$ | $B_2$ |
| 評価 | $C_1$ | 1/6 | 9 |
| | $C_2$ | 2/3 | 3 |
| | $C_3$ | 1 | 1 |

**図表 3.26** 図表 3.3 と図表 3.23 の合成

| 代替案 | 評価項目 | | |
|---|---|---|---|
| | $C_1$ | $B_1$ | $B_2$ |
| 評価 | $C_1$ | 1 | 1 |
| | $C_2$ | 2.828 | 0.408 |
| | $C_3$ | 4.243 | 0.136 |

**図表 3.27** 図表 3.4 と図表 3.24 の合成

| 代替案 | 評価項目 | | |
|---|---|---|---|
| | $C_2$ | $B_1$ | $B_2$ |
| 評価 | $C_1$ | 0.354 | 2.449 |
| | $C_2$ | 1 | 1 |
| | $C_3$ | 1.5 | 0.333 |

**図表 3.28** 図表 3.5 と図表 3.25 の合成

| 代替案 | 評価項目 | | |
|---|---|---|---|
| | $C_3$ | $B_1$ | $B_2$ |
| 評価 | $C_1$ | 0.236 | 7.348 |
| | $C_2$ | 0.667 | 3 |
| | $C_3$ | 1 | 1 |

$C_{3**(2)}$ の代替案評価値を導出する(図表 3.24, 3.25).

次に，図表 3.3 と図表 3.23，図表 3.4 と図表 3.24，図表 3.5 と図表 3.25 の組をそれぞれ合成する．合成値はそれぞれの図表の値を幾何平均して求める．その結果，互いの導出値が一致する以下の三つの図表からなる代替案評価代表値を得る(図表 3.26〜3.28).

〈STEP-2〉 これらの 3 図表について，一斉法の収束計算法を用いて，$C_1$ および $C_2$ をそれぞれ支配代替案とする以下の評価項目値それぞれの値の合成を行い，代替案評価代表値に対する $C_1$, $C_2$, $C_3$ それぞれにおける $B_1$, $B_2$ の評価項目値の合成値を求める．

支配代替案 $C_1$ ($k=1$) に関する評価項目値

$$B_1(C_{1*})_{(1)} : B_2(C_{1*})_{(1)} = 0.400 : 0.600$$

支配代替案 $C_2$ ($k=2$) に関する評価項目値

$$B_1(C_{2*})_{(2)} : B_2(C_{2*})_{(2)} = 0.800 : 0.200$$

その結果，以下の評価項目合成値が得られた．

$$\widehat{B}_1(C_1) = 0.383$$

$$\widehat{B}_2(C_1) = 0.617$$
$$\widehat{B}_1(C_2) = 0.811$$
$$\widehat{B}_2(C_2) = 0.189$$
$$\widehat{B}_1(C_3) = 0.951$$
$$\widehat{B}_2(C_3) = 0.049$$

この重みを用いて $C_1$，$C_2$，$C_3$ それぞれの代替案に着目した代替案の総合評価を求めると以下のとおりとなる．

$C_1$ に関して　$E_1(C_1) : E_2(C_1) : E_3(C_1) = 1.000 : 1.335 : 1.708$

$C_2$ に関して　$E_1(C_2) : E_2(C_2) : E_3(C_2) = 0.749 : 1.000 : 1.280$

$C_3$ に関して　$E_1(C_3) : E_2(C_3) : E_3(C_3) = 0.586 : 0.781 : 1.000$

これらの値を，合計が1になるように正規化すると，追加データの反映結果はいずれの代替案に関しても，

$$E_1 : E_2 : E_3 = 0.247 : 0.330 : 0.422 \tag{3.22}$$

となる．追加データが代替案評価値の変更を含むことにより，総合評価値の変更はさらに大きくなった．

### 3.3.3　本節のまとめ

評価者の支配視点が揺れ動く場合は，支配代替案に関する評価項目の重みや，支配代替案そのものが評価のつど変化して，評価データが不安定になる．こうした現象は，万博やオリンピックの候補地選びのほか，日常的にもファッション商品の買い物場面などでしばしば経験する．実際に見た感覚を最後の決め手とする代替案評価については特にこうした現象が起きやすい．このような場合は，代替案を実地検分するつど評価者の評価を求め，評価者の揺れ動く支配視点を追加データとして捕捉していく必要がある．

一斉法は，支配代替案法の性質を保持しながら追加データを扱うための手法である．この手法は，データが追加されるつど，適用することができる．また多数の追加データを一括して処理することも可能である．追加データをどのよ

うな重みで反映するかについては，調査分析者の分析視点に応じた適用が求められようが，具体的な適用方法の検討は今後の課題である．

なお，後続調査で得られる追加データが，抜本的な評価の変化を示すと思われる場合は，サンプルの母集団そのものが変質してしまった可能性をも考えるべきである．代替案の実地検分を再度行って支配代替案に変化が見られなければ母集団が変質したと考えられるが，こうした検証作業は評価者の作業負荷を大きくする．具体的な運用方法は今後検討すべき課題である．

## 参考文献

[1] 木下栄蔵，中西昌武，「AHP における新しい視点の提案」，『土木学会論文集』，第 36 巻，第 4 号，1997，pp.1-8．

[2] 木下栄蔵，『AHP 手法と応用技術』，総合技術センター，1993．

[3] Kinoshita, E. and Nakanishi, M., "Proposal of New AHP Model in Light of Dominant Relationship among Alternatives," *Journal of Operations Research Society of Japan*, Vol.42, No.2, 1999, pp.180-197.

[4] 木下栄蔵，中西昌武，「支配代替案法における追加情報処理への"一斉法"の適用」，『土木学会論文集』，第 42 巻，第 4 号，1999，pp.13-19．

[5] 木下栄蔵，「AHP の発展経緯と諸問題」，『オペレーションズ・リサーチ』，Vol.44，No.1，1999，pp.8-12．

# 第 4 章　集団合意形成と AHP

4.1　山 田 善 靖
4.2　中 西 昌 武

## 4.1　区間 AHP による集団合意形成

本節は山田，杉山，八巻が提案する「区間 AHP による集団合意形成法」[17] について説明する．

### 4.1.1　は じ め に

　企業の重要な意思決定の中には実力のあるマネージャーの経験や勘に頼らなければならない問題が沢山存在する．このような問題解決にこそ AHP は使われるべきであるが，人間の感覚的判断が信頼できないということから AHP は使われないこともある．『AHP 事例集』[14] を調べてみると，多くの事例が考え方を提供するか，あるいは実験的に AHP を試みた程度にとどまっている．さらに AHP 分析結果に基づいて実際の重要な意思決定を行った事例はあまり多くない．しかし，この事例集をよく分析してみると，グループの意思決定に AHP を使った場合には比較的その結果が重要な業務の意思決定に利用されている．このことから次のように考えることができるだろう．「人間の感覚的判断は人によって異なり，それを利用した重要な意思決定結果を信頼することはできない．しかし，人間の感覚的判断結果も一人だけでなく多くの人が同じような判断をしている場合にはその判断結果はかなり信頼できるであろう．したがって，一人の判断による AHP の結果は重要な意思決定の参考資料とし

てあまり使わないが，複数の人間の共通する感覚に基づくグループ判断は結果に信頼がおける．よって，その判断結果を用いた AHP の結果は信頼できる．」と人間は考えるであろうから，グループで利用する AHP の研究は経営意思決定で実際に使われ有効な方法を提供する可能性が高いといえよう．

　一つのグループで利用する AHP では集団の複数のメンバーの感覚的判断を取り入れるという意味から結果が集団に受け入れられやすいということは上述したが，さらにメンバーの感覚的判断には各々のメンバーの価値観が反映されているので，個人個人の判断結果をうまくまとめることのできる AHP 法が集団の合意を得るためには有用であろう．

　ここで提案するグループのための区間 AHP 法はグループの合意形成について，次のような仮説をおいている．

　　仮説1：「人間は自分の判断をはっきりと決める前に，その判断を修正させられる方が，一度はっきりと決めてしまった後に，判断結果を替えさせるよりは合意が形成されやすい．」

　この仮説のもとで，AHP の一対比較行列の各要素である比較評価値を従来の AHP の評価のように「点」で与える代わりに「区間」で与える方法を提案した．これは評価者の一対比較評価をできるだけ断定させないで集団合意形成ができやすくするためである．

　　仮説2：「人間はいろいろの判断の間で相互に矛盾がない結果ほどその結果を受け入れやすい．」

　評価者の整合性が最も小さくなるように一対比較行列を決定する方法をこの方法では採用している．

　　仮説3：「集団のメンバー一人一人は集団の決定結果と自分の決定結果との差違が小さいほど満足する．」

　集団の意思決定はメンバーの与えた各人の結果に最も近いものが集団の合意がもっとも得られやすいという考えに基づいて，集団の意思決定結果を算出する方法をここでは採用している．

　以上の仮説をもとに新しい合意形成法として開発した「区間 AHP による集

団合意形成法」を以下に紹介する．

本節の構成は次のようになっている．まず，4.1.2項では，提案するグループAHPの特徴と手順について示す．4.1.3項では，集団を構成するメンバーが与える主張区間について定義し，提案するAHP法で用いる区間AHPについて説明する．4.1.5項では，グループ一対比較区間行列の設定について示す．4.1.6項では，不満足度を定義し，グループ一対比較区間行列から整合度を最小化し，さらに集団全体の不満足度を最小化して重要度を算出する方法を示す．4.1.7項では，本節で提案された区間AHPを使った簡単な例題を示す．4.1.8項では，本節をまとめ，将来の研究課題を検討する．

## 4.1.2 提案するグループのための区間AHPの特徴と手順

集団の意思決定問題にAHPを適用した方法として，Saatyは参考文献[10]において次の二つの方法を提案している．一つめの方法は，集団を構成しているメンバー全員で集団としての一対比較値を決定し，重要度を算出する方法である．二つめの方法は，集団を構成する各メンバーが与えた一対比較値をそれぞれ幾何平均し，それを集団としての一対比較値として採用し重要度を算出する方法である．これらの方法には，現実の集団意思決定問題に適用する上で，いくつかの問題点が存在する．一つめの方法は，メンバー全員で話し合いを行いながら，集団の意見として一つの値に集約していく方法である．この方法の問題点は各評価値をすべてメンバー全員の話し合いで決めるため，かなりの時間を必要とすることである．また，メンバー間の力関係によって集団の意見が極端に左右されるため，不平，不満が生じやすいという問題もある．二つめの方法の主な問題点は，集団としての一対比較値を各メンバーが与えた一対比較値の幾何平均値とするために，集団としての結果がどのメンバーの意見とも大きく離れる場合が生じるという点である．このような現象は，各メンバーの意見が大きくばらつく場合に顕著に現れ，どのメンバーの意見からもかけ離れた値となって不満が生じる．そこで本節では，集団としての一対比較値を

作成する段階において，各メンバーの不満を小さく抑えながら合意を形成する新たな区間 AHP を提案するものである．

　Saaty が提案した方法では，集団としての一対比較値を作成する段階において，各メンバーの意見を一つの値に集約してしまうために，重要度を算出する以前の段階で，既に不満を抱く結果となっている場合がしばしばみられる．つまり，「その集約された値には納得がいかない．」等の不満が生じる．よって，このような状況下で作成された一対比較行列から算出した重要度にも，当然満足できないといった問題が生じる．そこで，本節で提案する方法は，まず，各メンバーの意見の表現方法として，集団を構成している各メンバーそれぞれが，相手の意見に対し「容易に抵抗なく受け入れられる範囲」を示してもらうこととする (以後，主張区間と呼ぶ)．その上で，集団としての一対比較値を作成する段階において，各メンバーの意見を一つに集約せずに，全メンバーの意見を取り込んだ"区間値"を用いる (以後，グループのための一対比較区間値と呼ぶ)．この結果得られた一対比較区間行列から，集団全体の意見として最も首尾一貫性が良くなる一対比較行列，つまり"整合度 (consistency index：CI) を最小"とする一対比較行列を求め，さらにその行列から重要度を算出する．加えて，算出した重要度が一意に定まらない場合には，メンバー全員の意見に最も近い意見から重要度を算出する．言い換えるならば提案する方法は，集団を構成する全メンバーの意見を取り込み (グループ一対比較区間)，その状態から合理的な方法 (整合度を最小化し，集団全体の不満足の度合いを最小化する) により意見を集約するものである．

　上述のように本節で提案する「区間 AHP」の大きな特徴は，集団の合意形成過程に"区間表現"を用いる点にある．区間 AHP は，既に参考文献 [1] [2] [3] [5] [11] 等で提案されている．しかし，これらの方法はすべて個人の意思決定問題を扱っており，本節で扱うような集団における意思決定問題に利用されてはいない．また，集団における意思決定問題固有の特性から，この区間表現の利用の仕方や意味する内容も異なっている．ここで提案する区間 AHP では，各メンバーの意見として主張区間が用いられ，全メンバーの意見

を取り込んだグループの一対比較区間値が用いられている．

その他の特徴として，区間値で表された一対比較区間行列から重要度を算出する方法も既存の方法とは異なる．既存の方法ではすべて，この区間値で表された一対比較区間行列から求めた重要度も区間値であったが，提案するグループのための区間 AHP では，各要素の重要度を各々一つの値で求めるものである．つまり，求める重要度は区間値ではなく，通常の AHP と同様である．よって，総合的重要度の算出も通常の AHP の場合と同様となる．

本節で提案する区間 AHP の手順をまとめると，図表 4.1 のようになる．図表 4.1 に示されるように提案する方法は「一対比較区間行列の設定方法」と「重要度決定法」に新しい考えを入れたものである．以下 4.1.3〜4.1.8 までに提案する区間 AHP 法について説明する．

**図表 4.1** Saaty のグループ AHP と提案するグループ AHP の手順

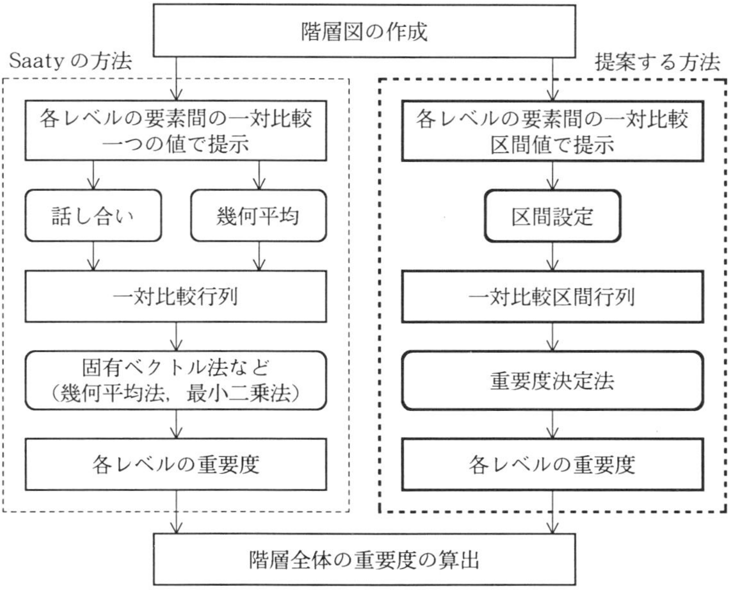

### 4.1.3　主　張　区　間

　本節で提案する区間 AHP では，各メンバーの意見の表現方法として，集団を構成している各メンバーそれぞれに，「抵抗なく受け入れられる範囲」を示してもらうこととする．従来に比べて，このように幅をもって意見を示してもらうことで，集団の合意がスムーズに形成されることが期待できる．これは 4.1.1 項で示した「仮説 1」をもとに設定されたものである．

　メンバー $k$ が評価項目 $i$ と評価項目 $j$ の一対比較を行い，かつ，他の相手の意見に対し「容易に抵抗なく受け入れられる範囲」を主張区間とし，以下のように定義する．

### 4.1.4　［定義 1］　主張区間

$$[l_{ij}^{(k)},\ u_{ij}^{(k)}],\ (k=1,\ 2,\ \cdots,\ m \text{ and } i,\ j=1,\ 2,\ \cdots,\ n), \tag{4.1}$$

$$[l_{ji}^{(k)},\ u_{ji}^{(k)}]=\left[\frac{1}{u_{ij}^{(k)}},\ \frac{1}{l_{ij}^{(k)}}\right]. \tag{4.2}$$

ここで，$l_{ij}^{(k)}$ と $u_{ij}^{(k)}$ は，メンバー $k$ が与えた $i$ 項目と $j$ 項目の一対比較値の下限値と上限値を表し，$[l_{ij}^{(k)},\ u_{ij}^{(k)}]$ は区間 $\{x_{ij}^{(k)} \in R | l_{ij}^{(k)} \leq x_{ij}^{(k)} \leq u_{ij}^{(k)}\}$ を表す．また，$m$ はメンバー数，$n$ は評価項目数である．この主張区間 $[l_{ij}^{(k)},\ u_{ij}^{(k)}]$ の中には，当然メンバー $k$ 本来の意見が含まれ，その区間幅 $|\ln u_{ij}^{(k)} - \ln l_{ij}^{(k)}|$ は意見の強さを表現していることとなる．つまり，メンバー $k$ の意見が強いときには，主張区間の幅は狭くなり，意見が弱いときには，主張区間の幅は広くなる．

　区間表現を用いた AHP は，参考文献 [1] [2] [3] [5] [11] 等で提案されている．本節で提案する区間 AHP では，区間表現を「容易に抵抗なく受け入れられる範囲（主張区間）」や「全メンバーの意見を取り込んだ区間値」を表現しているので，「区間」の設定の仕方が従来の方法と異なるが，区間が設定さ

れたあとは従来の区間 AHP の考え方と同じ考え方を用いているといえる．

### 4.1.5 グループのための一対比較区間行列の設定

4.1.2 項でも述べたように本節で提案する方法は，集団としての一対比較を作成する第 1 段階において，従来の方法のように各メンバーの意見をグループとして一つの一対比較値に集約せず，グループの一つの区間値に集約する方法である．

具体的にグループ一対比較区間 $[\tilde{l}_{ij}, \tilde{u}_{ij}]$ の決定に対して以下の 2 種類が提案されている．

#### ① 主張区間に共通する区間が存在する場合

各メンバーが与えた主張区間の間に，共通する区間が存在する場合には，その共通区間の最大区間をグループ一対比較区間とする．

$\bigcap_{k=1}^{m}[l_{ij}^{(k)}, u_{ij}^{(k)}] \neq \phi$ の場合，

$$\tilde{l}_{ij} = \max_{k}\{l_{ij}^{(k)} | k=1, 2, \cdots, m\}, \quad (i, j=1, 2, \cdots, n), \quad (4.3)$$

$$\tilde{u}_{ij} = \min_{k}\{u_{ij}^{(k)} | k=1, 2, \cdots, m\}, \quad (i, j=1, 2, \cdots, n), \quad (4.4)$$

#### ② 主張区間に共通する区間が存在しない場合

各メンバーが与えた主張区間の間に，共通する区間が存在しない場合には，各主張区間をすべて含む区間の中でも最小区間をグループのための一対比較区間とする．

$\bigcap_{k=1}^{m}[l_{ij}^{(k)}, u_{ij}^{(k)}] = \phi$ の場合，

$$\tilde{l}_{ij} = \min_{k}\{l_{ij}^{(k)} | k=1, 2, \cdots, m\}, \quad (i, j=1, 2, \cdots, n), \quad (4.5)$$

$$\tilde{u}_{ij} = \max_{k}\{u_{ij}^{(k)} | k=1, 2, \cdots, m\}, \quad (i, j=1, 2, \cdots, n), \quad (4.6)$$

ここで $\phi$ は空集合を表す．

ここで求められたグループの一対比較区間を行列として表現したものを「グ

ループのための一対比較区間行列」という．

　各メンバーが与えた主張区間の間に，共通する区間が存在する場合には，質の高い合意形成ができると期待できるが，共通する区間が存在しない場合には，質の高い合意形成はあまり期待できない．つまり，グループのための一対比較区間行列において，②の $\phi$ の場合が多いということは，各メンバーの意見がばらついているということを表しており，$\phi$ の数が合意形成の質の高さを表す指標となる．$\phi$ の数が多数であれば，デルファイ法の考え方に基づき，基本的には共通する区間が存在するまで，各メンバーの主張区間を取りまとめた結果を返却し，改めて主張区間を示してもらう作業を繰り返し行うべきである．

　グループのための一対比較区間行列の設定には，様々な変種が考えられる．しかし基本的には，対象となる集団の特性を基に，各メンバー間の総意により決定されるべきものである．つまり，グループの中に意思決定に関する情報が何らかの方法で入手できる場合には，当然その情報を優先するべきである．ここでは，それらの情報が入手困難な場合や，より客観的に設定したい場合などに有効であると考えられる方法の中の一つを示している．

## 4.1.6　重要度決定法

　本節で提案する重要度決定モデルは，各要素が区間値からなるグループのための一対比較区間行列 $X=([\tilde{l}_{ij}, \tilde{u}_{ij}])$ から，集団全体の意見として最も首尾一貫性が良くなる，つまり整合度(CI)が最小となる一対比較行列を求め，その行列の重要度 $w_i$ を算出するものである．整合度を最小とする一対比較値は必ずしも一意には決まらないが，その場合には各メンバーの不満足の度合いの定義をし，集団全体の不満足度(dissatisfaction index：DI)の最小化を行うのがこの方法の特色である．まず初めに整合度を最小化するのは，集団全体の意見として首尾一貫性(整合性)がないのでは，結果として得られた重要度に信頼がおけないからである．次いで，不満足度の最小化を行うのは，各メンバーに

対してより受け入れやすい結果を作り出すためである．このように提案する重要度決定モデルの特徴は，重要度を算出する上で整合度と不満足度を取り入れた点にある．

### 4.1.7 不満足度の定義

本項では，集団全体の不満足度(DI)を不満値(dissatisfaction score：DS)と最小不満値(minimum dissatisfaction score：MDS)から定義する．

不満値(DS)は，求める一対比較値と各メンバーの本来の意見の差の重み付き総和で与えられる．4.1.3項において主張区間 $[l_{ij}^{(k)}, u_{ij}^{(k)}]$ の中には，当然メンバー $k$ 本来の意見が含まれる．したがって，メンバー $k$ 本来の意見は，この主張区間内のいずれかの値であり，$c_{ij}^{(k)}$ と表す．この情報が存在するならば，その値を用いればよいが，存在しない場合には様々な状況に応じて設定されるべきである．ここでは，その一例として区間の上限値と下限値の幾何平均値を採用する．

$$c_{ij}^{(k)} = \sqrt{l_{ij}^{(k)} \cdot u_{ij}^{(k)}}. \tag{4.7}$$

また，重みは $d_{ij}^{(k)}$ で表し，各メンバーの意見の強さに比例されるべきである．すなわち，各メンバーが与えた主張区間の区間幅の大きさ $|\ln u_{ij}^{(k)} - \ln l_{ij}^{(k)}|$ に反比例するべきである．ここでは，一例として以下の重みを採用する．

$$d_{ij}^{(k)} = \frac{1}{b_{ij}^{(k)} + 1}, \tag{4.8}$$

$$b_{ij}^{(k)} = |\ln u_{ij}^{(k)} - \ln l_{ij}^{(k)}|. \tag{4.9}$$

求める一対比較値を $x_{ij}$ とし，メンバー $k$ の不満値(k-th DS)，不満値(DS)を以下のように定義する．

[定義2]　メンバー $k$ の不満値(k-th DS)

$$DS_k = \sum_{i<j} d_{ij}^{(k)} (\ln x_{ij} - \ln c_{ij}^{(k)})^2. \tag{4.10}$$

そして，不満値(DS)を以下のように定義する．

[定義3]　不満値(DS)

$$DS = \sum_{i<j}\sum_{k} d_{ij}^{(k)}(\ln x_{ij} - \ln c_{ij}^{(k)})^2. \tag{4.11}$$

$x_{ij}$ に制約条件のない場合，不満値(DS)は $\ln x_{ij} = \ln p_{ij} = \frac{1}{\sum d_{ij}^{(k)}}\sum_{k} d_{ij}^{(k)} \ln c_{ij}^{(k)}$ のとき最小となる．よって，これを最小不満値(MDS)として，以下のように定義する．

[定義 4] 最小不満値（MDS）

$$MDS = \sum_{i<j}\sum_{k} d_{ij}^{(k)}(\ln p_{ij} - \ln c_{ij}^{(k)})^2. \tag{4.12}$$

以上の不満値(DS)と最小不満値(MDS)から，集団全体の不満足(DI)を以下のように定義する．

[定義 5] 不満足度（DI）

$$DI = \frac{DS - MDS}{MDS}, \tag{4.13}$$

$$\begin{pmatrix} DS = \sum_{i<j}\sum_{k} d_{ij}^{(k)}(\ln x_{ij} - \ln c_{ij}^{(k)})^2, \\ MDS = \sum_{i<j}\sum_{k} d_{ij}^{(k)}(\ln p_{ij} - \ln c_{ij}^{(k)})^2, \\ \ln p_{ij} = \frac{1}{\sum d_{ij}^{(k)}}\sum_{k} d_{ij}^{(k)} \ln c_{ij}^{(k)}. \end{pmatrix}$$

## 4.1.8 重要度決定モデルの定式化

最初に整合度(CI)の最小化を行い，次いで集団全体の不満足度(DI)の最小化を行う，重要度決定モデルを以下のように定式化する．

$$\begin{aligned} \text{MIN} \quad & \alpha(CI) + \beta(DI) \\ \text{ST} \quad & \sum_{j=1}^{n} x_{ij} w_{ij} = \lambda w_i, \quad (i=1, \cdots, n), \\ & x_{ij} x_{ji} = 1, \quad (i, j = 1, \cdots, n), \\ & \sum_{i=1}^{n} w_i = 1, \\ & w_i > 0, \quad (i = 1, \cdots, n), \\ & \tilde{l}_{ij} \leq x_{ij} \leq \tilde{u}_{ij}, \quad (i, j = 1, \cdots, n). \end{aligned} \tag{4.14}$$

ここで，目的関数の $\alpha$, $\beta$ は目標計画法［4］の付順方式で用いられる順位係数 $P_k (k=1, 2, \cdots)$ に相当する係数である．また，CI は整合度であり，一対比較行列の最大固有値 $\lambda_{\max}$ を用いて，

$$CI = \frac{\lambda_{\max} - n}{n-1}. \tag{4.15}$$

と表される．そして，$\alpha \geq 0$ かつ $\beta \geq 0$ であれば目的関数は凸関数となる．制約条件の第 1 式は固有方程式の条件，第 2 式は一対比較要素に関する逆数対数性の条件，第 3 式は重要度の正規化の条件，第 4 式は重要度の正値条件，第 5 式は一対比較値に関する区間の条件である．重要度決定モデルの固有方程式の条件において，ペロン-フロベニウスの定理［12］から重要度が正値であるという条件のみで，$\lambda$ が最大固有値であることが保証される．

ここでは，$\alpha$, $\beta$ を順位係数に相当する係数であるとしたが，対象となる集団の特性に合わせて，整合度(CI)を重視するのか，不満足度(DI)を重視するのかといった意向を，$\alpha$, $\beta$ の値を変化させることで反映できる．この重要度決定モデルにおいて，$\beta$ を非常に大きくすること，つまり不満足度(DI)だけの最小化を行うことは，従来の Saaty が提案した二つめの方法(幾何平均を用いて，集団としての一対比較値とする方法)と同様の主旨となり，特殊な状況のもとで一致する．また当然，この重要度決定モデルを解いた結果，整合度が悪い場合には，従来の方法と同様に各メンバーの与えた主張区間を再検討する必要がある．

### 4.1.9 例　　題

本節で提案されたグループのための区間 AHP では，意見を集約する部分とその意見から重要度を求める部分の手順が Saaty の方法とは異なる．それは図表 4.1 の太線で書かれた部分である．ここでは，この区間 AHP を用いた例として，すべての手順を示すのではなく，ある一つのレベルの要素間の一対比較だけを例に簡単に示すこととする．

本例題では，集団を構成するメンバーは 3 人とし，メンバー $k$ が与えた主張区間 $[l_{ij}^{(k)}, u_{ij}^{(k)}]$ を要素とする一対比較区間行列を $K^{(k)} = ([l_{ij}^{(k)}, u_{ij}^{(k)}])$ とする．各メンバーが一対比較区間行列を以下のように与えた場合のグループの一対比較区間行列を求める．

$$K^{(1)} = \begin{pmatrix} 1 & \left[\frac{1}{3}, 3\right] & \left[\frac{1}{7}, 4\right] \\ \left[\frac{1}{3}, 3\right] & 1 & \left[\frac{1}{9}, 3\right] \\ \left[\frac{1}{4}, 7\right] & \left[\frac{1}{3}, 9\right] & 1 \end{pmatrix},$$

$$K^{(2)} = \begin{pmatrix} 1 & \left[\frac{1}{5}, 1\right] & \left[\frac{1}{5}, \frac{1}{2}\right] \\ [1, 5] & 1 & \left[\frac{1}{2}, 2\right] \\ [2, 5] & \left[\frac{1}{2}, 2\right] & 1 \end{pmatrix},$$

$$K^{(3)} = \begin{pmatrix} 1 & [2, 4] & \left[\frac{1}{5}, \frac{1}{3}\right] \\ \left[\frac{1}{4}, \frac{1}{2}\right] & 1 & \left[\frac{1}{4}, 1\right] \\ [3, 5] & [1, 4] & 1 \end{pmatrix}.$$

グループの一対比較区間行列を $X = ([\tilde{l}_{ij}, \tilde{u}_{ij}])$ と表し，3 人の一対比較区間行列からグループの一対比較区間行列を求めると以下のようになる．

$$X = \begin{pmatrix} 1 & \left[\frac{1}{5}, 4\right] & \left[\frac{1}{5}, \frac{1}{3}\right] \\ \left[\frac{1}{4}, 5\right] & 1 & \left[\frac{1}{2}, 1\right] \\ [3, 5] & [1, 2] & 1 \end{pmatrix}.$$

ここで $\alpha = 1000$，$\beta = 1$ として，重要度算出モデルを解いて求めたグループの一対比較区間行列 $X^* = (x_{ij}^*)$ と重要度 $W^* = (w_i^*)$ は，

$$X^* = \begin{pmatrix} 1 & 0.6754 & 0.3333 \\ 1.4806 & 1 & 0.5000 \\ 3.0000 & 2.0000 & 1 \end{pmatrix},$$

$$W^* = \begin{pmatrix} 0.1827 \\ 0.2716 \\ 0.5457 \end{pmatrix}$$

となる．

このときの整合度は $CI = 0.0000$，不満足度は $DI = 0.5428$，不満値は $DS = 1.7303$，最小不満値は $MDS = 1.1215$ であった．

## 4.1.10 結論と将来展望

　本節ではある問題に対して集団の合意を得るために利用する区間AHP法について説明した．ここで提案した方法は，まず集団としての一対比較値を作成する段階において，各メンバーの意見を一つに集約せずに，全メンバーの意見を取り込んだ区間値を用いている．この結果，従来この段階で生じていた不満を解消することができ，各メンバーの意見が直接結果(重要度)に反映できる．次いで，この方法は，集団全体の意見として最も首尾一貫性の良くなる一対比較値から算出した重要度を採用し，さらにその意見が複数存在する場合には，各メンバー本来の意見に近い意見を採用している．これにより，集団全体の意見として首尾一貫性のある結果を得ることができ，その上，各メンバーに対してより受け入れやすい結果を作り出すことができる．また，提案した方法では各メンバーの意見の表現方法として，各メンバーが「容易に抵抗なく受け入れられる範囲」を主張区間として示すことで，より集団の合意がスムーズに形成されることを目指している．このように，集団の合意形成過程の随所に区間表現を用い，合理的な手続きを経て結果を得ることができることから，本節で提案したグループの区間AHPは，集団意思決定を支援する有効な手法であると考えられる．

グループの一対比較区間行列の設定方法は，4.1.5項で述べたように様々なバリエーションが考えられ，その各設定によって得られる結果が，大きく異なることも考えられるので，重要な課題である．本節で提案したグループの区間AHPでは，主張区間の間に共通区間が存在しない場合でも，不満度を導入することにより，意見の妥協を計ることを目標としている．今後の研究課題としては，様々に考えられるグループの一対比較区間行列の設定と重要度決定モデルの体系化を考える必要がある．また，4.1.3項で主張区間の区間幅は，意見の強さを表していると述べたが，各メンバーに主張区間を示してもらう時のメンバーへのこの「区間」の説明の仕方によって区間幅は大きく異なることが幾つかの実験によって明らかになった．どのように「主張区間」の意義を説明するかについては今後の重要な研究課題となるであろう．

最後に，この方法の実用性について述べる．本節で提案した「区間AHP法」をある企業の人事評価に用いた結果，その評価結果がその企業の経営者にも，従業員にも納得のいくものであった．したがって，その企業ではそれ以来人事評価のための第一次評価として，この「区間AHP法」を用いている．参考文献 [15] にその内容について示してある．さらに，この「人事評価のための区間AHP法」のソフトについては参考文献 [16] に示してある．

## 4.2 意思決定ストレスによる集団合意形成

### 4.2.1 はじめに

集団としての見解をまとめるときに，互いに異なる個人見解をどのように調整するかという問題については，議論の歴史が長い [18]．こうした歴史を踏まえ中西，木下は，有力な意思決定手法の一つとしてSaatyが開発したAHP (Analytic Hierarchy Process) [9] の発展系に位置付けられる従来の集団AHP手法において暗黙に了解されてきた個人見解の均等的格付けを批判し，集団見解に対する個人の不満の総和を最小化する個人見解の合理的格付け手法

として集団意思決定ストレス法を提案した［19］．

本節では，集団意思決定ストレス法の理論と適用意義について解説する．

### 4.2.2　集団 AHP 手法の四つのシナリオ

異なる個人見解をどのように集団見解に集約するかは，集団意思決定手法における古くて新しい問題である．

AHP における評価プロセスは，

① 総合目的における評価項目のウェイト配分と，

② 各評価項目に関する代替案のウェイト配分を基に，

③ それらを積算した総合評価値

のようになるが，評価者が複数になると，①②のウェイト配分が評価者によって異なってくるので，集団としての評価を行う場合，その合算をいかに妥当なものとするかが重要な問題となる．

集団 AHP 手法は，二つの軸の組合せによる四つの問題解決シナリオとして整理できる（図表 4.2）．

① 評価者を等価に扱う／格付けする．

図表 4.2　集団 AHP 手法の四つのシナリオ

```
                    原始データ(見解)の
                         無操作
                            ↑
         〈シナリオA〉    │    〈シナリオC〉
         ・集団幾何平均法  │    ・集団意思決定ストレス法
         ・評価者均等格付け法│  ・アクター法
評価者等価 ←──────────────┼──────────────→ 評価者格付け
                            │
         ・区間AHP法       │    ・CのDへの拡張
         〈シナリオB〉    │    〈シナリオD〉
                            ↓
                    原始データ(見解)の
                         操作
```

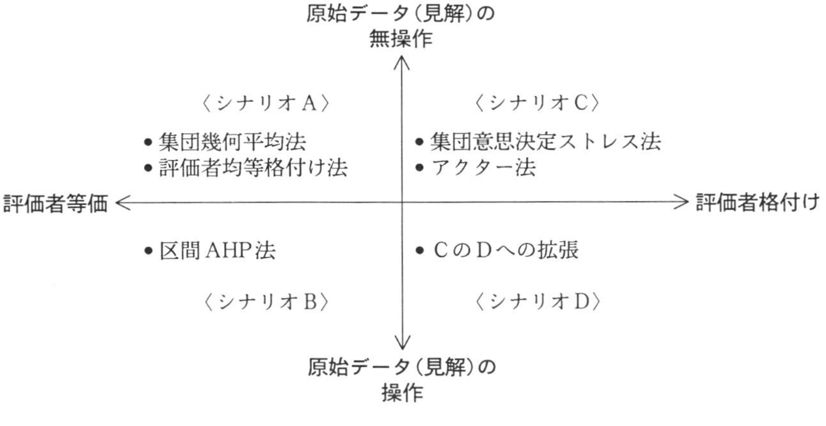

② 原始データ（見解）を操作しない／操作する．

## 【評価者を等価に扱うシナリオ】

(a) 集団幾何平均法（集団一対比較行列の作成： シナリオ A）

Saaty は，AHP を集団合意形成に適用するための合算技術として，個人ごとの一対比較データの幾何平均値を当該集団の一対比較値とする集団幾何平均法を提案した．集団幾何平均法を用いると，集団の一対比較行列の対称成分も逆数関係になり，個人の場合と同じように分析することができる．

評価者の見解を操作せず評価者を等価に扱う，というのが集団幾何平均法のシナリオだが，ここでの「等価」は幾何平均の加重値であり，この結果を一般通念で理解される算術平均の加重値に換算すると不可解な格付け値が生じてしまう点が問題である．

(b) 参加者均等格付け法（単純な平等主義： シナリオ A）

個人ごとに求めた評価見解の算術平均によって集団見解を求める．集団版の一対比較行列の作成を不要とし，かつ参加者を平等に格付けようとする場合に有効である．参加者均等格付け法においては，評価者の見解は操作しない．

(c) 区間 AHP 法（区間値の申告： シナリオ B）

山田，杉山，八巻が提案したこの手法 [17] は，はじめに各評価者が一対比較値を区間値として申告し，これをもとに集団見解としての一対比較値を区間値で求め，その中から最も整合性の高い一対比較値を集団全体の見解として集約していくものである．

区間 AHP 法の場合は，はじめに許容区間を個人に申告させることにより，評価者を擬制的に等価に扱う中で整合性の見地から評価者の見解に操作を加えている．

## 【評価者を格付けするシナリオ】

(d) アクター法（恣意的な格付け： シナリオ C）

一方，評価者を積極的に格付けする手法としてはアクター法がよく知られて

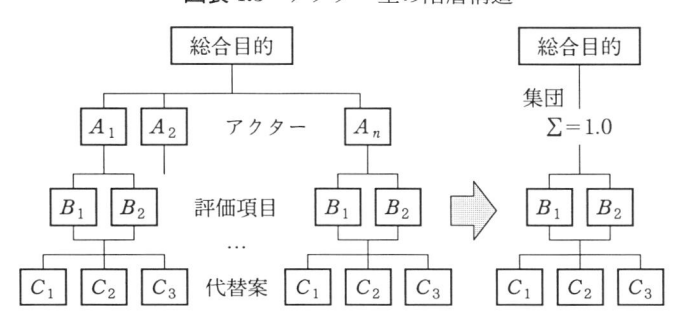

**図表 4.3　アクター型の階層構造**

いる．これは，評価者をアクター(関与者)階層の要素として定義して格付け値を与え，これによってアクターごとの代替案の総合評価を最終的に合算し，集団の評価結果とする手法である(図表 4.3)．格付け値は，個々人の見解とはかかわりなく原始データで与えられる．アクター法では個々人の見解は操作しない．

ただしアクター法においては，いかに評価者を「合理的に格付け(grading)」するかが問題となる．

(e)　集団意思決定ストレス法(合理的な格付け：　シナリオ C)

中西，木下はシナリオ C を合理的に進めるための手法のひとつとして「集団意思決定ストレス法」(group decision making stress method)を提案した．

個人が行う評価においても，錯綜する価値観などの理由により評価は必ずしも整合性が保たれない．このようなときの意思決定はストレスを伴いやすい[20]．集団意思決定の場合はさまざまな価値観の持ち主の参加を前提としており，参加者の不満は不可避的に発生する．

集団意思決定ストレス法は，評価者の当初の評価結果をもとに個々人の不満の総和(集団意思決定ストレス)を最小にする集団案およびその場合の個々人の格付け案を個々人に提示し，集団の中での個々人の位置を評価者自身に自覚させる手法である．集団意思決定ストレス法は，見解に操作を加えないまま合理的な格付けを行う．

### 4.2.3 集団意思決定ストレス法のデータモデル

集団意思決定ストレス法は,「集団を構成する参加者の見解＝擬似的な個人における擬似的な視点」と見なした上で,擬似的な視点間ストレス(である参加者不満)の合計が最小になるように各擬似的視点(である参加者)を格付けして,擬似的な個人(である集団)の見解を合成するアプローチである [21].

ここで求められた評価者格付け案は,個人ごとの妥協案として集団整合性の立場から提案される.つまり格付け値は,集団案に寄与すべき評価者の見解の重みとしての意味を持つ.

そこで集団意思決定ストレス($S$)を以下のように定義する.

$k$ : 評価者($k=1, ..., m$)
$j$ : 評価要素($j=1, ..., n$)
$x_{kj}$ : 評価者 $k$ による評価要素 $j$ の評価結果
$w_k$ : 評価者 $k$ の格付け値(合計を1とする)
$e_j$ : 評価要素 $j$ に関する集団評価

$$\sum_{k=1}^{m} w_k = 1 \tag{4.16}$$

$$e_j = \frac{1}{m} \sum_{k=1}^{m} (w_k \cdot x_{kj}) \tag{4.17}$$

$$S = \sum_{j=1}^{n} \sum_{k=1}^{m} (w_k \cdot x_{kj} - e_j)^2 \tag{4.18}$$

$x_{kj}$ は,代替案間の一対比較による評価(相対評価法型 AHP),代替案間の一対比較によらない評価(絶対評価法型 AHP) [22] いずれの評価法によって求めても構わない.ここでは原始データ(見解) $x_{kj}$ の値は変えないものとする.$x_{kj}$ はそれぞれの評価者の個性を表現し,これ以上分解してはならない情報単位と考えるためである(評価者の見解の保持).

したがって調整可能なデータは,評価を総合するために設定された格付け値 $w_k$ だけである.集団意思決定ストレス $S$ が最小になる $w_k$ 値が,求める合理

的格付け案である．

　この $m$ 人集団意思決定ストレス最小化問題は，(4.16)式を制約式として(4.18)式を最小にする $w_k^*$ を解とする，ラグランジュ未定乗数法によって解くことができる．$w_k^*$ は，視点間ストレス法の場合と同じく $0 < w_k^* < 1$ となるため，$W^*$ は評価者間の格付けの配分，すなわち評価者の「一票の重み」を示す値となる．

　集団意思決定ストレス法は，二つの基準，①「評価者の見解の保持」，②「集団案と個人案のギャップの最小化」によって，評価者の差別化に合理的な論拠を与える．ここでは集団のために自らの見解をゆずるべき評価者ひとりひとりの妥協の大きさが，集団意思決定ストレスの最小化の原理によって一意に算出される．

　保持対象となる評価者の見解は，区間 AHP 法のような区間での申告を必要としない．区間 AHP 法における申告区間は評価者を擬制的に等価とするために設けられたが，集団意思決定ストレス法の場合は，評価者の許容のいかんを問わず，ある格付けをもって妥当な集団案を個人に対し提示する．

### 4.2.4　集団意思決定ストレス法の算定例

　ここでは，4.2.3 で示した方法による算定例を示す．

#### （1）　順位決定に影響をおよぼすケース

　はじめに，集団意思決定ストレス法が順位決定に影響するケースを示す．

　まず評価者を 3 人とし，各評価者の代替案 $C_1$，$C_2$，$C_3$ に対する見解を図表 4.4 のように仮定する．図表 4.5 は評価者 $P_1 \sim P_3$ の各評価結果を算術平均したものである．

　この結果，代替案の評価は $C_1 : C_2 : C_3 = 0.290 : 0.355 : 0.355$ となり，$C_2$ と $C_3$ が 1 位を分けあう結果となった．集団意思決定ストレスは 0.0325 である．

　次に，評価者の格付けによる集団意思決定ストレスの改善を検討する（図表

4.6).その結果,評価者の格付けは,$P_1:P_2:P_3=0.321:0.315:0.364$ となり,これに基づく代替案評価は,$C_1:C_2:C_3=0.286:0.363:0.351$ となり,集団見解としては $C_2$ が1位となるべきことが示された.集団意思決定ストレスは 1.7 % 改善 (0.0325→0.0320) されたに過ぎないが,その中で $P_1$, $P_2$ をいくぶん軽く,$P_3$ をいくぶん重く扱う格付けがなされ,そのことが順位付けに貢献している.

この事例では3者の見解が対立しているが,集団意思決定ストレス法の実施結果は $P_1$, $P_2$ の妥協による解決の道を示唆している.$P_1$, $P_2$ の反応の仕方にもよるが,集団意思決定のためのコーディネーション情報として活用すべきだろう.

図表 4.4 各評価者の一対比較行列

評価者 $P_1$

|  | $C_1$ | $C_2$ | $C_3$ | $W(P_1)$ |
|---|---|---|---|---|
| $C_1$ | 1 | 2 | 4 | 0.571 |
| $C_2$ | 1/2 | 1 | 2 | 0.286 |
| $C_3$ | 1/4 | 1/2 | 1 | 0.143 |

$CI = 0.000$

評価者 $P_2$

|  | $C_1$ | $C_2$ | $C_3$ | $W(P_2)$ |
|---|---|---|---|---|
| $C_1$ | 1 | 1/2 | 1/4 | 0.137 |
| $C_2$ | 2 | 1 | 1/3 | 0.239 |
| $C_3$ | 4 | 3 | 1 | 0.624 |

$CI = 0.009$

評価者 $P_3$

|  | $C_1$ | $C_2$ | $C_3$ | $W(P_3)$ |
|---|---|---|---|---|
| $C_1$ | 1 | 1/3 | 1/2 | 0.163 |
| $C_2$ | 3 | 1 | 2 | 0.540 |
| $C_3$ | 2 | 1/2 | 1 | 0.297 |

$CI = 0.005$

図表 4.5 $P_1 \sim P_3$ の評価結果の算術平均

| 代替案→ | $C_1$ | $C_2$ | $C_3$ |
|---|---|---|---|
| $P_1$ | 0.571 | 0.286 | 0.143 |
| $P_2$ | 0.137 | 0.239 | 0.624 |
| $P_3$ | 0.163 | 0.540 | 0.297 |
| $W$ | 0.290 | 0.355 | 0.355 |

意思決定ストレス = 0.0325

図表 4.6 $P_1 \sim P_3$ の格付けの結果

| 格付↓ | 代替案→ | $C_1$ | $C_2$ | $C_3$ |
|---|---|---|---|---|
| 32.1 % | $P_1$ | 0.571 | 0.286 | 0.143 |
| 31.5 % | $P_2$ | 0.137 | 0.239 | 0.624 |
| 36.4 % | $P_3$ | 0.163 | 0.540 | 0.297 |
| 100.0 % | $W^*$ | 0.286 | 0.363 | 0.351 |

−1.2 %
−1.8 %
+3.0 %

意思決定ストレス = 0.0320(1.7 % 改善)

なお，この事例に幾何平均法を適用した場合，集団意思決定ストレス 0.387 は元の値 0.0325 よりもかなり大きくなり，個々人の不満をむしろ増大させる結果となっている(このときの代替案評価は $C_1 : C_2 : C_3 = 0.168 : 0.483 : 0.349$)．

## （2） 多数派有利となる傾向

次に，多数派と少数派では多数派がやや有利に扱われることを示す．

図表 4.7 では，6 人のうち 5 人($P_1 \sim P_5$)の評価者がほぼ同じ見解を持ち，1 人($P_6$)がこれと対立する見解を持っている．算術平均による 6 人の見解の合算結果は $C_1 : C_2 : C_3 = 0.633 : 0.258 : 0.108$，また集団意思決定ストレスは 0.0172 となった．

図表 4.8 は，図表 4.7 に対し集団意思決定ストレス法による各評価者の格付けを行った結果，集団意思決定ストレスが 15.6％改善($0.0172 \to 0.0145$)されたことを示している．その結果，$P_1 \sim P_5$ の見解が尊重され，$P_6$ は妥協を迫られる(格付け調整 −6.4％)．多数勢力のうち $P_1$，$P_4$，$P_5$ の見解がより尊重される結果となっているのは，これらがより集団案 $W^*$ に近いためである．

ところで $P_6$ はまったくないがしろにされたわけではない．$P_6$ には，なお 10.3％の発言権が留保されている．$P_6$ の見解をそれ以上ないがしろにすると，$P_6$ の不満が大きくなりすぎ，結果として集団の不満の総和が大きくなるので，

**図表 4.7** $P_1 \sim P_6$ の評価結果の算術平均

| 代替案→ | $C_1$ | $C_2$ | $C_3$ |
|---|---|---|---|
| $P_1$ | 0.700 | 0.200 | 0.100 |
| $P_2$ | 0.800 | 0.100 | 0.100 |
| $P_3$ | 0.800 | 0.150 | 0.050 |
| $P_4$ | 0.750 | 0.200 | 0.050 |
| $P_5$ | 0.650 | 0.200 | 0.150 |
| $P_6$ | 0.100 | 0.700 | 0.200 |
| $W$ | 0.633 | 0.258 | 0.108 |

意思決定ストレス = 0.0172

**図表 4.8** $P_1 \sim P_6$ の格付けの結果

| | 格付↓ | 代替案→ | $C_1$ | $C_2$ | $C_3$ |
|---|---|---|---|---|---|
| +2.2％ | 18.9％ | $P_1$ | 0.700 | 0.200 | 0.100 |
| −0.1％ | 16.6％ | $P_2$ | 0.800 | 0.100 | 0.100 |
| −0.1％ | 16.6％ | $P_3$ | 0.800 | 0.150 | 0.050 |
| +1.0％ | 17.6％ | $P_4$ | 0.750 | 0.200 | 0.050 |
| +3.4％ | 20.0％ | $P_5$ | 0.650 | 0.200 | 0.150 |
| −6.4％ | 10.3％ | $P_6$ | 0.100 | 0.700 | 0.200 |
| | 100.0％ | $W^*$ | 0.670 | 0.227 | 0.103 |

意思決定ストレス = 0.0145(15.6％改善)

これが均衡解となる．

このように集団意思決定ストレス法で得られる集団案は，拮抗しあう個人どうしのストレスを均衡させる解であるといえる．

### 4.2.5 格付け値の分布傾向

集団意思決定ストレス法による評価者の格付けは，同じタイプの見解が多いほど重みが大きくなり，孤立した見解ほど小さくなる．

図表 4.9 は，評価者数 12，代替案数 4 の集団意思決定場面における，ある評価者格付けの分布状況を示している．ここでは数量化Ⅲ類のパターン解析機能 [23] [24] を応用して個々人の評価と代替案の相関が最も高くなるように見解スコア（個人見解のサンプル・スコア）および代替案スコア（代替案のカテゴリ・スコア）を求めた．また評価値＝0.000（無反応ケース）すなわち「まったく

**図表 4.9** $P_1 \sim p_{12}$ の格付けの結果

| 見解スコア | 代替案スコア | | 0.065 | 0.238 | 0.279 | 0.417 |
|---|---|---|---|---|---|---|
| | 格付↓ | 代替案→ | $C_1$ | $C_2$ | $C_3$ | $C_4$ |
| 0.179 | 8.5 % | $P_1$ | 0.320 | 0.340 | 0.310 | 0.030 |
| 0.227 | 7.5 % | $P_2$ | 0.370 | 0.450 | 0.080 | 0.100 |
| 0.291 | 7.1 % | $P_3$ | 0.270 | 0.530 | 0.130 | 0.070 |
| 0.410 | 7.9 % | $P_4$ | 0.410 | 0.050 | 0.360 | 0.180 |
| 0.452 | 8.9 % | $P_5$ | 0.220 | 0.350 | 0.340 | 0.090 |
| 0.502 | 9.3 % | $P_6$ | 0.350 | 0.130 | 0.300 | 0.220 |
| 0.539 | 9.7 % | $P_7$ | 0.230 | 0.300 | 0.320 | 0.150 |
| 0.543 | 8.9 % | $P_8$ | 0.260 | 0.400 | 0.120 | 0.220 |
| 0.578 | 7.2 % | $P_9$ | 0.350 | 0.240 | 0.000 | 0.410 |
| 0.602 | 9.3 % | $P_{10}$ | 0.330 | 0.130 | 0.240 | 0.300 |
| 0.819 | 8.1 % | $P_{11}$ | 0.120 | 0.210 | 0.460 | 0.210 |
| 0.856 | 7.5 % | $P_{12}$ | 0.240 | 0.040 | 0.290 | 0.430 |
| | | 算術平均解 | 0.289 | 0.264 | 0.246 | 0.201 |
| | | ストレス最小解 | 0.288 | 0.262 | 0.2510 | 0.199 |

- 意思決定ストレス 0.684（←0.720）
- 第1固有値の寄与率 0.504
- クラスター化による相関係数 ＝ 0.491（←0.076）

評価に値しないとの理由で，評価者が一対比較の対象から除外した代替案」を認めるものとする［25］．通常の数量化Ⅲ類では原始データがバイナリのため個々人における反応カテゴリーの重みを等価とせざるをえないが，ここでは合計値を1とする評価値が与えられているので，これを原始データとして計算して見解スコアを求めた．

これによりスコアが近い見解は何らかの意味で互いに類似している可能性があると見ることができる．

図表4.10は，図表4.9の見解スコアに対する格付け値の分布を示している．

見解スコアと格付け値との間に相関は見られない（相関係数 0.076）．しかし図表からは，$P_1 \sim P_3$，$P_4 \sim P_{10}$，$P_{11} \sim P_{12}$ の3グループそれぞれで格付け分布の山が作られているように見える．そこで見解スコアを群間平均距離法［24］でクラスター化し，格付け値と見解クラスターのレベル値との相関を調べてみると，相関係数は 0.491 となった．

ただし，このように複数のグループが形成される場合は，集団意思決定ストレス法による格付けを用いても合理的な合意形成案の提示は困難である．しかし上のような見解分布をビジュアルに個々人にフィードバックすれば，合意形成への何らかの手がかりを提供することになるであろう．

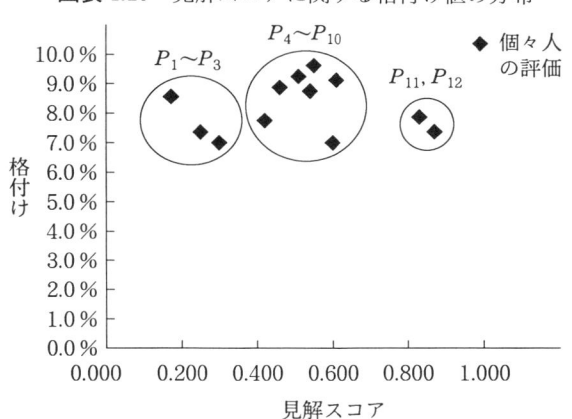

**図表 4.10** 見解スコアに関する格付け値の分布

**図表 4.11** 見解クラスターと格付け値の相関係数の分布

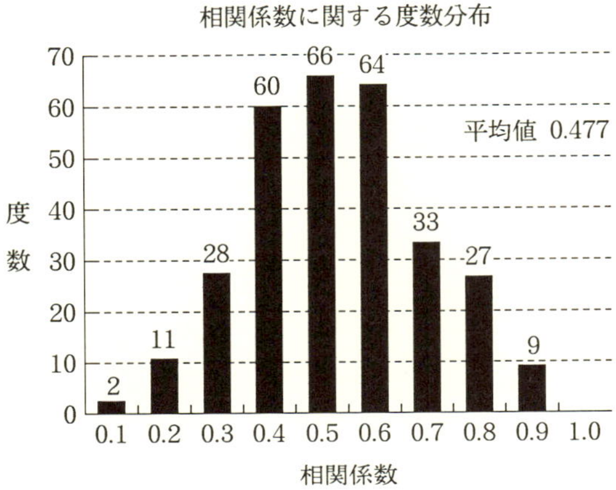

相関係数に関する度数分布

平均値 0.477

(度数分布: 0.1→2, 0.2→11, 0.3→28, 0.4→60, 0.5→66, 0.6→64, 0.7→33, 0.8→27, 0.9→9)

次に見解クラスターと格付け値との一般的関係を見るために，同じく評価者数 12，代替案数 4 の集団意思決定場面における 300 組のランダム評価データについて両者の相関係数の分布を調べた．結果は図表 4.11 のとおりである．相関係数の平均値は 0.477 となった．評価者の格付け値の大きさが，評価値どうしの類似性とある程度相関していることがこれでわかる．

つまり，格付け値の大きな見解があるときは，他にも似たような見解がいくつかあり，それらとともに類似見解グループが形成されている可能性を考えなければならない．数量化Ⅲ類の応用による見解スコアの分析は，そのための類似見解の探査に有効な手がかりを提供する．そして見解スコアが近い集団の中で格付け値がもっとも高い見解(図表 4.10 の場合，$P_3$，$P_7$，$P_{11}$)は，類似見解グループの中核的見解として機能している可能性をみるべきである．

むろん実際にそのとおりとなるかどうかはデータの意味を読み取って判断していくほかない．しかし集団意思決定の場合は，参加する個人が集団内での自らの位置を適切に自覚していることが合意形成を有効に行う上で重要であり，そのためにはまず最初に，集団内での見解分布を客観的にとらえ鳥瞰図化(山の数や位置，高さ，離れ小島など)する必要がある．見解分布の鳥瞰図が得られたら，改めてその中での自らの位置を再確認し，集団意思決定における自身

**図表 4.12**　集団意思決定ストレス法によるストレス改善率の分布

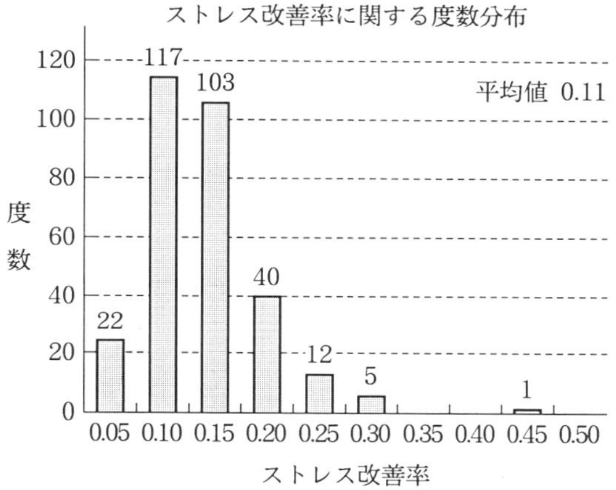
ストレス改善率に関する度数分布
度数
ストレス改善率
平均値 0.11
120
100
80
60
40
20
0
117
103
40
22
12
5
1
0.05 0.10 0.15 0.20 0.25 0.30 0.35 0.40 0.45 0.50

の振るまいかたを再考すればよい．

図表 4.12 は，上のランダム評価データに対し集団意思決定ストレス法を適用した場合の集団意思決定ストレスの改善率の分布を示したものである．集団意思決定ストレスはほとんどすべての組の評価データで改善が発生している(平均改善率 0.11)．小さな改善率でも代替案の順位決定に影響する場合があることを考えると，集団案の検討プロセスに集団意思決定ストレス法の視点を加える意義は大きいといえる．

なお見解のばらつきが大きくなると，格付け値の差が小さくなる．また，見解クラスター化の効果が薄れ，相関係数も低くなる．

### 4.2.6　集団意思決定ストレス法の適用方法と今後の課題

集団意思決定ストレス法は，評価者の不満の総和(集団意思決定ストレス)を最小化する評価者格付け値を求める手法である．この手法は，代替案間の一対比較を行う相対評価法型の AHP だけでなく，代替案間の一対比較を行わない絶対評価法型の AHP による評価データも原始データとして扱うことができ

る．また集団意思決定ストレス法は評価者の原始データ（見解）を操作しないため，区間 AHP 法のように評価者に許容区間を申告させる必要がない．

集団意思決定ストレス法で求めた格付け値 $w_i^*$，および集団案については，そのままの形で採択される必要はない．評価者の数が多くなると評価者は集団内での自分の位置がわかりにくくなるが，そのような評価者に対し集団意思決定ストレス法はいわば見解の地図を与えることができる．地図を手にした評価者は全体の中での自分の現在の位置を再確認し，合意形成に向けて自分の見解を再調整することができるようになる．また数量化Ⅲ類などのパターン解析機能と組み合わせることで類似見解を持つグループを探索することも可能である．合意形成に向けて全体のコーディネーションを行う場合はこうした情報が有用となる．

## 参考文献

[1] Arbel, A., "Approximate Articulation of Preference and Priority Derivation," *European Journal of Operational Research*, Vol.43, 1989, pp.317-326.

[2] Arbel, A. and Vargas, L. G., "The Analytic Hierarchy Process with Interval Judgements," *Multiple Criteria Decision Making*, Springer-Verlag, 1992, pp.61-70.

[3] Buckley, J. J., "Fuzzy Hierarchical Analysis," *Fuzzy Sets and Systems*, Vol. 17, 1985, pp.233-247.

[4] 伏見多美雄，福川忠昭，山口俊和，『経営の多目的計画―目標計画法の考え方と応用例―』，森北出版，1987．

[5] 川井宏哉，稲積宏誠，伊藤益敏，「ファジィ AHP における整合度(C.I.)に関する研究」，『1992 年度日本 OR 学会春季研究発表会アブストラクト集』，1992，pp. 68-69．

[6] 森 雅夫，宮沢政清，生田誠三，森戸 晋，山田善靖，『オペレーションズリサーチⅡ―意思決定モデル―』，朝倉書店，1989．

[7] 小沢知裕，山口俊和，福川忠昭，「区間 AHP を用いる DEA の改良型領域限定法」，『オペレーションズ・リサーチ』，Vol.38，1993，pp.471-476．

[ 8 ] Saaty, T. L., "A Scaling Method for Priorities in Hierarchical Structures," *Journal of Mathematical Psychology*, Vol.15, 1977, pp.234-281.

[ 9 ] Saaty, T. L., *The Analytic Hierarchy Process*, McGraw-Hill, 1980.

[10] Saaty, T. L., "Group Decision Making and The AHP," *The Analytic Hierarchy Process*, Springer-Verlag, 1989, pp.59-67.

[11] Saaty, T. L. and Vargas, L. G., "Uncertainty and Rank Order in the Analytic Hierarchy Process," *European Journal of Operational Research*, Vol. 32, 1987, pp.107-117.

[12] 斎藤正彦,『線型代数入門』,東京大学出版会, 1966.

[13] 刀根 薫,『ゲーム感覚意思決定法—AHP 入門』,日科技連出版社, 1986.

[14] 刀根 薫,真鍋龍太郎編,『AHP 事例集』,日科技連出版社, 1990.

[15] 八巻直一,嶋田駿太郎,「人事評価にグループ AHP を適用する」,『オペレーションズ・リサーチ』, Vol.42, No.5, 1997, pp.367-370.

[16] 八巻直一,洪 時宗,嶋田駿太郎,山田善靖,杉山 学,「グループ AHP の人事評価への適用」,『日本オペレーションズ・リサーチ学会第 40 回シンポジウム論文集「AHP の理論と実際」』, 1998, pp.27-30.

[17] 山田善靖,杉山 学,八巻直一,「合意形成モデルを用いたグループ AHP」,*Journal of the Operations Research Society of Japan*, Vol.40, No.2, 1997, pp.236-244.

[18] 上田 泰,『個人と集団の意思決定』,文眞堂, 1997.

[19] 中西昌武,木下栄蔵,「集団意思決定ストレス法の集団 AHP への適用」,*Journal of the Operations Research Society of Japan*, Vol.41, No.4, 1998, pp.560-571.

[20] 中西昌武,木下栄蔵,「階層分析法 AHP における意思決定ストレスのモデル化に関する研究」,『土木計画学研究・論文集』,第 13 巻, 1996, pp.153-160.

[21] 中西昌武,木下栄蔵,「視点間ストレス法による AHP の提案」,『土木計画学研究・論文集』,第 15 巻, 1998, pp.165-174.

[22] 木下栄蔵,「階層分析法による多目的意思決定問題への適用に関する研究」,『交通工学』,第 28 巻,第 1 号, 1992, pp.35-44.

[23] 林 知己夫,『データ解析法』,放送大学教育振興会, 1985.

[24] 安田三郎,海野道郎,『社会統計学』,丸善, 1977.

[25] 中西昌武,木下栄蔵,「AHP によるファジィ数量化理論Ⅲ類の提案」,『日本オペレーションズ・リサーチ学会秋季研究発表会アブストラクト集』, 1997 年 9

月，pp.228-229.

# 第5章　整合性とファジィ性

5.1　西　澤　一　友
5.2　高　野　伸　栄

## 5.1　整合性の評価とその改善

　AHPは，その特徴の一つに一対比較があげられる．一対比較では，その作業の途中で勘違いによる判断の誤りや矛盾が発生することがある．とくに代替案の数が多い場合には一対比較の数が増大し，判断の誤りが起こりやすい．さらに単調な一対比較作業により集中力を欠き，いいかげんな判断が起こる可能性もある．また評価基準の一対比較では判断結果が不安定な場合が多い．

　ある評価基準に対する代替案の一対比較または評価基準どうしの一対比較の整合性，すなわち一対比較結果の矛盾の有無は完全情報の場合，通常，整合度 $CI$ (Consistency Index) $=(\lambda_{max}-n)/(n-1)$ により $CI<0.1$ なら整合性は良い，と判定されている［1］．ここで，$n$ は一対比較行列の大きさ，すなわち代替案の数，$\lambda_{max}$ は一対比較行列の主固有値，すなわち絶対値最大の固有値である．しかし，この0.1という値は経験的な数値であり，理論的根拠はない．また，整合性が良くないと判定されても $CI$ の値だけでは一対比較の矛盾に対する情報は得られない．一方，要素の一対比較が欠落している不完全情報の場合では，ウェイトを計算する方法［2］［3］はあるものの，不完全情報だけで整合性を評価する方法はない．

　整合性が良くない主な原因として，一対比較の優劣の逆転と，過大評価または過小評価の二つが考えられる．ここでは，この二項目について，整合性の評価と改善のための方法を示し，例をあげて説明する．

### 5.1.1 一対比較の優劣の逆転

従来の $CI$ に代わる整合性の評価基準として,一対比較行列に対応する有向グラフより整合性を判定する新しい基準を述べる.このアイディアはグラフ理論とネットワーク理論を基にしたもので,有向グラフの中のサイクルとその構成要素を見つけ,さらに,サイクルをなくすことにより,整合性を改善する方法である [4].

代替案 $i$ と代替案 $j$ の一対比較の結果を有向グラフで表現すると,$i$ が $j$ よりも優れていれば点 $i$ と点 $j$ を矢印で結び "$i \to j$" と表し,アーク $(i, j)$ とよぶ.不完全情報の場合は何も結ばない.例えば,次のような(5.1)式に示す 3×3 一対比較行列を考える.

$$A = \begin{bmatrix} 1 & 3 & 4 \\ 1/3 & 1 & 5 \\ 1/4 & 1/5 & 1 \end{bmatrix} \tag{5.1}$$

(5.1)式からは,$\lambda_{\max} = 3.19$,$CI = 0.09$ が得られ,また対応する有向グラフは図表 5.1 のようになる.

一方,次のような(5.2)式に示す一対比較行列では,$\lambda_{\max} = 5.17$ が得られ,$CI = 1.08$ となり,整合性が良くないことがわかる.

**図表 5.1** 整合性の良い一対比較の有向グラフ表現

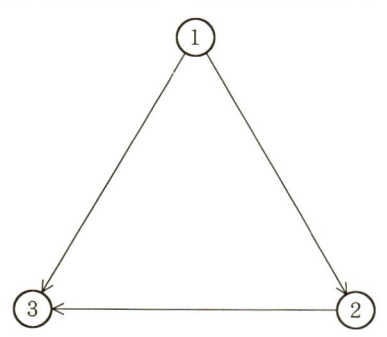

## 5.1 整合性の評価とその改善

$$A = \begin{bmatrix} 1 & 3 & 1/4 \\ 1/3 & 1 & 5 \\ 4 & 1/5 & 1 \end{bmatrix} \quad (5.2)$$

対応する有向グラフは図表5.2のようになり，①，②，③でサイクルを形成している．

このように，一対比較行列の整合性は対応する有向グラフの中のサイクルに起因していることがわかる．整合性の良くない一対比較行列の有向グラフにはいろいろな長さのサイクルが含まれる．整合性を改善するためにはサイクルを見つけ，そしてサイクルをなくすように修正すればよい［5］．ただし，完全情報の場合には長さ3のサイクルのみを対象とすればよい．完全情報の場合，長さ3よりも大きいサイクルには必ず長さ3のサイクルが含まれているからである．

四つの代替案についての整合性の修正例を以下の図表5.3により示す．

図表5.3では，二つの長さ3のサイクル，(1 2 3)，(1 4 3)が存在する．この二つのサイクルをなくすためには共通のアーク(1，3)の矢印を逆転させればよい．このように，サイクルをなくすためには，発見されたサイクルを最小被覆するアークの集合のうち，複数のサイクルに共通するアークを修正すればよい．

**図表5.2** 整合性の良くない一対比較の有向グラフ表現

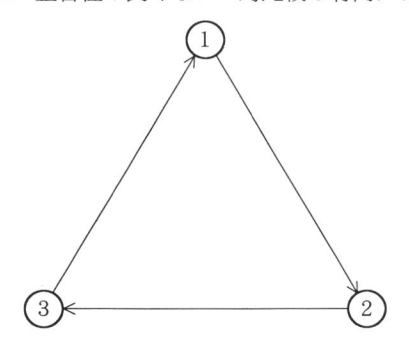

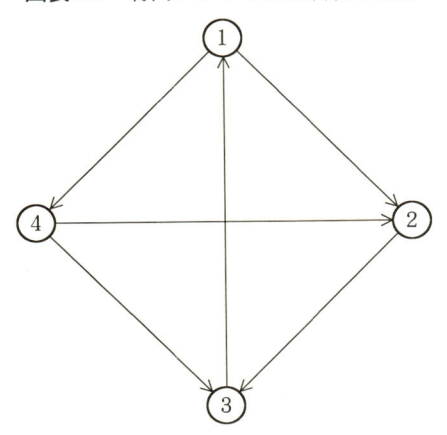

**図表 5.3** 有向グラフでの整合性の改善

## （1） 評価例 1（完全情報の場合）

完全情報の場合の例として示す評価例 1 は，スポーツのリーグ戦の結果の分析である．対戦結果を図表 5.4 に示す．"○"が勝ちで"×"が負けを表す．この例では整合性は良くない．分析によりその原因が指摘できる．

AHP において，スポーツの勝ち負けのように二値で評価する場合をバイナリ AHP（Binary AHP）と呼ぶ．バイナリ AHP では，代替案 $i$ が代替案 $j$ よりも優れていれば，$A(i, j)=\theta$，$A(j, i)=1/\theta$ とする．また，$i$ と $j$ が同等であれば，$A(i, j)=A(j, i)=1$ とする．もちろん $A(i, i)=1$ である．ただし，

**図表 5.4** リーグ戦の対戦結果

|   | ① | ② | ③ | ④ | ⑤ | ⑥ |
|---|---|---|---|---|---|---|
| ① |   | ○ | ○ | ○ | ○ | ○ |
| ② | × |   | × | ○ | ○ | ○ |
| ③ | × | ○ |   | × | × | ○ |
| ④ | × | × | ○ |   | ○ | × |
| ⑤ | × | × | ○ | × |   | ○ |
| ⑥ | × | × | × | ○ | × |   |

$\theta$ はパラメータで，1 より大きい実数である．ウェイトを求めるとき，通常 $\theta=2$ として計算する．図表 5.4 に対応するバイナリ AHP の一対比較行列を (5.3)式に示す．

$$A=\begin{bmatrix} 1 & \theta & \theta & \theta & \theta & \theta \\ 1/\theta & 1 & 1/\theta & \theta & \theta & \theta \\ 1/\theta & \theta & 1 & 1/\theta & 1/\theta & \theta \\ 1/\theta & 1/\theta & \theta & 1 & \theta & 1/\theta \\ 1/\theta & 1/\theta & \theta & 1/\theta & 1 & \theta \\ 1/\theta & 1/\theta & 1/\theta & \theta & 1/\theta & 1 \end{bmatrix} \quad (5.3)$$

(5.3)式の一対比較行列 $A$ について，$\theta=2$ として計算すると $\lambda_{\max}=6.744$ が求められ，$CI=0.149$ となり，整合性は良くないと判断できる．

そこで，図表 5.4 に対応した有向グラフを図表 5.5 に示し，整合性を再評価してみる．

図表 5.5 に含まれる長さ 3 のサイクルとその構成要素を求めてみると，四つのサイクル，(2 4 3)，(2 5 3)，(3 6 4)，(4 5 6)が得られる．したがって，この例では整合性は良くない．そこで，整合性が良くない原因を調べるため，発見できたサイクルに関する二部グラフを図表 5.6 に示す．

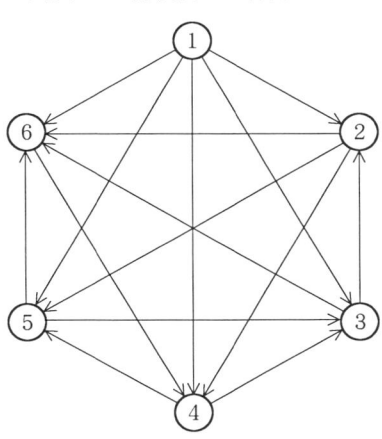

**図表 5.5** 評価例 1 の有向グラフ

**図表 5.6** 評価例 1 の二部グラフ

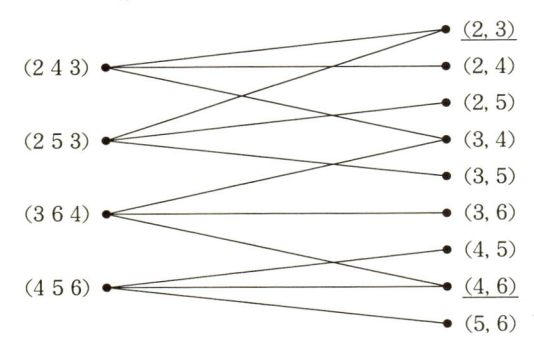

```
(2 4 3)  ────────  (2, 3)
                   (2, 4)
                   (2, 5)
(2 5 3)            (3, 4)
                   (3, 5)
(3 6 4)            (3, 6)
                   (4, 5)
(4 5 6)            (4, 6)
                   (5, 6)
```
(下線：(2, 3), (4, 6))

　図表 5.6 より，アンダーラインを引いた最小被覆の集合，$M = \{(2, 3), (4, 6)\}$ を得る．すなわち，アーク (2, 3) と (4, 6) の矢印の方向を逆にすれば，図表 5.5 に含まれる四つのサイクルはすべて消える．したがって，(5.3) 式の一対比較行列 $A$ の整合性が良くないのは，$a_{23}$ と $a_{46}$ が誤っている，と指摘できる．

　この評価例 1 では，二つのサイクルを被覆するアークは (2, 3), (3, 4), (4, 6) の三つある．すなわち，修正する候補は三つである．これら三つの候補すべてを修正すれば，もちろんサイクルはすべて消えるが，図表 5.6 より，すべての候補を修正する必要がないことがわかる．また，実際の対戦結果は修正できないが，仮に $a_{23}$ と $a_{46}$ を修正して計算した結果，$CI = 0.054$ が得られた．

## （2） 評価例 2（不完全情報の場合）

　不完全情報の場合の例として示す評価例 2 は，(5.4) 式のバイナリ AHP の $6 \times 6$ 一対比較行列 $A$ である．ここで，"□" は一対比較の欠落を表す．(5.4) 式では，欠落は 7 カ所である．不完全情報からウェイトを求める前に，不完全情報の整合性を調べてみる．

$$A = \begin{bmatrix} 1 & 1/\theta & \square & \square & \theta & 1/\theta \\ \theta & 1 & \theta & 1/\theta & \square & 1/\theta \\ \square & 1/\theta & 1 & \square & \square & \theta \\ \square & \theta & \square & 1 & 1/\theta & \square \\ 1/\theta & \square & \square & \theta & 1 & \square \\ \theta & \theta & 1/\theta & \square & \square & 1 \end{bmatrix} \quad (5.4)$$

(5.4)式に対応した有向グラフを図表5.7に示す．

不完全情報の場合はすべての長さのサイクルを見つけなくてはならない．図表5.7から長さ6までのサイクルを見つけてみると，三つのサイクル，(2 3 6)，(1 5 4 2)，(1 5 4 2 3 6)が得られる．そして，整合性が良くない原因を指摘するため，サイクルに対応する二部グラフを求め，図表5.8に示す．

図表5.8では，すべてのサイクルを被覆するアークは見つからない．もう一度，図表5.7をよく見ると，二つのサイクル，(2 3 6)と(1 5 4 2)は，②で接し(1 5 4 2 3 6)となっている．さらに，(2 3 6)と(1 5 4 2)は共通のアークを持っていない．したがって，この例では，すべてのサイクルを被覆するアークのペアはいくつか存在するが，共通するアークの修正でサイクルをなくすことはできず，一対比較の誤りを特定することはできない．そこで，意思決定者

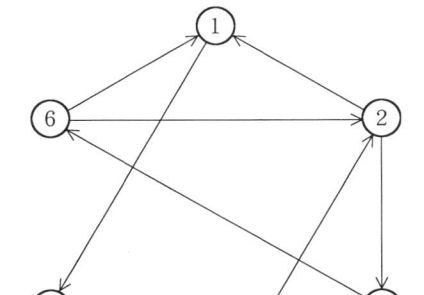

**図表5.7** 評価例2の有向グラフ

**図表 5.8** 評価例 2 の二部グラフ

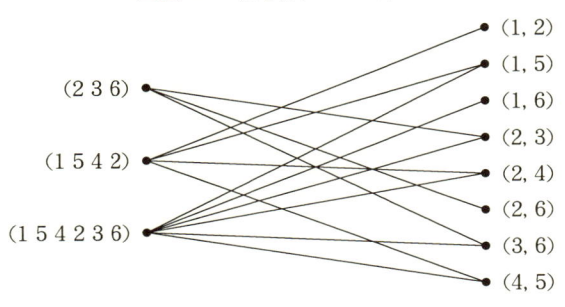

```
(2 3 6)         ● (1, 2)
                ● (1, 5)
                ● (1, 6)
(1 5 4 2)       ● (2, 3)
                ● (2, 4)
                ● (2, 6)
(1 5 4 2 3 6)   ● (3, 6)
                ● (4, 5)
```

に対するアドバイスは次のようになる．もし可能であれば，もう一度，サイクル(2 3 6)と(1 5 4 2)に関係する一対比較を慎重に行い，修正することが望ましい．修正が不可能であれば，すでに整合性が良くないことを認識して算出されたウェイトを吟味しなければならない．

### 5.1.2 過大評価または過小評価

一対比較行列を有向グラフで表したとき，サイクルがない場合でも $CI$ の値が大きく，整合性が良くないことがある．この場合には，一対比較に過大評価または過小評価の疑いがある．整合性が良い場合，$n \times n$ 一対比較行列を $A=[a_{ij}]$，$i=1\sim n$，$j=1\sim n$ とし，そのウェイトすなわち主固有ベクトルを $w_i$，$i=1\sim n$ とすると一対比較の値とウェイトの関係は次式のようになる．

$$a_{ij} = w_i/w_j \tag{5.5}$$

したがって，整合性が良い場合，(5.5)式より一対比較行列は次式のように書き直せる．

$$A = \begin{bmatrix} w_1/w_1 & w_1/w_2 & \cdots & w_1/w_n \\ w_2/w_1 & w_2/w_2 & \cdots & w_2/w_n \\ \vdots & \vdots & \vdots & \vdots \\ w_n/w_1 & w_n/w_2 & \cdots & w_n/w_n \end{bmatrix} \tag{5.6}$$

従来の過大評価または過小評価の判定は $a_{ij}$ と $w_i/w_j$ との比較で行い，そし

て，大きく異なっている $a_{ij}$ の一対比較をやり直すことを勧めている．

　ここでは，一対比較の過大評価または過小評価を判定するアイディアとして，三つの代替案について評価値の関係から判定する．(5.5)式は，任意の $k$ について，

$$a_{ij}=(w_i/w_k)/(w_j/w_k)=a_{ik}/a_{jk}=a_{kj}/a_{ki} \tag{5.7}$$

となり，$a_{ij}$ は三つの代替案 $i, j, k$ の一対比較で表現できる．しかし，実際の一対比較では誤差が混入する場合があるので，必ずしも $a_{ij}=a_{kj}/a_{ki}$ とはならない．

　そこで，任意の $k$ に対する一対比較が正しいと仮定し，

$$a'_{k_{ij}}=a_{kj}/a_{ki} \tag{5.8}$$

を計算し，$A'_k$ を求める．$a_{ij}$ と $a'_{k_{ij}}$ に矛盾があれば過大評価または過小評価であると判定する．

　ここでは，過大評価または過小評価であると判定された要素 $a_{ij}$ は，従来のように一対比較のやり直しはせず，次式により修正する．

$$a'_{ij}=(\prod_{k=1}^{n} a'_{k_{ij}})^{1/n} \tag{5.9}$$

すなわち，(5.8)式より $k=1\sim4$ について $a'_{k_{ij}}$ を求め，幾何平均により値を決める．ただし，この修正により一対比較の値は1から9までの整数またはその逆数という形はくずれ，実数となる．

## (1) 評価例3(サイクルがない場合)

　過大評価または過小評価の例として，(5.10)式に示す四つの代替案に対する一対比較行列 [6] について考える．

$$A=\begin{bmatrix} 1 & 4 & 6 & 7 \\ 1/4 & 1 & 3 & 8 \\ 1/6 & 1/3 & 1 & 7 \\ 1/7 & 1/8 & 1/7 & 1 \end{bmatrix} \tag{5.10}$$

(5.10)式に対応する有向グラフを図表5.9に示す．図表5.9の有向グラフに

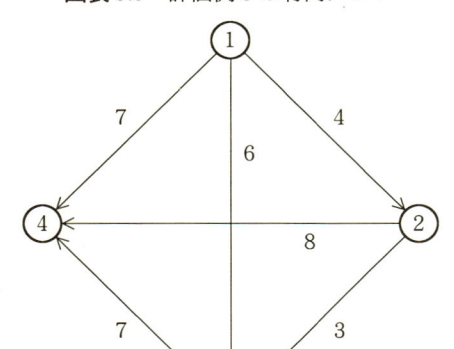

**図表 5.9** 評価例 3 の有向グラフ

```
        (1)
       /|\ \
      7 | 4
     /  6  \
   (4)←--→(2)
     \  8  /
      7   3
       \ /
       (3)
```

はサイクルはなく，一見，整合性は良いように思われる．しかし，$CI=0.15$ である．

過大評価または過小評価の判定を，(5.10)式の一対比較行列 $A$ に適用し $A'_k$ を求めてみる．まず，$k=1$ の一対比較は正しいと仮定し，(5.8)式より，$a'_{1ij}$ を求める過程は以下のようになる．

$$a'_{123}=a_{13}/a_{12}=6/4=1.5$$
$$a'_{124}=a_{14}/a_{12}=7/4=1.75$$
$$a'_{134}=a_{14}/a_{13}=7/6=1.166$$

得られた $A'_1$ は次式のようになる．ただし，上三角の値のみを示す．

$$A'_1 = \begin{bmatrix} 1 & 4 & 6 & 7 \\ & 1 & 1.5 & 1.75 \\ & & 1 & 1.166 \\ & & & 1 \end{bmatrix} \qquad (5.11)$$

各 $k(k=1\sim 4)$ について $a_{kj}$，$j=1\sim 4$ の一対比較は正しいと仮定し，(5.8)式より，$a'_{kij}$ を求めた $A'_k$ より，$CI$，$\lambda_{\max}$，ウェイト（$w_i$，$i=1\sim 4$）を計算すると図表 5.10 のようになる．

## 5.1 整合性の評価とその改善

**図表 5.10** 評価結果の比較

|       | $A$   | $A'_1$ | $A'_2$ | $A'_3$ | $A'_4$ |
|-------|-------|--------|--------|--------|--------|
| $CI$  | 0.15  | 0.0    | 0.0    | 0.0    | 0.0    |
| $\lambda_{\max}$ | 4.454 | 4.000 | 4.000 | 4.000 | 4.000 |
| $w_1$ | 0.587 | 0.641  | 0.732  | 0.591  | 0.304  |
| $w_2$ | 0.244 | 0.160  | 0.183  | 0.295  | 0.347  |
| $w_3$ | 0.130 | 0.106  | 0.061  | 0.098  | 0.304  |
| $w_4$ | 0.038 | 0.091  | 0.022  | 0.014  | 0.043  |

図表 5.10 では，$A'_1$ から $A'_4$ まですべて $CI=0$ が得られ，整合性の良い一対比較行列となった．しかし $CI=0$ の行列 $A'_1$ から $A'_4$ で得られたウェイトはそれぞれ異なっている．とくに $A'_4$ の場合，他の $A'_k$ の場合と比較するとウェイトの順位が逆転している．したがって $a_{4j}$，$j=1\sim4$ の一対比較は正しいとした仮定はくずれる．そこで，$k=4$ の計算過程を調べると次のようになる．調べる要素は $A$ の $a_{12}$，$a_{13}$，$a_{23}$ である．

$$a'_{4_{12}} = a_{42}/a_{41} = (1/8)/(1/7) = 0.875$$
$$a'_{4_{13}} = a_{43}/a_{41} = (1/7)/(1/7) = 1.000$$
$$a'_{4_{23}} = a_{43}/a_{42} = (1/7)/(1/8) = 1.142$$

以上の結果を(5.12)式に示す．ただし，上三角のみの値である．

$$A'_4 = \begin{bmatrix} 1 & 0.875 & 1 & 7 \\ & 1 & 1.142 & 8 \\ & & 1 & 7 \\ & & & 1 \end{bmatrix} \quad (5.12)$$

この結果と(5.10)式を比較すると，$a_{12}=a_{42}/a_{41}>1$，$a_{13}=a_{43}/a_{41}>1$ でなければならないので，$a_{41}<a_{42}<a_{43}(a_{14}>a_{24}>a_{34})$ となるはずである．このことから，$A$ の $a_{14}$ は過小評価または $a_{24}$，$a_{24}$ は過大評価であると思われる．

そこで，$a_{14}$ を修正するため，$k=1\sim4$ について $a'_{k_{14}}$ を求めると次式のようになる．

$$a'_{1_{14}} = a_{14}/a_{11} = 7/1 = 7$$
$$a'_{2_{14}} = a_{24}/a_{21} = 8/(1/4) = 32$$

$$a'_{3_{14}} = a_{34}/a_{31} = 7/(1/6) = 42$$
$$a'_{4_{14}} = a_{44}/a_{41} = 1/(1/7) = 7$$

そして，(5.9)式により $a'_{14}=16.01$ が得られる．同様の方法で $a'_{24}$, $a'_{34}$ も求めると以下のようになった．

$$A' = \begin{bmatrix} 1 & 4 & 6 & 16.01 \\ & 1 & 3 & 6.96 \\ & & 1 & 3.51 \\ & & & 1 \end{bmatrix} \tag{5.13}$$

過大評価または過小評価の判定で疑わしかった $k=4$ について修正を行ったところ(5.13)式が得られ，$CI=0.021$ となった．この結果から，(5.10)式の $A$ について $a_{14}$ は過小評価であり $a_{34}$ は過大評価であることが明らかになった．

### 5.1.3　ま　と　め

整合性の評価と改善について，従来の $CI$ による評価とは異なった評価方法を示した．一対比較行列を有向グラフに表現することにより，$CI$ の値だけでは得られなかった評価の逆転とその改善に関する情報が得られることを示した．さらに，過大評価または過小評価の判定方法を示し，修正する方法も示した．しかし，基準とする一対比較が正しいという仮定の下での方法であり，矛盾が含まれる場合については $CI=0$ の一対比較行列が得られても，必ずしも正しい修正とはならないことがあり，なお改良が必要である．

　整合性について，一対比較行列が完全情報であるがために整合性を悪くしている例もある．本方法より，すべての一対比較を行わなくても整合性の良い一対比較行列を完成できることがわかる．代替案の数が増えるとともに一対比較の数が多くなる短所を補うためにも，積極的に，既知の不完全情報からサイクルを作らないように整合性を保ちつつ，未知の一対比較の結果を推定することが望ましい．

## 5.2 非加法的ウェイトを用いた AHP

### 5.2.1 AHP とファジィ理論

　AHP におけるファジィ理論の応用には，大別するとファジィ集合論の適用によるものと，ファジィ測度およびファジィ積分の適用によるものがあり，双方ともファジィ AHP と呼ばれる場合がある．このうち前者の多くは，ファジィ数の一対比較行列から固有値，固有ベクトルを求めることにより，重要度を求める方法であり，基本的には従来の評価法と大きく異なるものではない[7]．

　一方，後者は，非加法性を許容するファジィ測度を用いることにより，ウェイトの和が 1 であるとする従来の AHP の枠組みをこえるものであり，極めて酷似した評価基準の導入によって生じる評価の逆転現象の解消や，可能性測度，必然性測度等のファジィ測度を用いることにより，多様な評価結果が得られることから，多くの応用が見られる[8][9][10]．本節においては，これらのうち，ファジィ測度として，可能性測度および必然性測度，ファジィ積分としてショケ(Choquet)積分を用いる方法を紹介するものである．

### 5.2.2 可能性測度，必然性測度

#### （1） ファジィ測度の定義

　ある集合 $X=\{x\}$ において，$X$ の任意の部分集合 $A$（クリスプ集合）を実数値区間 $[0, 1]$ 内の実数値に対応付ける関数 $g$ を考える．$X$ のすべての部分集合の族を $B(X)$ とすると，$g$ は次のように記述される．

$$g：B(X) \to [0, 1]$$

そして関数 $g$ が以下に示す条件をみたすとき，これをファジィ測度という．

条件① $g(\phi)=0$, $g(X)=1$

条件② $A \subset B$ ならば $g(A) \leq g(B)$

条件③ $A_1 \subset A_2 \subset \cdots$ または $A_1 \supset A_2 \supset \cdots$ ならば

$$\lim_{n \to \infty} g(An) = g(\lim_{n \to \infty} An)$$

ファジィ測度は確率測度から加法性の条件を緩めたものであり,非加法性の尺度である.そして,ファジィ測度において,最も基本的な条件は単調性である.

(2) 可能性測度,必然性測度

ファジィ測度の最も基本的な条件は単調性であるが,一般的すぎて,数学的に理論展開しにくいという面を持つ.そこで,単調性よりも強い条件を加えたファジィ測度がいくつか提案されているが[11][12],そのうち,本節においては,次の二つの測度を基本にして評価を行う.

① 可能性測度

まず定義から述べると,集合 $\Omega$ の部分集合を区間 $[0, 1]$ の数値に対応付ける集合関数 $\Pi$ が,次の公理をみたすとき,可能性測度という.

$$\Pi(\phi)=0 \quad \Pi(\Omega)=1$$
$$\Pi(A \cup B) = \max(\Pi(A), \Pi(B))$$
$$\forall A, B \subseteq \Omega$$

このように定義された $\Pi$ が可能性測度といわれるのは次の理由による.

いま,特別な場合として $\Omega$ の部分集合 $B$ に対して,$\Omega$ の任意の部分集合 $A$ を $[0, 1]$ に対応付ける集合関数 $\Pi_B$ として

$$\Pi_B(A) = 1 \quad A \cap B \neq \phi$$
$$\quad\quad\quad 0 \quad その他 \quad\quad \forall A \subseteq \Omega$$

で定義すれば,$\Pi_B$ は可能性測度の公理をみたし,可能性測度となることがわかる.ここで,$A \cap B \neq \phi$ の場合には,集合 $B$ の要素が集合 $A$ に属することは可能であるから,$\Pi_B(A)$ は可能性の度合い(ただしこの場合は 0 か 1 )を与

② **必然性測度**

まず定義から示す．集合 $\Omega$ の部分集合を区間 $[0,1]$ の数値に対応付ける集合関数 $N$ が，次の公理をみたすとき必然性測度と呼ばれる．

$$N(\phi)=0 \qquad N(\Omega)=1$$
$$N(A\cup B)=\min(N(A),\ N(B))$$
$$\forall A,\ B\subseteq\Omega$$

特別な場合として $\Omega$ の部分集合 $B$ に対して $\Omega$ の任意の部分集合 $A$ を $[0,1]$ に対応付ける集合関数 $N_B$ を

$$N_B(A)=1 \qquad B\subseteq A$$
$$\qquad\quad 0 \qquad \text{その他} \qquad \forall A\subseteq\Omega$$

で定義すれば，$N_B$ は必然性の公理をみたし，必然性測度となることがわかる．ここで $B\subseteq A$ の場合には，集合 $B$ の要素が集合 $A$ に属することは必然であるから，$N_B(A)$ は必然性の度合い（ただしこの場合は 0 か 1 ）を与えていることがわかる．

### 5.2.3 ファジィ測度を用いた評価法の定式化

#### （1） 非加法的ウェイトの正規化

従来の階層分析法においては，

$$(A-\lambda_{\max}\cdot I)\cdot W=0 \tag{5.14}$$

$$\sum_{i}^{n}w_i=1 \tag{5.15}$$

によってウェイトを求め，総合評価値を算出していた．本方法では，非加法的なファジィ測度を用いた評価を行うため，(5.14)式と(5.16)式によって，ウェイトを求める．

$$\max(w_i)=1 \tag{5.16}$$

## （2） 説明可能度の導入

各評価値の定式化を行うため，本論においてはファジィ測度の一つとして，説明可能度を「評価要素 $Xi$ が上位目的を説明できる度合い」と定義する．

すなわち，あるレベルのウェイト $w_i=1.0$ であったとすると，その評価項目が上位目的を完全に説明できるものであり，$w_i=0.1$ であれば，0.1 の度合いで説明可能であることを示すのである．

## （3） MM，MN，N 評価の定式化 [13]

説明可能度を用い，可能性測度および必然性測度により定式化された評価結果は，通常，代替的評価および補完的評価値 [14] と呼ばれるものであるが，本論においては，応用上その特徴をよりわかりやすく表現するため，マキシマックス評価(MM 評価)，マキシミン評価(MN 評価)と再定義する [(5.17)式, (5.18)式]．これらの評価値の意味としては，MM 評価は代替案の長所を重視した評価，MN 評価は短所を重視した評価値となる．

さらに，本論においては，MM 評価および MN 評価と同じ枠組みで，説明可能度ごとのウェイトの平均値を加算するニュートラル評価(N 評価)を(5.19)式のように定式化した．

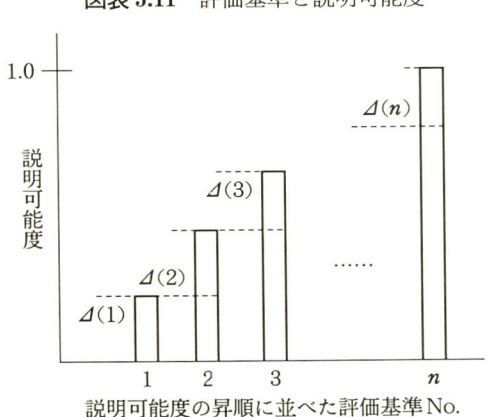

**図表 5.11** 評価基準と説明可能度

5.2 非加法的ウェイトを用いた AHP　　**121**

$$MM(i) = \sum_{j=1}^{n} \Delta(j) \cdot \max f(i, k) \tag{5.17}$$

$MM(i)$：代替案 $i$ の MM 評価値

$j$：評価基準の説明可能度昇順

$n$：評価基準の数

$E(j)$：評価基準 $j$ の説明可能度

$\Delta(j)$： $E(j) - E(j-1)$

$f(i, k)$：各評価基準からみた各代替案のウェイト

$k$： $E(k) \geq E(j)$ なる評価基準を表わす

$$MN(i) = \sum_{j=1}^{n} \Delta(j) \cdot \min f(i, k) \tag{5.18}$$

$MN(i)$：代替案 $i$ の MN 評価値

$$N(i) = \sum_{j=1}^{n} \Delta(j) \cdot \mathrm{mean}\, f(i, k) \tag{5.19}$$

$N(i)$：代替案 $i$ の N 評価値

### 5.2.4　非加法的ウェイトを用いた評価例

**（1）　評価例 1**

図表 5.12 に示す評価例について，従来法および本法の計算例を以下に示す．

$$E(i) = 0.25/0.75 = 0.33, \quad E(ii) = 1.0$$

$$\Delta(i) = 0.33, \quad \Delta(ii) = 0.67$$

$$MM(1) = 0.33 \times 0.64 + 0.67 \times 0.64 = \underline{0.64}$$

$$MM(2) = 0.33 \times 0.28 + 0.67 \times 0.26 = \underline{0.27}$$

$$MM(3) = 0.33 \times 0.58 + 0.67 \times 0.10 = \underline{0.26}$$

$$MN(1) = 0.33 \times 0.14 + 0.67 \times 0.64 = \underline{0.47}$$

$$MN(2) = 0.33 \times 0.26 + 0.67 \times 0.26 = \underline{0.26}$$

$$MN(3) = 0.33 \times 0.10 + 0.67 \times 0.10 = \underline{0.10}$$

**図表 5.12　評価例 1**

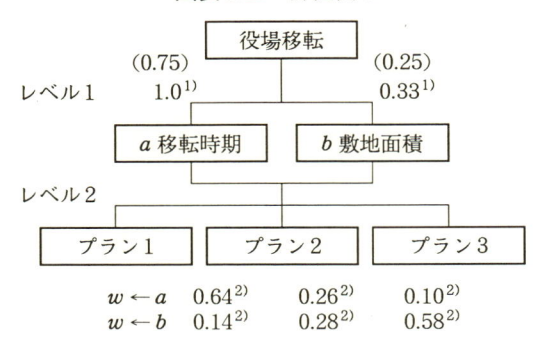

```
                    役場移転
             (0.75)        (0.25)
レベル1       1.0^1)         0.33^1)
             a 移転時期    b 敷地面積
レベル2
          プラン1    プラン2    プラン3
    w←a   0.64^2)   0.26^2)   0.10^2)
    w←b   0.14^2)   0.28^2)   0.58^2)
```

注）1)はレベル1の評価項目の説明可能度，2)は各評価項目から見た各代替案のウェイトを示す．( )内の数字は従来法でのウェイトを示す．

$$N(1) = 0.33 \times (0.64 + 0.14)/2 + 0.67 \times 0.64 = \underline{0.56}$$

$$N(2) = 0.33 \times (0.26 + 0.28)/2 + 0.67 \times 0.26 = \underline{0.26}$$

$$N(3) = 0.33 \times (0.10 - 0.58)/2 + 0.67 \times 0.10 = \underline{0.18}$$

（2）　評価例2（極めて酷似した評価要因が加わった場合）

図表5.16は，評価例1に評価要因 $b$ と極めて従属性の高い $b'$ をいれた評

**図表 5.13　評価例1における評価要因と説明可能度**

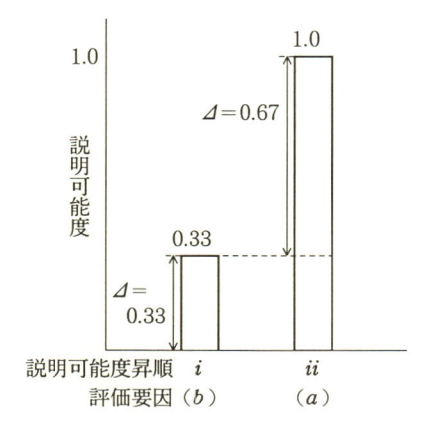

（説明可能度昇順　$i$（$b$）: 0.33，$\varDelta = 0.33$；$ii$（$a$）: 1.0，$\varDelta = 0.67$）

5.2 非加法的ウェイトを用いた AHP　　　**123**

図表 5.14　評価例1の計算結果

| プラン | 従来法 | MM評価 | N評価 | MN評価 |
|---|---|---|---|---|
| 1 | 0.52 | 0.64 | 0.56 | 0.47 |
| 2 | 0.27 | 0.27 | 0.26 | 0.26 |
| 3 | 0.22 | 0.26 | 0.18 | 0.10 |

図表 5.15　評価例2

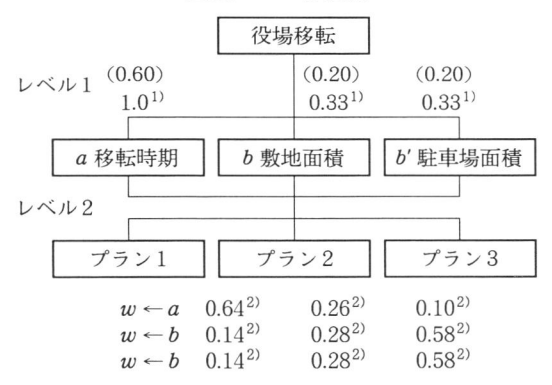

```
                        役場移転
レベル1  (0.60)          (0.20)         (0.20)
         1.0[1)]         0.33[1)]       0.33[1)]
      ┌─────────┐   ┌─────────┐   ┌──────────┐
      │ a 移転時期 │   │ b 敷地面積 │   │ b' 駐車場面積 │
      └─────────┘   └─────────┘   └──────────┘
レベル2
      ┌─────┐      ┌─────┐      ┌─────┐
      │プラン1│      │プラン2│      │プラン3│
      └─────┘      └─────┘      └─────┘

         $w \leftarrow a$   0.64[2)]   0.26[2)]   0.10[2)]
         $w \leftarrow b$   0.14[2)]   0.28[2)]   0.58[2)]
         $w \leftarrow b$   0.14[2)]   0.28[2)]   0.58[2)]
```

注)　1)はレベル1の評価項目の説明可能度，2)は各評価項目から見た各プランのウェイトを示す．( )内の数字は従来法によるウェイトを示す．

図表 5.16　評価例2の計算結果

| プラン | 従来法 | MM評価 | N評価 | MN評価 |
|---|---|---|---|---|
| 1 | 0.44 | 0.64 | 0.53 | 0.47 |
| 2 | 0.27 | 0.27 | 0.26 | 0.26 |
| 3 | 0.29 | 0.26 | 0.21 | 0.10 |

価例2の MM，N，MN 評価を求めたものである．これと，図表 5.14 を比べると，従来法では，従属性の高い要因をいれた結果，プラン2とプラン3の逆転が起きたが，N 評価においては幾分の変動があるものの，ほぼ安定した結果を示しており，MM，MN 評価においてはまったく同一の評価となっていることが示される．定式化から明らかなように，MM，MN 評価は，評価基準の独立・従属性の影響はなく，N 評価においては幾分の変動があるものの

従来の評価法に比べその影響は小さい．そのため，ファジィ測度を用いた評価法においては，ほぼこの点を考慮せずに分析を行っていくことができることがわかる．

(3) 評価例3(MM，N，MN評価特性の検証) [15]

1) 地下通路ネットワーク評価問題

MM，N，MN評価値の特性を検証するため，14の代替案からなる地下通路ネットワーク問題へ本法を適用する．

2) 階層図の構築

評価目的を，「地下通路の重要度」とし，評価項目には，都市整備の検討項

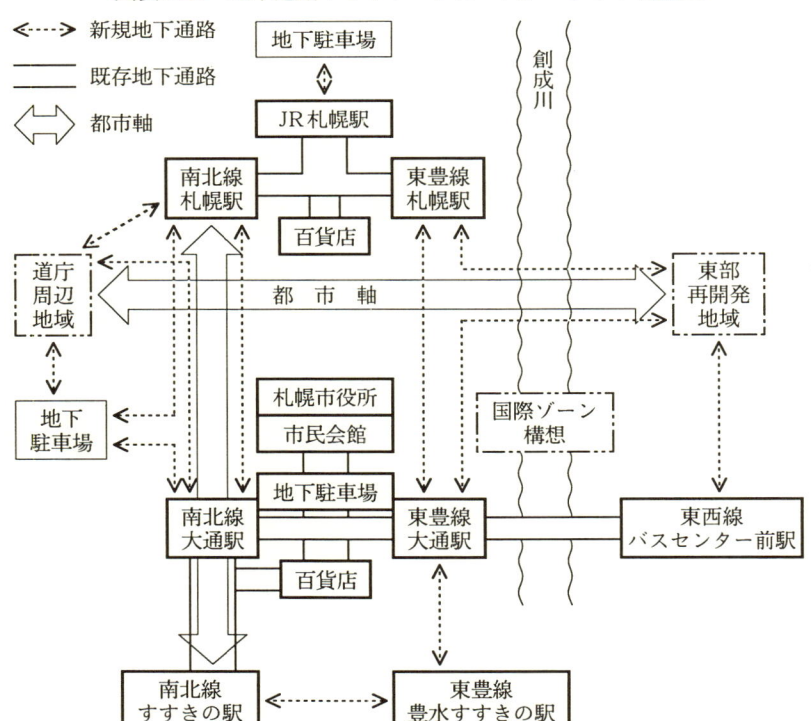

**図表5.17** 地下通路ネットワークのマスタープラン概念図

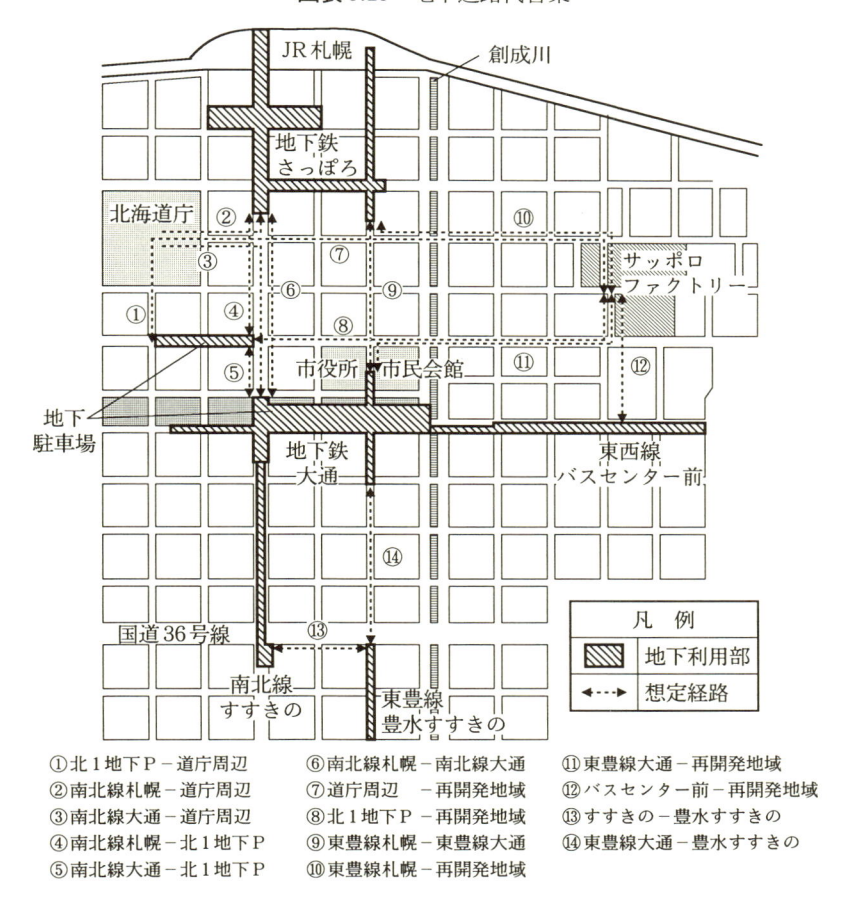

**図表 5.18 地下通路代替案**

①北 1 地下 P − 道庁周辺　⑥南北線札幌 − 南北線大通　⑪東豊線大通 − 再開発地域
②南北線札幌 − 道庁周辺　⑦道庁周辺 − 再開発地域　⑫バスセンター前 − 再開発地域
③南北線大通 − 道庁周辺　⑧北 1 地下 P − 再開発地域　⑬すすきの − 豊水すすきの
④南北線札幌 − 北 1 地下 P　⑨東豊線札幌 − 東豊線大通　⑭東豊線大通 − 豊水すすきの
⑤南北線大通 − 北 1 地下 P　⑩東豊線札幌 − 再開発地域

目である，「既存地下施設の有効利用」「公共施設結節」「商業地域結節」「業務地域結節」「都市軸の形成」の五つを取りあげる．

またこれら五つを「施設の結節」「街づくり」の二つの機能に分類し，図表 5.19 のような構造にまとめる．

なお，代替案としての地下通路ネットワークは，図表 5.18 に示すように図表 5.17 で示した通路を意味のある経路で分割し，評価の代替案とする．

3) 評価要因ウェイトおよび代替案評価得点の算出

**図表 5.19　評価例 3 の階層図**

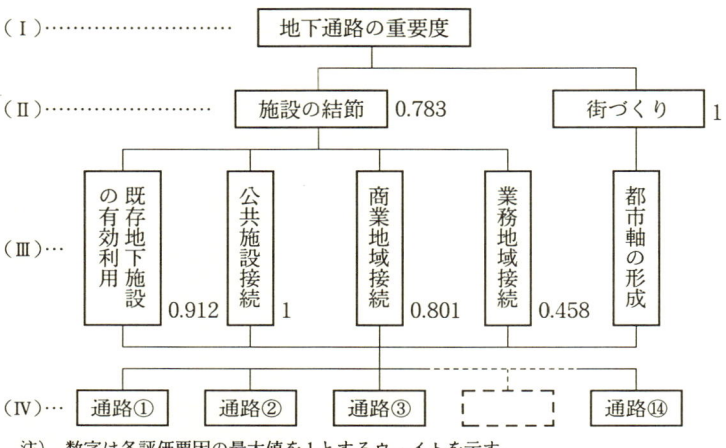

```
（Ⅰ）················· 地下通路の重要度
                          │
（Ⅱ）·················  施設の結節 0.783 ─── 街づくり 1
                          │
        ┌─────────┬─────────┼─────────┬─────────┐
        既存地下   公共施設   商業地域   業務地域   都市軸の
（Ⅲ）…  施設の     接続       接続       接続       形成
        有効利用
        0.912      1         0.801     0.458
        │          │          │          │          │
（Ⅳ）… 通路①    通路②    通路③    [    ]    通路⑭
```

注）数字は各評価要因の最大値を1とするウェイトを示す．

**図表 5.20　各経路についての評価得点**

|        | ① | ② | ③ | ④ | ⑤ | ⑥ | ⑦ | ⑧ | ⑨ | ⑩ | ⑪ | ⑫ | ⑬ | ⑭ |
|--------|---|---|---|---|---|---|---|---|---|---|---|---|---|---|
| 地下施設 | 5 | 7 | 7 | 9 | 9 | 4 | 3 | 9 | 4 | 3 | 6 | 9 | 9 |   |
| 商業地域 | 2 | 3 | 4 | 8 | 9 | 6 | 6 | 8 | 5 | 5 | 7 | 7 | 8 |   |
| 公共施設 | 9 | 9 | 9 | 7 | 7 | 7 | 6 | 5 | 8 | 5 | 5 | 5 | 7 | 7 |
| 業務地域 | 7 | 7 | 7 | 7 | 6 | 9 | 4 | 4 | 6 | 3 | 3 | 4 | 3 | 4 |
| 都市軸形成 | 2 | 2 | 3 | 6 | 4 | 8 | 9 | 9 | 7 | 8 | 8 | 5 | 2 | 7 |

評価要因のウェイトは，15名の被験者に対する一対比較結果に基づき決定する．各評価要因から見た代替案の評価は，絶対評価法を用いることとし，各経路について1〜9点で得点をつけ，図表5.20のように設定した．

### 4) 代替案の総合得点の算出

代替案の得点の算出結果を図表5.21, 図表5.22および図表5.23に示す．

### 5) 評価結果の考察

a．南北線札幌—南北線大通間

南北線さっぽろ—大通間（⑥）の評価は，マキシミン評価（MN評価）およびニュートラル評価（N評価）で評価値が高い．その理由として，

5.2 非加法的ウェイトを用いた AHP

**図表 5.21  総合評価結果**

|  | MM 評価 | | N 評価 | | MN 評価 | |
|---|---|---|---|---|---|---|
|  | 評価値 | 順位 | 評価値 | 順位 | 評価値 | 順位 |
| ①北１地下Ｐ－道庁周辺 | 0.748 | 11 | 0.357 | 14 | 0.200 | 12 |
| ②南北線札幌－道庁周辺 | 0.748 | 11 | 0.389 | 13 | 0.200 | 12 |
| ③南北線大通－道庁周辺 | 0.770 | 10 | 0.459 | 11 | 0.300 | 11 |
| ④南北線札幌－北１地下Ｐ | 0.821 | 6 | 0.670 | 6 | 0.600 | 4 |
| ⑤南北線大通－北１地下Ｐ | 0.778 | 9 | 0.544 | 9 | 0.400 | 10 |
| ⑥南北線札幌－南北線大通 | 0.865 | 3 | 0.810 | 1 | 0.723 | 1 |
| ⑦道庁周辺　－再開発地域 | 0.900 | 1 | 0.751 | 2 | 0.522 | 5 |
| ⑧北１地下Ｐ－再開発地域 | 0.900 | 1 | 0.726 | 4 | 0.444 | 8 |
| ⑨東豊線札幌－東豊線大通 | 0.850 | 4 | 0.741 | 3 | 0.700 | 2 |
| ⑩東豊線札幌－再開発地域 | 0.800 | 7 | 0.663 | 7 | 0.458 | 7 |
| ⑪東豊線大通－再開発地域 | 0.800 | 7 | 0.651 | 8 | 0.422 | 9 |
| ⑫バスセンター前－再開発地域 | 0.634 | 14 | 0.524 | 10 | 0.464 | 6 |
| ⑬すすきの－豊水すすきの | 0.734 | 13 | 0.400 | 12 | 0.200 | 12 |
| ⑭東豊大通－豊水すすきの | 0.843 | 5 | 0.718 | 5 | 0.593 | 4 |

**図表 5.22  総合評価順位順**

| 順位 | MM 評価 | 順位 | N 評価 | 順位 | MN 評価 |
|---|---|---|---|---|---|
| 1 | ⑦道庁周辺－再開発地域 | 1 | ⑥南北さっぽろ－南北大通 | 1 | ⑥南北さっぽろ－南北大通 |
| 1 | ⑧北１条地下Ｐ－再開発地域 | 2 | ⑦道庁周辺－再開発地域 | 2 | ⑨東豊さっぽろ－東豊大通 |
| 3 | ⑥南北さっぽろ－南北大通 | 3 | ⑨東豊さっぽろ－東豊大通 | 3 | ④南北さっぽろ－北１条地下Ｐ |
| 4 | ⑨東豊さっぽろ－東豊大通 | 4 | ⑧北１条地下Ｐ－再開発地域 | 4 | ⑭東豊大通－豊水すすきの |
| 5 | ⑭東豊大通－豊水すすきの | 5 | ⑭東豊大通－豊水すすきの | 5 | ⑦道庁周辺－再開発地域 |
| 6 | ④南北さっぽろ－北１条地下Ｐ | 6 | ④南北さっぽろ－北１条地下Ｐ | 6 | ⑫バスセンター－再開発地域 |
| 7 | ⑩東豊さっぽろ－再開発地域 | 7 | ⑩東豊さっぽろ－再開発地域 | 7 | ⑩東豊さっぽろ－再開発地域 |
| 7 | ⑪東豊大通－再開発地域 | 8 | ⑪東豊大通－再開発地域 | 8 | ⑧北１条地下Ｐ－再開発地域 |
| 9 | ⑤南北大通－北１条地下Ｐ | 9 | ⑤南北大通－北１条地下Ｐ | 9 | ⑪東豊大通－再開発地域 |
| 10 | ③南北大通－道庁周辺 | 10 | ⑫バスセンター－再開発地域 | 10 | ⑤南北大通－北１条地下Ｐ |
| 11 | ①北１条地下Ｐ－道庁周辺 | 11 | ③南北大通－道庁周辺 | 11 | ③南北大通－道庁周辺 |
| 11 | ②南北さっぽろ－道庁周辺 | 12 | ⑬南北すすきの－豊水すすきの | 12 | ①北１条地下Ｐ－道庁周辺 |
| 13 | ⑬南北すすきの－豊水すすきの | 13 | ②南北さっぽろ－道庁周辺 | 12 | ②南北さっぽろ－道庁周辺 |
| 14 | ⑫バスセンター－再開発地域 | 14 | ①北１条地下Ｐ－道庁周辺 | 12 | ⑬南北すすきの－豊水すすきの |

**図表 5.23　総合評価結果図**

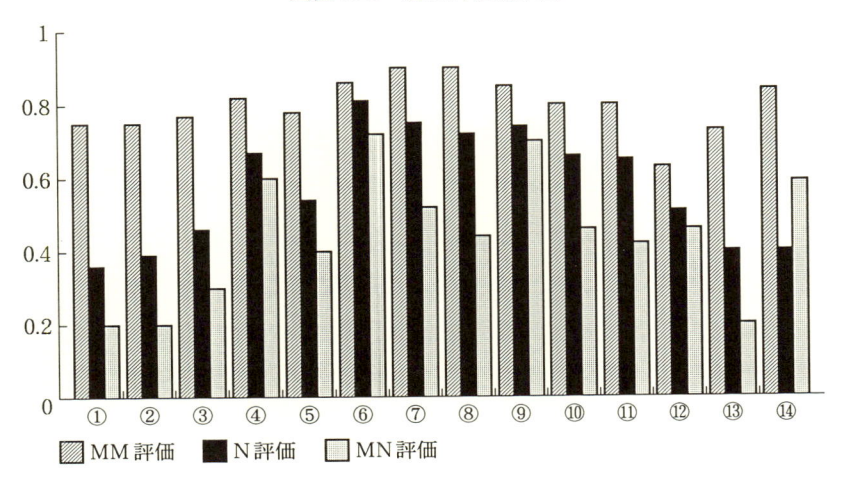

- 不特定多数の人が利用する
- 業務地区へのアクセス向上
- 大通地下街と札幌駅地下街の連続化

という比較的欠点がないことが評価された点が挙げられる．

　b．東西都市軸経路

　東部再開発地域への都市軸方向の経路(⑦，⑧)は，

- 創成川で分断されている地域の結合
- 街づくりを積極的に推進する

という，優れた点が評価され，マキシマックス評価(MM評価)を受けている．

　c．地下鉄バスセンター前―再開発地域間

　バスセンター前―再開発地域間(⑫)の経路は，MM評価では最下位であるが，MN評価では6位と上位に位置している．これは，都市軸形成のような都心部全体へのインパクトはないが，サッポロファクトリーを中心とする再開発地域へのアクセスがよく，とくに欠点がないことからMN評価である程度の得点を得ていると考えられる．

## 5.2.5 ま と め

本節では，ファジィ測度を用いた非加法性ウェイトによる AHP の評価方法を示した．本法は，評価要因の独立性の条件を緩和することができるため，この点に制約されることなく自由度の高い階層図の下で検討を行うことができる．さらに，従来の平均的評価に加え，マキシマックス（長所重視的），マキシミン（短所重視的）評価を可能にし，より多様な評価が可能となったことを評価例を通して示した．これは従来と同様の入力データから，より有益な計画情報が提供されることを意味するものである．

## 参考文献

［1］ Saaty,T.L., *The Analytic Hierarchy Process*, McGraw-Hill, NewYork, 1980.
［2］ 竹田英二，「不完全一対比較行列における AHP ウェイトの計算法」，『オペレーションズ・リサーチ』，Vol.34, No.4, 1989, pp.169-172.
［3］ Takahashi, I. and M. Fukuda, "Comparisons of AHP with other methods in binary paired comparisons," *Proceedings of the Second Conference of the Association of Asian-Pacific Operational Research Societies within IFORS*, 1991, pp.325-331.
［4］ Nishizawa, K., "A Consistency Improving Method in Binary AHP," *Journal of Operations Research Society of Japan*, Vol.38, No.1, 1995, pp.21-33.
［5］ Nishizawa, K., "A Method to Find Elements of Cycles in an Incomplete Directed Graph and Its Applications : Binary AHP and Petri Net," *An International Journal Computers & Mathematics with Applications*, Vol.33, No.9, 1997, pp.33-46.
［6］ 刀根 薫，『ゲーム感覚意思決定法―AHP 入門』，日科技連出版社，1990, pp.38-40.
［7］ 杉山，椎塚，「階層的ファジィ積分による意思決定法」，『日本ファジィ学会誌』Vol.5, No.4, 1993, pp.772-782.

[8] 寺野寿郎，浅居喜代治，菅野道夫，『応用ファジィシステム入門』，オーム社，1989.

[9] 木下栄蔵，『AHP手法と応用技術』，総合技術センター，1993.

[10] 日本ファジィ学会編，『ファジィOR』，日刊工業新聞社，1993.

[11] 菅野，室伏，「ファジィ測度論入門」，『日本ファジィ学会誌』，Vol.12, No.2, 1990.

[12] 本多中二，大里有生，『ファジィ工学入門』，海文堂出版，1989.

[13] 高野，五十嵐，「階層分析法による地区計画代替案の評価法に関する研究」，『土木計画学研究・論文集』，No.9, 1991, pp.245-252.

[14] 市橋秀友，「最大値を1とする重要度の基準化について」，*Proceeding of 5th Fuzzy Symposium*, 1989.

[15] 高橋，金田一，佐藤，「都心部における地下空間マスタープランの構築に関する研究」，『土木学会北海道支部論文報告集』，第51号(B), 1995.

# 第6章  AHP と効用関数

6.1  田村坦之
6.2  尾崎都司正

## 6.1  AHP と効用関数の比較

　本節では，効用理論の立場から見た AHP の位置付けを概観することを目的として，最初に効用関数の入門的解説を試み，多属性効用関数の分解表現の中でとくに AHP との関連が深い加法型分解表現を示す．次に，AHP によって求められる各代替案の総合重要度が多属性効用値を表していると考える．このとき，各評価項目のもとで AHP によって評価される各代替案に対する重みが，各評価項目に対する単属性効用値を表していると考えると，各代替案の総合重要度は多属性効用関数を加法型分解表現で表したときの多属性効用値を表していることを示す．また，AHP において，各代替案の重要度の和が 1 となるように正規化する手続きが，効用関数の立場からいかに不適切かを明らかにする．そして，この問題点を解消し，かつ選好順位逆転現象を整合的にモデル化できる AHP(D-AHP) を示す．さらに，最近，AHP や効用関数の弱点を指摘して新たに登場した選好関数モデリングの考え方を紹介する．

### 6.1.1  効用関数

　効用関数(utility function)とは，一言でいえば人間の価値観を定量的に表現するための数学モデルで，結果の集合 $X$ の中から二つの結果 $x, y \in X$ を取り出して，意思決定者が $x$ は $y$ 以上にまたは同程度に好ましいと考えている

とき $x \succsim y$ と書くことにする．集合 $X$ 上の実数値関数 $u:X \to \mathrm{Re}$ が
$$x \succsim y \Leftrightarrow u(x) \geq u(y), \quad \forall x, y \in X \tag{6.1}$$
をみたすとき，実数値関数 $u$ のことを，$X$ 上の選好関係 $\succsim$ を保存する効用関数と呼ぶ．別名，価値関数(value function)ともいう．価値に関する科学的アプローチは経済学の分野で古くから扱われてきた．人々は財を消費したりサービスを受けることによって一定の心理的満足感を得るが，この満足の度合いを効用という．この概念は消費者行動理論において基本的役割を担う[1]．

近代経済学の初期においては，主観価値説として基数尺度(cardinal scale)に従う基数効用関数(cardinal utility function)の存在を仮定することによってさまざまな経済理論が展開された．それは限界効用(marginal utility)を中心にした議論で限界革命とも呼ばれている．しかし，その後，効用の可測性はあまりにも強い要請であるとして批判され，人々の主観的価値を表現する効用関数として基数効用関数を排除し，大きさの大小関係だけを表す順序尺度(ordinal scale)に従う序数効用関数(または順序効用関数)(ordinal utility function)のみの存在を仮定することによって経済分析を行う方向に移っていく[1][2]．これは，経験的に与えられる無差別曲線(indifference curve)を使って消費者行動を説明しようとするパレート(Pareto)の提案によるものである．

無差別曲線から導かれる序数効用に対しては限界効用(効用の微分値)の概念は使えない．そのかわりに無差別曲線の傾きを表す限界代替率(marginal rate of substitution)が使われる[2]．

消費者行動の均衡条件を導出するうえでは，序数効用関数によってその目的を達成することができるが，多目的意思決定(Multiple Criteria Decision Making：MCDM)のための選好解を導出するには，基数効用関数の存在を仮定することが必要になる．さらに，リスクを伴う意思決定問題では，評価の対象となる結果がある確率分布のもとで発生するので，選好順序を求めるうえで効用の期待値を評価する必要があり，そのためには基数効用関数が必要になる．リスク下の意思決定問題に対して期待効用最大化の仮説が意味を持つように公理系をはじめて作ったのは，フォン・ノイマン(von Neumann)とモルゲ

ンシュテルン(Morgenstern)である [3][4]．

結果の集合 $X$ 上の基数効用関数 $u: X \rightarrow \text{Re}$ の，$X$ 上の確率についての期待値

$$E(u, p) = \sum_{x \in X} u(x) p(x) \quad (6.2)$$

を期待効用(expected utility)という．$X$ 上の確率の集合を $P = \{p_1, p_2, \cdots\}$ とするとき，期待効用の大小によって $P$ 上の選好関係(preference relation) $\gtrsim$ を表現することを考える．

**定理** 基数効用関数の存在と一意性

$P$ を $X$ 上の確率の全集合とし，$(P, \gtrsim)$ を $P$ 上の選好構造とするとき，任意の $p, q \in P$ に対して

$$p \gtrsim q \Leftrightarrow E(u, p) \geq E(u, q), \quad \forall p, q \in P \quad (6.3)$$

をみたす $X$ 上の基数効用関数 $u: X \rightarrow \text{Re}$ が存在するための必要十分条件は次のように与えられる．

NM 1 $(P, \gtrsim)$ は弱順序である．

NM 2 $p > q \Rightarrow \alpha p + (1-\alpha) r > \alpha q + (1-\alpha) r, \quad \forall r \in P, \quad \alpha \in (0, 1)$

NM 3 $p > q > r \Rightarrow \alpha p + (1-\alpha) r > q > \beta p + (1-\beta) r$, for some $\alpha, \beta \in (0, 1)$

ここで，選好関係が弱順序(weak order)とは，連結性(すべての $p, q \in P$ に対して $p \gtrsim q$ または $q \gtrsim p$ のどちらかが成立)と推移性(すべての $p, q, r \in P$ に対して $p \gtrsim q$ かつ $q \gtrsim r$ ならば $p \gtrsim r$ が成立)を満たすことを意味する．さらに，このような $u$ は正の線形変換($u' = h + ku$ を満たす定数 $h$ と $k > 0$ が存在)の範囲で一意であり，別名フォン・ノイマン=モルゲンシュテルン効用関数と呼ばれている．

さらに，サヴェージ(Savage)は，結果の集合上に客観確率を考えるかわりに，自然の状態の集合上に主観確率を考え，期待効用最大化の仮説が成り立つ基数効用関数と主観確率が存在するための必要十分条件を求めている [5]．

期待効用最大化仮説に基づく期待効用モデルは，「決定がいかにあるべきか」を議論する規範的(normative)モデルとしては有用なモデルであるが，「決定

が実際にどのようになされているか」を議論する記述的(descriptive)モデル(あるいは行動科学的モデル)としては問題がある．すなわち，アレー(Allais)の反例やエルスバーグ(Ellsburg)の反例に見られるように期待効用モデルでは説明できない現象がいくつか存在する．これらを適切に説明するモデルとして，期待効用モデルを一般化したリスク下の価値関数や不確実性下の価値関数が提案されていて，そこでは事象の生起確率(または Dempster-Shafer の確率理論 [6] でいう焦点要素の基本確率)も評価属性の一つとして扱われる [7]．

### 6.1.2　多属性効用関数の分解表現

結果 $x \in X$ が $n$ 個の属性 $X_1, X_2, \cdots, X_n$ によって特徴づけられているとき，結果 $x$ は

$$x=(x_1, x_2, \cdots, x_n), \quad x_i \in X_i, \quad i=1, 2, \cdots, n \tag{6.4}$$

で表される．起こりうるすべての結果の集合 $X$ は，直積集合 $X_1 \times X_2 \times \cdots \times X_n$ で表され，これを $n$ 属性空間という．$n$ 属性効用関数は，$X=X_1 \times X_2 \times \cdots \times X_n$ 上に $u: X_1 \times X_2 \times \cdots \times X_n \to [0, 1]$ として定義される．このような多属性効用関数(multiattribute utility function)を直接求めるには，複数の属性を同時に考慮して選好判断をしなければならず，実際にはほとんど不可能である．そこで，複数の属性間に種々の独立性を仮定して，直接評価する効用関数の属性の次元を少なくする分解表現を得ることが重要になる．とくに，$n$ 個の属性が相互に効用独立(utility independent) [4] という性質をみたすときには，次に示す加法型効用関数

$$u(x)=u(x_1, x_2, \cdots, x_n)=\sum_{i=1}^{n} k_i u_i(x_i), \quad \text{if } \sum_{i=1}^{n} k_i=1 \tag{6.5}$$

または乗法型効用関数

$$ku(x)+1=\prod_{i=1}^{n}(kk_i u_i(x_i)+1), \quad \text{if } \sum_{i=1}^{n} k_i \neq 1 \tag{6.6}$$

に分解表現することができる［4］．ただし，
$$u(x_1^0, x_2^0, \cdots, x_n^0)=0, \quad u(x_1^*, x_2^*, \cdots, x_n^*)=1$$
$k$ は

$$k+1=\prod_{i=1}^{n}(kk_i+1)$$

の解，$u_i: X_i \to [0, 1]$，すなわち $u_i$ は属性 $X_i$ 上の効用関数を表す．分解表現が(6.5)式のような加法型で表現されるのは，$n$ 個の属性が相互効用独立性はもとより加法独立性(additive independence)［2］［4］ という性質を満足するときである．

一般に，評価項目(属性)が複数個あって，総合的な評価を行うときに各評価項目の重み付き和によって評価することが多い．これは，各評価項目間に暗に相互効用独立性はもとより，さらに厳しい加法独立性を仮定していることを意味する．このような仮定をおくということは，各評価項目間の相互作用をいっさい認めないことを意味し，現実の選好状況を反映しない場合が多い．

複数の属性間で効用独立性がみたされないときには，属性間に凸依存性(convex dependence)という性質を仮定することにより，さらに広範囲の分解表現を得ることができる［7］．

効用独立性や加法独立性という性質は，不確実性下の意思決定を対象にした選好の独立性を表している．すなわち，不確実性を持つ代替案(確率測度)の上に定義される選好の独立性を表している．これに対して，確実性下の意思決定を対象にした選好に関しては選好強さ(strength of preference)の差の独立性が議論されており，確実性下の価値関数の分解表現を得るのに，加法独立性に対応して選好差独立性(difference independence)，効用独立性に対応して弱選好差独立性(weak difference independence)，凸依存性に対応して選好構造差独立性(structural difference independence)という性質が議論されている［7］．

### 6.1.3 AHP における分解表現と D-AHP

これまで，AHP はその方法論としての理解のしやすさ，使いやすさから多くの OR ワーカーに親しまれ，数多くの多目的評価問題や多目的意思決定問題に適用されてきた．そのいくつかの特徴を列挙すると次のようになる [8]．

(1) 複数の代替案を評価するのに，一度に全代替案を評価するのではなく，二つの代替案に対する一対比較の繰り返しによる相対比較に基づいて行う．

(2) 一対比較の情報は比較行列として与えられるが，この行列の最大固有値に対する固有ベクトルが総合評価値を与える．固有ベクトルはスカラー倍が任意であることから，成分の和が 1 となるように正規化される．

(3) 評価項目が複数個ある場合，評価項目間の重要度を一対比較によって求め，各評価項目に対する代替案の重要度を評価項目ごとの一対比較によって求め，階層構造のもとで各代替案の総合評価を行う．

いま，AHP によって $L$ 個の代替案 $A_1, A_2, \cdots, A_L$ を $n$ 個の評価項目 $C_1, C_2, \cdots, C_n$ のもとで評価するものとする．そして，AHP によって求めた $n$ 個の評価項目に対する重みを $k_1, k_2, \cdots, k_n$，$i$ 番目の評価項目のもとで AHP によって評価した $L$ 個の代替案に対する重みを $w_{i1}, w_{i2}, \cdots, w_{iL}$ とすると，代替案 $l$ に対する総合重要度は

$$U_l = \sum_{i=1}^{n} k_i w_{il}, \qquad l = 1, 2, \cdots, L \tag{6.7}$$

に分解表現することができる．この総合重要度の値が代替案 $l$ に対する効用値（価値）を表していると考えると，(6.5)式と(6.7)式を比較することにより，$i$ 番目の評価項目のもとで AHP によって評価した $L$ 個の代替案 $A_1, A_2, \cdots, A_L$ に対する重み $w_{i1}, w_{i2}, \cdots, w_{iL}$ は，$i$ 番目の評価項目（属性）のもとで $L$ 個の代替案に対して評価した効用値 $u_i(x_{i1}), u_i(x_{i2}), \cdots, u_i(x_{iL})$ を表していることになる．ここで，$x_{il}, l=1, 2, \cdots, L$ は，属性すなわち評価項目 $i$ に関する

## 6.1 AHP と効用関数の比較

代替案 $l$ の結果を表している．例えば $i$ 番目の評価項目が「費用」を表すとすると，$x_{il}$ は代替案 $l$ にかかる費用を表す．以上の議論より，AHP によって評価されたある代替案の総合重要度は，複数の評価項目(属性)の間で加法独立性を仮定したときの多属性効用値を表していることになる．

Saaty の AHP [9] においては，一対比較によって求められた代替案の評価値(ウェイト)の和が 1 になるように正規化され，さらに評価項目間のウェイトの和が 1 となる正規化を行って，これらを階層的に結合している．評価項目間のウェイトの和を 1 にする正規化は，効用理論において (6.5) 式の重み係数 $k_1, k_2, \cdots, k_n$ の和を 1 に正規化することと整合しており問題はない．しかし，代替案の評価値(ウェイト)の和を 1 にする正規化は，効用理論において $L$ 個の代替案に対して評価した効用値 $u_i(x_{i1}), u_i(x_{i2}), \cdots, u_i(x_{iL})$ の和を 1 にするという正規化に相当しており，効用理論の立場からは極めて不適切といわざるをえない．効用理論では，(6.5) 式の中の $u_i(x_i)$ が正の線形変換の範囲で一意であることから，この値を最悪の属性値に対して 0，最良の属性値に対して 1 に正規化している．

AHP によって複数の代替案を評価し，さらにそこへ新たな代替案が付加されたり，すでに存在する代替案が削除されることによって他の代替案の選好度合が変化し，場合によっては選好順位が逆転してしまう現象を AHP 選好順位逆転現象 (rank reversal) という．Saaty の AHP では，この現象に対する意味付けや理由付けができなかったために，逆転現象は AHP の矛盾であるとみなされ，その後の研究者達によってどのような場合にも逆転が起きないような工夫がなされてきた [10][11]．しかし評価者あるいは意思決定者の選好構造の変化は，実際の意思決定過程においても日常的なことであり，逆転現象はつねに矛盾であるとはいえない．そこで，選好順位逆転現象を矛盾ととらえるのではなく，非合理的な逆転現象は排除し，合理的な逆転現象は適切に表現できる AHP が新たに提案されている [12]．この AHP は，AHP の記述的 (descriptive) モデル(あるいは行動科学的モデル)とみなすことができるので，以後 D-AHP と呼ぶことにする．

D-AHPでは，それぞれの代替案の満足度を表現するものとしての選好特性，意思決定者を取り巻く状況を評価する状況特性という二つの概念を導入し，両者を統合することによって全体を評価している．そこでは，意思決定者を取り巻く代替案のそれぞれに対する選好度合を選好特性と呼び，この選好特性を明らかにするために各評価項目に対する希求水準を尋ねる．そして，すべての評価項目が希求水準にあるような仮想的代替案を代替案集合の中に加えて一対比較を行い，希求水準における評価値(ウェイト)を1とする正規化によって各代替案の評価値を求める．

希求水準とは，その評価項目に関して満足できる最低ラインを意味し，意思決定者にとって満足できる代替案の評価値は1以上となり，不満足な代替案の評価値は1未満となる．図表6.1に9を底にした対数によって目盛った軸上に，Case 1 として代替案 $A_1$，$B_1$ を，Case 2 として代替案 $A_2$，$B_2$ を表示している．希求水準の評価値を1と正規化することにより，代替案 $A_1$，$B_1$ はともに満足できる代替案で，代替案 $A_2$，$B_2$ はともに満足しがたい代替案であることが一目瞭然で判断できるが，従来のように代替案の重要度の比を評価した後に代替案の評価値(ウェイト)の和を1にする正規化を行った場合には，Case 1 と Case 2 の区別がつかなくなる．

希求水準の評価値を1とする正規化は，効用理論において(6.5)式の中の

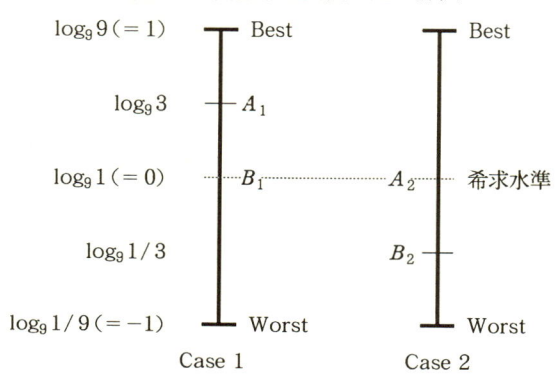

**図表6.1** 代替案重要度の比の評価

$u_i(x_i)$ が正の線形変換の範囲で一意であることと整合している．これにより，不合理な選好順位逆転現象を避けるとともに，評価者の選好構造の変化を希求水準の変化によって表現することにより選好順位逆転現象の整合性を表現することを可能にしている．

一方，代替案に関する情報が意思決定者に大きく影響を及ぼすことがある．例えば，非常に魅力的な代替案があると，その魅力を引きだすような評価項目のウェイトが高くなる．その反面，ある評価項目のもとで一対比較の整合性が悪い場合には，この評価項目に対する意思決定者の選好はあいまいなので，この評価項目に対するウェイトは低くなる．このように，意思決定者に与えられた代替案を取り巻く状況に対する選好度合を状況特性と呼ぶ．

選好特性と状況特性の統合にあたっては，代替案集合の評価値が希求水準より大きいほど，選好特性によって求められた評価項目の基本重要度を増し，一対比較の整合度が悪いほど一対比較があいまいで意思決定者の選好がはっきりしないと考えられるので，選好特性によって求められた評価項目の重要度を小さくする．図表 6.2 に従来の AHP と D-AHP の枠組みの相違を示すとともに，以下に具体的な評価法を示す．

いま $A$ を，ある評価項目のもとで $L$ 個の代替案を比較した $L \times L$ の一対比

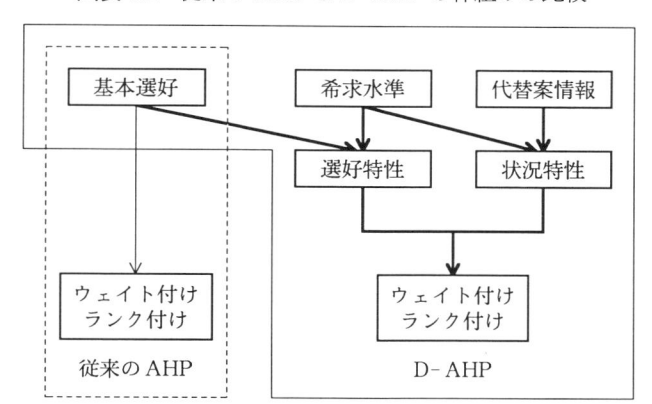

**図表 6.2** 従来の AHP と D-AHP の枠組みの比較

較行列とし，$A=(a_{ij})$ とする．このとき

$$1/\rho \leq a_{ij} \leq \rho \tag{6.8}$$

が成り立つ．通常 $\rho=9$ に設定される．代替案 $i, j$ のウェイトを各々 $w_i, w_j$ とすると $a_{ij}=w_i/w_j$ が成り立つので(6.8)式は次のように表せる．

$$1/\rho \leq w_i/w_j \leq \rho \tag{6.9}$$

代替案 $j$ が希求水準にあるときは $w_j=1$ が成り立つので(6.9)式は

$$1/\rho \leq w_i \leq \rho. \tag{6.10}$$

したがって

$$-1 \leq \log_\rho w_i \leq 1 \tag{6.11}$$

が成り立つ．また，$w_i, i=1, 2, \cdots, L$ の幾何平均をとると，同じく

$$1/\rho \leq \left(\prod_{i=1}^{L} w_i\right)^{1/L} \leq \rho \tag{6.12}$$

$$-1 \leq \log_\rho \left(\prod_{i=1}^{L} w_i\right)^{1/L} \leq 1 \tag{6.13}$$

が成り立つ．

$$C := \left|\log_\rho \left(\prod_{i=1}^{L} w_i\right)^{1/L}\right| \tag{6.14}$$

と定義すると

$$0 \leq C \leq 1 \tag{6.15}$$

が得られる．この $C$ は $L$ 個の代替案の平均重要度の希求水準からの偏差を表しており，これを状況特性と呼ぶ．

選好特性と状況特性は次のようにして統合する．いま，代替案レベルの一つ上のレベルの各評価項目に対する基本重要度を $k_i^B (i=1, 2, \cdots, n)$ とする．そして，評価項目 $i$ のもとで代替案を評価し，その状況特性が $C_i$，一対比較の整合性指標の値が $CI$ であったとする．このとき状況特性と一対比較の整合性を基本重要度に反映させて評価項目 $i$ の重要度を

$$k_i = k_i^B \times C_i^{f(CI)} \tag{6.16}$$

に修正する．ここで，$0 \leq C \leq 1$, $0 \leq f(CI) \leq 1$, $CI$ の関数 $f(CI)(\geq 0)$ は信頼度関数と呼ばれるもので，一対比較のあいまいさを状況特性に反映させる度合

を表す.したがって,$f(CI)$は$CI$に関する単調増加関数で,とくに$CI$値が0のときには状況特性を加味しないで$f(0)=0$とする.もし,$\sum_{i=1}^{n} k_i \neq 1$となった場合には,加法型効用関数(6.5)式と同様に,$k_i$の和が1となるよう正規化する.

D-AHPの具体的手順をまとめると次のようになる [12].

**Step 1.** 評価項目と代替案を階層構造にまとめる.

**Step 2.** 評価項目間の一対比較を行う.一対比較行列の最大固有値に対する固有ベクトルから,それぞれの評価項目の重要度の比がわかるが,重要度の和が1となるように正規化して,これを基本重要度とする.

**Step 3.** それぞれの評価項目のもとで希求水準を尋ね,すべての評価項目に対して希求水準を示すような仮想的代替案を考える.この仮想的代替案を含めて代替案の一対比較を行う.一対比較行列の最大固有値に対する固有ベクトルから,それぞれの代替案の重要度の比がわかるが,希求水準の重要度が1になるように正規化する.

**Step 4.** それぞれの評価項目のもとで一対比較行列に整合性がとれている場合,基本重要度がその評価項目の重要度となる.整合性がとれていない評価項目が存在する場合には,状況特性を加味して(6.16)式によってその評価項目の重要度を修正する.

**Step 5.** 状況特性を加味したことによって評価項目の重要度が変化した場合には,評価項目の重要度の和が1となるように正規化しなおす.

D-AHPによる評価の具体例については紙数の都合で省略するが,興味ある読者は参考文献 [12] を参照されたい.そこでは,従来のAHPとの比較の上で

① 一対比較の整合性がとれていて,階層構造の変化もない場合

② 一対比較の整合性がとれていない場合

③ 代替案の追加や削除によって階層構造に変化がある場合

が示されている.①は代替案の追加や削除によって選好順位逆転現象は起こり

えない場合，②は一対比較をやりなおすことによって選好順位逆転現象が起こりうる場合，③も選好順位逆転現象が起こりうる場合を表している．

### 6.1.4 Barzilai の選好関数モデリング

最近 Barzilai [13] は，AHP が効用関数(価値関数)の分解表現の一つとしては不適切であることを指摘し，選好関数モデリング(Preference Function Modeling：PFM)の理論と方法 [14] を提案している．それによると線形選好関数(Linear Preference Function：LPF)は次のように表される．

いま，代替案 $A_1, A_2, \cdots, A_L$ と評価項目 $C_1, C_2, \cdots, C_n$ が明らかになっていて，前節ですでに定義したように，$x_{il}, l=1, 2, \cdots, L$ は，評価項目 $C_i$ に関する代替案 $A_l$ の結果を表すとする．数値表現できるものとしては，円で表した価格，メートルで測定した長さなどがこれに相当する．ちなみにこれらの値には原点(零点)が存在するので比尺度によって表現することができる．数値表現できないものとしては，優秀，優，良や美しい，醜いなどがこれに相当する．PFM の目的は，この $x_{il}, l=1, 2, \cdots, L$ を評価項目 $C_i$ に関する代替案 $A_l$ の選好 $w_{il}, l=1, 2, \cdots, L$ に置き換え，そして，評価項目 $C_i$ に関する重み $k_i, i=1, 2, \cdots, n$ を求めて LPF

$$p(A_l)=\sum_{i=1}^{n} k_i w_{il}, \quad l=1, 2, \cdots, L \qquad \sum_{i=1}^{n} k_i =1 \tag{6.17}$$

を構成することである．選好関数 $p$ は選好 $w$ に関して線形であるが，結果 $x$ に関して線形である必要はない．LPF を構成するにあたって，結果の測定は評価項目ごとに別々に行って $n$ 個の 1 次元測定値として求め，まずこれを選好表現し，次いでこれらを結合して一つの選好にまとめる．ここで，$n$ 個の 1 次元測定値は比尺度または間隔尺度によって表現され，ひとまとめに結合された選好は間隔尺度で表されるものとする．

Barzilai [13] によれば，主観的選好の尺度は一般に原点(零点)を持たないので比尺度で表現することはできず，間隔尺度で表現することになる．間隔尺

度によって表現される物理量の例としては電位差があげられる．AHPではある評価項目のもとで代替案の重要度を評価するのに，一対比較のもとで好ましさの比率によって評価しようとする．しかし，間隔尺度によって表される量を2値の一対比較によって評価することはできない．少なくとも3値を必要とする．AHPでは，評価項目ごとの各代替案の優劣を比尺度によって表し，その結果，複数の評価項目をひとまとめにした総合重要度もまた比尺度によって表そうとするものであり，Barzilai [13][14]にいわせればここにもAHPの問題点が存在することになる．

## 6.2 AHPと効用関数のモデル解釈

### 6.2.1 選択確率と効用関数

AHPは，①階層構造，②一対比較，③固有値によるウェイトの計算によって代替案の評価を行う方法であるが，本節でも，AHPにおけるウェイトの評価値（AHP値）は，尾崎 [15] が提唱している効用値であるとの立場をとる．すなわち，(6.7)式における総合重要度 $U_l$ が効用値となるというものである．$k_i$ をAHPの一対比較で求める場合は，AHPは部分効用値の係数を求める方法となり，$w_{il}$ をAHPで求める場合には，効用値の算出方法となる．さらに，(6.7)式は，AHPの効用関数形が線形であり，AHPによる評価値 $U_l$ には効用加算ルールが適用できることを示している．したがって，AHPは多属性効用理論に基づく意思決定法であり，無形なものの価値や効果に関する価値付けを行う数理的な方法といえる．

効用関数あるいは効用値を用いると，どのような利点があるのかを眺めてみる．ウェイト付けされたいくつかの代替案があるとき，意思決定者は自分に都合のよい代替案を選択するであろう．つまり，効用値の大きい代替案は，選択される機会も大きくなる．これは，コンセルド基準ともよばれ，効用値と選択される確率（選択確率）の間に相関があり，選択確率は効用値で規定できること

になる．この選択確率は，同じ代替案の集合が与えられても，実際に効用が最大のものとは異なる代替案が選択されることを示し，そのため代替案が選択される割合を表している．

選択確率と効用値との関係を示すモデルとしては，確定効用モデルとランダム効用モデルに大別され，前者ではルース(R. D. Luce)モデル，後者ではロジット(Logit)モデルがよく知られている．では，代替案が $L$ 個あり，これらの代替案 $x_1, \cdots, x_L$ の真の効用値を $u(x_1), \cdots, u(x_L)$ と記号を簡略化し，代替案 $x_i$ の選択確率を $P_i$ としたとき，選択確率がどのように表されるだろうか．

### （1） ルースモデル

ルース［16］は，実験心理学の分野において個人の選択行動の研究に関し，選択公理(Choice axiom)を仮定し，これから選択モデルを構築した．ルース自身が目に見えない効用値を否定したが，正の効用値を割り当てることによって選択確率は，

$$P_i = \frac{u(x_i)}{u(x_1) + \cdots + u(x_L)} \tag{6.18}$$

で与えられる．効用値が確定しているのに，選択が確率となるのは一見奇妙であるが，実は，真の効用値 $u(x_1), \cdots, u(x_L)$ は誰もわかっていないことに由来する．したがって，不確実な量である効用値を便宜上，確定したものとみなしているために，選択が確率となる．つまり，選択確率は，効用値が不確実なために，選択には非推移性が現れると考えるものである．このモデルは，単純な形をしていることで取扱いが容易であるが，適用範囲は狭いという指摘もある．

### （2） ロジットモデル

人間の判断は本来推移的ではあるが，確率的な誤認のため，推移性が成立しないとするのがランダム効用モデルである．このランダム効用モデルの中で，ロジットモデルは機械部品の品質管理や，医薬品の効能判定，交通工学の経路

選択に多用されている．

McFadden［17］が確率的効用理論と結び付けたロジットモデルでは，代替案の効用値を不規則変動する確率変数とみなし，その変動がある確率密度関数に従うとしている．そのときの選択確率は，効用値の指数形として表される．

$$P_i = \frac{\exp u(x_i)}{\exp u(x_1) + \cdots + \exp u(x_L)} \tag{6.19}$$

ロジットモデルをもとに，代替案が三つ以上のときの「無関係な代替案からの独立性(Independence from irrelevant alternatives：IIA)」を回避するモデルとしては，Nested-Logit，プロビットモデルやGEV(Generalised extreme value)モデルが提案されている．また，確定効用モデルであるルースモデルからも効用値を指数にするとロジットモデルが得られ，ロジットモデルが意思決定モデルにおいて重要な位置を占めている．ロジットモデルの導出に関しては，いくつかの方法が提案されているが，McFaddenの導出方法は数理的に優れている．しかし，確率密度関数の仮定には，従来多くの研究者から疑問が呈せられている．そこで，不確実な状況における意思決定の状況を検討する．

## 6.2.2 ロジットモデルの誘導

一般に，多くの代替案に関する情報は不確実であり，この不確実性を解消するために，何らかの情報が与えられて意思決定が行われる．この状況を数理的に眺めてみよう．市川［5］が指摘しているように，数理的な記述はある意味で合理的であり，前提から結論までの過程が整合的であることから，前提が多くの人に容認されれば，結論もまた多くの人に受け入れられる利点があるからである．

いま，$N$ 人の意思決定者がいて，この集団を代表する意思決定者が $L$ 個の代替案の中から，いずれか一つの代替案を選定する状況を設定する．ある代替案 $x_i$ を選ぶ選択確率 $P_i$ に関しては，選択確率の和が1になることから，次式が得られる．

$$P_1+P_2+P_3+\cdots+P_L=1 \tag{6.20}$$

　意思決定者がいずれかの代替案が選択できるということは，各代替案から効用に関する情報を得た結果である．代替案 $x_i$ から得られる情報量は，情報エントロピー［18］を用いると $-\log P_i$ で表される．そうすると，不確実性を解消するには，次の情報量がなくてはならない．

$$H=-\sum_{i=1}^{L} P_i \log P_i \tag{6.21}$$

　ところで，代替案が均一で効用値に差がなければ，(6.21)式での情報量が最大になるのは，どれも同じ選択確率としたときであり，このときは，情報がないのと同じである．しかし，代替案には好ましさに対する差があり，意思決定者はその差に関して何らかの意味付けを行っている．フォン・ノイマン［3］は，いくつかの公理から出発し，不確実性のもとでの意思決定にとって，最も合理的な原理は期待値の最大化であることを導いている．ところで，意思決定における選択確率は，主観的確率であり，ノイマンの確率は数理的な意味での確率であって，両者の性格が異なっている．しかし，この主観的確率とノイマンの確率とは非常にキャリブレーションされ，両者が同じものとして，期待値の最大化を意思決定に適用することにする．代替案 $x_i$ に関して測定できる効用値を $U_i$ とすると，期待値は次式で表される．

$$\sum_{i=1}^{L} U_i P_i \tag{6.22}$$

　(6.20)〜(6.22)式をもとに情報エントロピーと期待値の2つを最大にするために，次のラグランジュ関数を導入する．

$$LL=-\sum_{i=1}^{L} P_i \log P_i + \alpha \sum_{i=1}^{L} U_i P_i + \beta \left( \sum_{i=1}^{L} P_i -1 \right) \tag{6.23}$$

　上式は凸型であり，選択確率 $P_i$ で微分した値を0とすることにより，情報エントロピーと期待値の最大化ができる［19］．

$$\sum_{i=1}^{L} (-1-\log P_i + \alpha U_i + \beta) = 0 \tag{6.24}$$

　任意の $P_i$ に対して上式が成り立つためには括弧内が0でなければならない．

整理すると，次の興味ある重要な式が誘導される．

$$P_i = \exp(\beta - 1) \exp a U_i \tag{6.25}$$

この式は効用値 $U_i$ と選択確率 $P_i$ との関係を規定する式であり，効用値により選択確率が一義的に規定され，効用値が大きい代替案は選択される確率も大きくなることが示される．$a$ を効用値 $U_i$ に含ませ，$aU_i$ を $U_i$ とおいて，(6.20)式に代入するとロジットモデルが得られる．したがって，意思決定は情報エントロピーが最大かつ期待値も最大の選択メカニズムを持つことが明らかとなり，この導出方法は，従来，意思決定に関して定性的あるいは漠然と抱いていた直感的な概念を裏付けている．

### 6.2.3 AHPと選択確率

ルースモデルやロジットモデルでの選択確率と効用値との関係は，極めて簡単な形で表される．さて，AHP値が効用値であるとしたとき，選択確率はどのような形で表されるのだろうか．

結論的には，AHPでの選択確率は形式的にはルースモデルで表される．しかしながら，人間の意思決定は極めて複雑なメカニズムであり，このためAHPにもまだ，明かしきれない課題がある．その一つがウェイト付けに伴う整合性である．整合性は逆の見方をすれば，評価が確率的であることの裏返しでもある．そこで，整合性と選択確率との関係を見てみよう．

順序付けを必要とする代替案の評価に対して，AHPを適用する場合，状況が複雑になるほど各意思決定者の答が整合しなくなる．この状況は，最大固有値 $\lambda_{\max}$ がマトリックス $A$ の次数 $n$ より大きくなることを用いてSaatyの定理により明らかにされている．AHPの評価値 $w_i$，一対比較値 $a_{i,j}$ を用いて

$$\lambda_{\max} = n + \sum_{i=1}^{n} \sum_{j=i+1}^{n} (w_j a_{i,j} - w_i)^2 / w_i w_j a_{j,n} \tag{6.26}$$

の関係が示されている．Saatyは経験則から整合性指標 $CI$ の値が 0.14 以下であればほぼ整合性があるものとみなしてよいと提案している．Saatyの $CI$

に対する考え方は一対比較における推移律を前提にしたものであるが，最近，中西，木下[20]は循環律の概念を導入して，整合性指標を構造的に説明しようとしている．整合性指標が 0 からずれる原因は系統的なゆらぎや誤差によるものではなく，選択の一貫性が成立しないことを示している．すなわち，彼らは循環律を意思決定ストレスの問題と考え，整合性指標が 0 にならないことを論理的に説明しようと試みたものである．

　推移性のずれは，一対比較において効用値に関し十分な情報がないために生じ，その結果，それぞれの代替案の選択は確率として表されることになる．AHP での選択確率と効用値の関係は，次のように表されるであろう．

$$P_i = w_i = \frac{U_i}{\sum_{j=1}^{L} U_j} \tag{6.27}$$

　この式は，ルースモデルと同じである．ルースが明示しなかった効用値 $U_i$ および比例定数 $k$ を用いると，AHP では次式が成立する．

$$P_i = w_i, \quad U_i = k w_i \tag{6.28}$$

　一対比較 $a_{i,j} = w_i/w_j = P_i/P_j$ は $a_{i,j} = kw_i/kw_j = U_i/U_j$ でもある．AHP では用意されたカテゴリー(例えば「同じくらい重要」，「やや重要」，「かなり重要」など)に従って，1，3，5，7，9 の数値を選ぶ．一対比較はある効用値を基準に奇数の倍数を選び，真の効用値 $u(x_i)$ の比を近似しようとしたものである．そして，最終的に得られた効用値(評価値)も絶対的でなく，その代替案を選択する割合も確定的でないというのが，効用論的な解釈となる．

　ところで，ロジットモデルでは不確実性の最大を情報エントロピーによって明示的に表すことができたが，AHP では式が簡単なために，情報エントロピーを用いて直接的に表すことができない．

　そこで，マルコフ過程の概念を導入し，AHP も不確実性が最大のもとで意思決定がなされることを間接的に示すことにする．AHP は，次のようなマトリックスで表示できる．

## 6.2 AHPと効用関数のモデル解釈

$$\begin{bmatrix} a_{1,1} & \cdots & a_{1,j} & \cdots & a_{1,n} \\ \vdots & \cdots & \vdots & \cdots & \vdots \\ a_{i,1} & \cdots & a_{i,j} & \cdots & a_{i,n} \\ \vdots & \cdots & \vdots & \cdots & \vdots \\ a_{n,1} & \cdots & a_{n,j} & \cdots & a_{n,n} \end{bmatrix} \begin{bmatrix} w_1 \\ \vdots \\ w_j \\ \vdots \\ w_n \end{bmatrix} = \begin{bmatrix} w_1 \\ \vdots \\ w_j \\ \vdots \\ w_n \end{bmatrix} \quad (6.29)$$

(6.28)式を用いると，代替案の選択確率をもとにしたマトリックスで(6.29)式を書きかえることができる．

$$\begin{bmatrix} a_{1,1} & \cdots & a_{1,j} & \cdots & a_{1,n} \\ \vdots & \cdots & \vdots & \cdots & \vdots \\ a_{i,1} & \cdots & a_{i,j} & \cdots & a_{i,n} \\ \vdots & \cdots & \vdots & \cdots & \vdots \\ a_{n,1} & \cdots & a_{n,j} & \cdots & a_{n,n} \end{bmatrix} \begin{bmatrix} P_1 \\ \vdots \\ P_j \\ \vdots \\ P_n \end{bmatrix} = \begin{bmatrix} P_1 \\ \vdots \\ P_j \\ \vdots \\ P_n \end{bmatrix} \quad (6.30)$$

上式は，われわれが知っているマルコフ過程での最終形であり，代替案の評価を繰り返していくならば，一定の選択確率に収束することを示している．情報エントロピーの観点から見ると，代替案の選択を繰り返していくことによって，この不確実性が減少していく．すなわち，最大の情報エントロピーがあれば，選択確率が決まることになる．AHPが最大固有値をとる理由は，(6.30)式において意思決定するために最大の情報エントロピーを必要としているためである．意思決定は情報エントロピーが最大で決定されるといわれているが，ロジットモデルやAHPはともに情報エントロピーが最大となっていることが示される．

ところで，ANP(Analytic Network Process)に対して，初期値を適当に入れても，最終的にANPと同様の選択確率が得られる一斉法[21]が提案されている．最近，関谷[22]はANPも同様に(6.29)式で表されることを明らかにしている．初期値には依存せず，最終的には一定の解が得られるのも，AHPがマルコフ過程であることを裏付けるものと考えられる．

## 6.2.4 AHPとロジットモデルの関係

### （1） AHPとロジットモデルの結合

　前項では，AHPの選択確率がルースモデルで表され，また，AHPはマルコフ過程であり，最大固有値の固有ベクトルは，情報エントロピーが最大となるための必要条件であることを見た．本項では，AHPとロジットモデルの結合を試み，AHPでは期待値が最大となることを間接的に示すことにする．

　AHPの効用値が既知である場合に，ロジットモデルの効用値を求めることから出発する．ロジットモデルの効用値に関しては，最も簡単な線形効用関数が適用できるとしよう．代替案 $x_i$ の $j$ 番目の特性値 $Z_{i,j}$ を用い，線形効用関数の係数を $a_j$ とすると，ロジットモデルの効用値は(6.7)式と同様に次のように表せる．

$$U_i = \sum_j a_j Z_{i,j} \tag{6.31}$$

　AHPとロジットモデルの効用関数が同じパラメータを持つ線形効用関数形であるところから，ロジットモデルの効用値を推定することができる．一般には，これは，効用値 $w_i$ から効用値 $U_i$ への線形写像であるが，ロジットモデルでは分母，分子が指数であるため簡単となり，$U_i = kw_i$ とすることができる．このとき，AHPの選択確率とロジットモデルの選択確率とが同じでなければならないから，次式が成立する．

$$\frac{\exp kw_i}{\sum_{j=1}^{m} \exp kw_i} - w_i = 0 \quad (i=1, 2, \cdots, L) \tag{6.32}$$

　上式は，AHPはロジットモデルと同じモデルとなり，期待値も最大となることを間接的に示したといえる．さらに，AHPとロジットモデルの結合は，AHPがロジットモデルの代用となるだけでなく，ロジットモデルにおける線形効用関数のパラメータの推定を簡便に行う方法を提供するものともなる．通

常，線形効用関数を持つロジットモデルの効用関数を推定する場合，効用関数のパラメータをアプリオリに与えて，その適否を検定する．しかし，効用関数が線形であっても，ロジットモデルは非線形であり，効用関数におけるパラメータの推定は簡単でない．通常，ロジットモデルでは，パラメータの検定は $t$ 分布の $t$ 値に基づいて決定されるが，パラメータの推定は $t$ 値の解釈に左右され，計算誤差を含むことがある．これを避けるため，赤池の条件 [23] などによってパラメータ数が限定される．少ないパラメータ数では，誤差が大きくなる危険性がある．これに対して，(6.32)式は，事前に得た AHP の効用関数形から，ロジットモデルのパラメータの推定を可能にするツールであることを示している．

## （2） 近似解 $k$ の算出

(6.32)式におけるファクター $k$ を解析的に誘導することは難しい．しかし，AHP 値によってロジットモデルの効用値を推定する場合には，少なくとも事前に AHP 値を得ていることが前提である．したがって，各代替案に関する AHP の効用値をもとに，十分な精度で近似解 $k$ を得ることができるならば，AHP とロジットモデルとの結合ができると考えても支障がない．$L$ 個の代替案に対する AHP 値 $w_i$ は次式を満たすことから，乱数を発生して AHP 値の組を得る．

$$\sum_{i=1}^{L} w_i = 1 \qquad 0 < w_i < 1 \tag{6.33}$$

ランダムな効用値を作るには，モンテカルロ法などもあるが，線形合同法が手軽であり，周期性を排除するように留意して，代替案 $L(3 \leq L \leq 20)$ の AHP に関し 180 の組を求めた．一つの組において，効用値の最大値および最小値を $w_{\min}$，$w_{\max}$，代替案の数 $L$ およびその組の標準偏差 $\sigma$ の四つを説明変数とする線形対数による回帰式で近似解 $k$ を近似することとした．得られた回帰式は決定係数 0.989630 であり，近似式として用いても支障がないものと考えられる．また，$w_{\min}$ については $t$ 検定による $t$ 値が 1.7 程度であり他の変数と

**図表 6.3** 回帰分析結果

|  | 係数 | 偏差 | $t$ 値 |
|---|---|---|---|
| $L$ | 0.500832 | 0.016793 | 29.823930 |
| $\sigma$ | 0.672068 | 0.031914 | 21.057295 |
| $w_{\max}$ | $-1.191172$ | 0.027435 | $-43.418280$ |
| $w_{\min}$ | 0.004792 | 0.002799 | 1.711546 |
| 決定係数 | 0.989630 | | |
| サンプル数 | 180 | | |

比較して小さいが，自由度が大きく両側 10 ％の検定で棄却できないことにより，十分に説明に足ると考えられる(図表 6.3)．

$$k=2.72536 L^{0.0500832} \sigma^{0.672027} w_{\max}{}^{-1.191172} w_{\min}{}^{0.004791} \tag{6.34}$$

### 6.2.5 実データの結合モデルの検証

#### （1） ロジットモデルによる選択確率

代替案として 16 のアミューズメント施設を対象にし，ロジットモデルにおける選択確率を求める．京阪神に居住する人々を対象にして，アミューズメント施設に関する選好データ(近畿圏の成人 1024 人に対するアンケート調査)を得た．この選好データから最尤推定量として(6.31)式の係数 $a_i$ を求めた．試行錯誤を繰り返し，水族館の有無 $a_1=1.17023$，レストランの有無 $a_2=0.1873$，入場料金(円) $a_3=0.00005$，所要時間(分) $a_4=-0.01086$ を得た．

ロジットモデルにおける効用関数のパラメータ $a_i$ をもとに，16 個のアミューズメント施設への年間の入場者数とロジットモデルによる推定値との対比をみると，ロジットモデルからの計算値と総実入場者数とが良好に一致している．したがって，ロジットモデルの効用関数を線形としたときの係数がこの四つでほぼ表示でき，$a_i$ を用いて選択確率が与えられることになる（図表 6.4）．

**図表 6.4**　ロジットモデルの検証

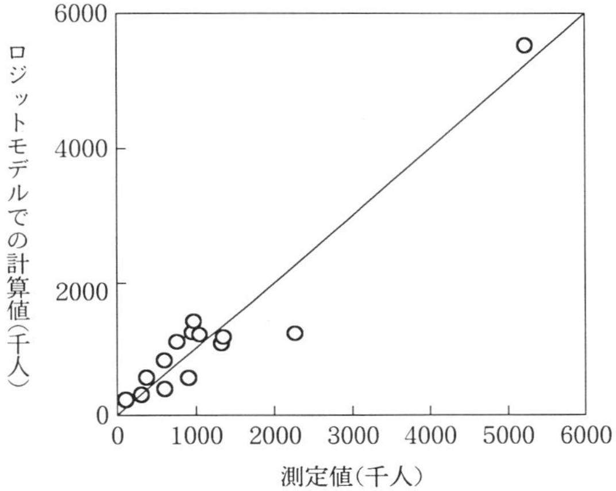
6000
4000
2000
0
0
1000
2000
3000
4000
5000
6000
ロジットモデルでの計算値(千人)
測定値(千人)

### (2)　AHP による集客評価分析

16 個のアミューズメント施設の集客評価に AHP を適用しよう．この評価項目については，前節のロジットモデルと同じ「水族館の有無」(記号 A)，「レストランの有無」(R)，「入場料」(F)，「交通時間」(T)の四つとする．なお，AHP の線形効用関数におけるパラメータの独立性を見るために，内部従属法を用いて従来法との比較を行う．また，代替案が 16 個と多く，一対比較は容易でないので，代替案の比較には AM 法を用いた．

#### 1)　従来の AHP

アミューズメント施設の評価過程を階層構造に分解する．ただし，階層の最上層は 1 個の要素からなる総合目的であり，代替案の選好順位とする．それ以下のレベルでは意思決定者の判断により，一つ上の要素との関係から決定される．最後に最下層に評価対象となるアミューズメント施設をおく(図表 6.5)．

また，各レベルの一対比較を行うにあたり，多くの意見を収集するため，開発プランナーによるブレーンストーミング法を採用した(図表 6.6)．

#### 2)　内部従属法による従属性の修正

「水族館がもたらす効用」は，アトラクションなど「水族館の機能」とともも

**図表 6.5　アミューズメント施設の選好**

```
          アミューズメント施設の集客
    ┌──────┬──────┬──────┐
 交通時間    入場料    水族館   レストラン
    T       F        A        R
    └──────┴──────┴──────┘
          アミューズメント施設
```

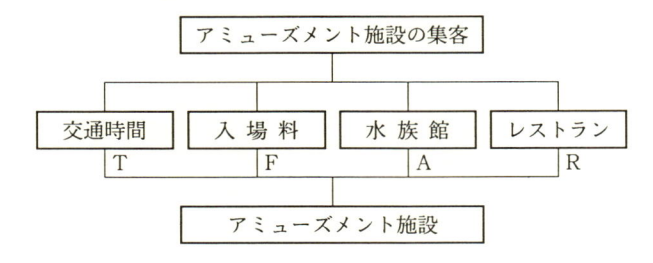

**図表 6.6　評価項目の一対比較**

|   | T | F | A | R | 固有ベクトル |
|---|---|---|---|---|---|
| T | 1 | 4 | 4 | 1/4 | 0.23383 |
| F | 1/4 | 1 | 3 | 1/6 | 0.09774 |
| A | 1/4 | 1/3 | 1 | 1/9 | 0.04018 |
| R | 4 | 6 | 9 | 1 | 0.61846 |

$\lambda = 4.18977$　　CI $= 0.06326$

に,「その場所でしか味わえない雰囲気」や他のパラメータと相互に影響しあうと考えられる．すなわち，評価項目間には従属性があると見られ，この同一レベルの各要因間の相互影響を，内部従属法により定量的に求める．

　影響マトリックスと各評価項目が独立である場合の代替案の評価値に評価項目間の従属関係を表す値を掛け合わせたものは，集客評価について各項目がどの程度影響を与えるかを表す指標となり，それぞれ時間が 20％強，入場料 6

**図表 6.7　評価項目の従属性**

％，レストラン7％，水族館60％強である．具体的な一対比較の結果から補正した値は次のとおりである．なお，第1項ベクトルは相互影響度を4行4列の成分で表し，第2項ベクトルは各因子が独立で従属性がないとした場合の固有ベクトルを表す（図表6.7）．

影響マトリックス

$$\begin{matrix}\text{交通時間}\\\text{入場料}\\\text{レストラン}\\\text{水族館}\end{matrix}\begin{bmatrix}0.8333 & 0.1321 & 0.1677 & 0\\0 & 0.6181 & 0 & 0\\0.1667 & 0.0574 & 0.4836 & 0\\0 & 0.1924 & 0.3487 & 1\end{bmatrix}\times\begin{bmatrix}0.2338\\0.0977\\0.0501\\0.6184\end{bmatrix}=\begin{bmatrix}0.2162\\0.0604\\0.0688\\0.6545\end{bmatrix}$$

### 3) AM法による評価

次に評価項目ごとに各代替案を評価する．

(a) 交通時間

データが定量的であるので，評価項目における代替案の評価値を与える際に一対比較を行うのではなくて，駅までの所要時間も加算し，「短いほどよい」という評価を与えるためにその逆数で表示した．

(b) 入場料

各代替案の料金を用いた．ただし，「料金が廉いほど効用が大きい」とするため，最大値から各施設の入場料を引いた．

(c) レストラン，水族館の有無

施設があれば「1」，なければ「0」とした．なお，代替案の規模による影響を回避するため最大評価値で割った値を新たに評価値として，全代替案についてのAM法による評価値を求めた．

16個のアミューズメント代替案に対し，通常の相互影響度のない場合を「AHP値」とし，影響を考慮した内部従属法による場合を「ID-AHP値」とした．図表6.8はこれらの評価値と集計ロジットモデルの計算値を示したものである．

**図表 6.8　AHP による総合評価値**

|  | アミューズメント施設 | AHP Value | ID-AHP Value | 時間 | 入場料 | レストラン | 水族館 |
|---|---|---|---|---|---|---|---|
| 1 | A Land | 0.0641 | 0.0643 | 0.784 | 0.667 | 1 | 0 |
| 2 | B Park | 0.0661 | 0.0648 | 0.776 | 0.733 | 1 | 0 |
| 3 | C Land | 0.0673 | 0.0606 | 1 | 0.767 | 0 | 0 |
| 4 | D Park | 0.0610 | 0.0608 | 0.733 | 0.6 | 1 | 0 |
| 5 | E Land | 0.0624 | 0.0617 | 0.733 | 0.667 | 1 | 0 |
| 6 | F Park | 0.0439 | 0.0424 | 0.299 | 0.833 | 1 | 0 |
| 7 | G Park | 0.0474 | 0.0444 | 0.496 | 1 | 1 | 0 |
| 8 | H Park | 0.0417 | 0.0489 | 0.383 | 1 | 1 | 0 |
| 9 | I Land | 0.0426 | 0.0418 | 0.424 | 0.7 | 1 | 0 |
| 10 | J Park | 0.0244 | 0.0290 | 0.264 | 0 | 1 | 0 |
| 11 | K Land | 0.0360 | 0.0394 | 0.437 | 0.133 | 1 | 0 |
| 12 | L Park | 0.0488 | 0.0497 | 0.448 | 0.467 | 1 | 0 |
| 13 | M Park | 0.0720 | 0.0713 | 0.934 | 0.633 | 1 | 0 |
| 14 | N Park | 0.0494 | 0.0476 | 0.604 | 0.833 | 1 | 0 |
| 15 | O Park | 0.0322 | 0.0248 | 0.284 | 0.833 | 0 | 0 |
| 16 | P Aquarium | 0.1997 | 0.2173 | 0.914 | 0.34 | 1 | 1 |

### （3）　ロジットモデルと AHP との結合結果

　AHP と集計ロジットモデルの間の関係を，(6.34)式による変換をもとに検証する．16 個の代替案に対する AHP 値の最大値および最小値は $w_{max}=0.1997$，$w_{min}=0.0244$ であり，16 個の AHP 値の標準偏差 $\sigma=0.0378$ が得られる．$L=16$ であるから，$k=8.0879$ を得る．この $k$ から，$U_i=kw_i$ としてロジットモデルの効用値を推定して選択確率を求める．

　横軸に AHP 値を，ID-AHP 値および推定効用値によるロジットモデルの選択確率を縦軸にそれぞれ●，▲で表示した．比較のためにロジットモデルでの選択確率を○で示した．AHP 値と，効用値を推定して求めたロジットモデルでの計算値とは一つの施設(P 施設)を除いて，ロジットモデルでの計算値と AHP 値を対応づけた 45 度の直線上にほぼ示されている（図表 6.9）．

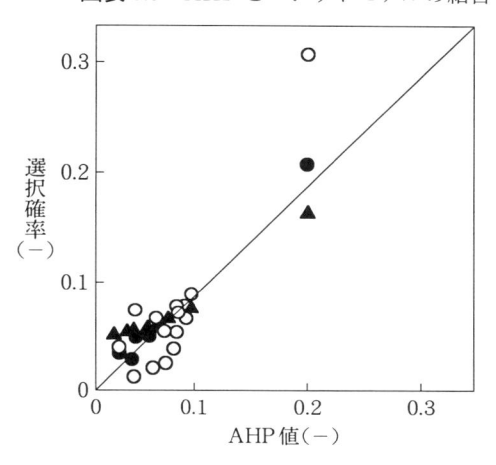

**図表 6.9** AHP とロジットモデルの結合

しかし，P 施設だけが 45 度の直線上からかなり乖離していることから，ロジットモデルとの結合が一見難しいと見られる．ところが，ロジットモデルのパラメータを探索する際，「水族館の有無」がかなり寄与し，他のパラメータの影響を打ち消す傾向が見られた．また，1990 年には，花の博覧会が大阪で開催される時期と P 施設がオープンされた時期が重なる状況であり，異常な集客の要因は「水族館の有無」のパラメータの中に，他の隠されたパラメータがあると考えられる．したがって，AHP 値との乖離は線形効用関数のパラメータの数が見かけ同数でも，実質は合致していないことを示していると考えられる．

ところが，1994 年には，異常な集客要因が取り除かれ，P 施設の集客は 1990 年に比べて 3/4 近くに落ち着いている．したがって，ロジットモデルと AHP のパラメータも同じで，その選択率がほぼ一致していると考えることができる．

本節では，効用関数を用いて選択確率を考え，AHP の選択確率と AHP の効用値を用いて推定したロジットモデルの選択確率とが同じであることを誘導した．すなわち，AHP とロジットモデルとは，線形効用関数式におけるパラメータの導出方法のみに相違点がある．

そして，AHPも情報エントロピー最大，効用最大の選択がなされることが類推される．本結果は，AHPは，ロジットモデルにおける線形効用関数のパラメータの選定ができ，ロジットモデルにおけるパラメータ探索に利用できるなど，その用途は広いと考えられる．

## 参考文献

[1] Samuelson, P. A., *Foundations of Economic Analysis*, Harvard Univ. Press, Cambridge, USA, 1947. (佐藤隆三訳，『経済分析の基礎』，勁草書房，1967.)

[2] 中山弘隆，谷野哲三，『多目的計画法の理論と応用』，計測自動制御学会，1994．

[3] Neumann, J. von and Morgenstern, O., *Theory of Games and Economic Behavior*, 2nd edition, Princeton Univ. Press, Princeton, N. J., 1947.

[4] Keeney, R. L. and Raiffa, H., *Decisions with Multiple Objectives*, Cambridge Univ. Press (First published by Wiley, New York in 1976), New York, 1993.

[5] 市川惇信，『意思決定論』，共立出版，1983．

[6] Shafer, G., *A Mathematical Theory of Evidence*, Princeton University Press, Princeton, N. J., 1976.

[7] 田村坦之，中村 豊，藤田眞一，『効用分析の数理と応用』，計測自動制御学会編，コロナ社，1997．

[8] 高橋磐郎，「AHPからANPへの諸問題Ⅰ～Ⅵ」，『オペレーションズ・リサーチ』，Vol.43, No.1-6, 1998．

[9] Saaty, T. L., *The Analytic Hierarchy Process*, McGraw-Hill, New York, 1980.

[10] Belton, V. and Gear, T., "On a Shortcoming of Saaty's Method of Analytic Hierarchies," *OMEGA The Int. J. Management Science*, Vol.11, No.3, 1983, pp. 228-236.

[11] Dyer, J. S., "Remarks on the Analytic Hierarchy Process," *Management Science*, Vol.36, No.3, 1990, pp.249-258.

[12] 田村坦之，高橋 理，鳩野逸生，馬野元秀，「階層化意思決定法(AHP)の記述的モデルの提案と選好順位逆転現象の整合的解釈」，*Journal of the Operations Research Society of Japan*, Vol.41, No.2, 1998, pp.214-228.

[13]　Barzilai, J., "On the Decomposition of Value Functions," *Operations Research Letters*, Vol.22, 1998, pp.159-170.

[14]　Barzilai, J., "A New Methodology for Dealing with Conflicting Engineering Design Criteria," *Proc. 1997 National Conference of the American Society of Engineering Management*, Virginia Beach, Virginia, October 23-26, 1997, pp.73-79.

[15]　尾崎都司正，木下栄蔵，原 敬，「AHPとロジットモデルの関係」，『土木計画学研究論文集』，Vol.14，1997，pp.157-166．

[16]　Luce, D., *Individual Choice Behavior*, John Wiley & Sons, 1959.

[17]　McFadden, D., "Conditional Logit Analysis of Qualitative Choice Behavior," in *Frontiers in Econometrics*, Academic Press, New York, 1973.

[18]　Shannon, C. E., *The Mathematical Theory of Communication*, The University of Illinois Press, 1959.

[19]　国沢清典，『エントロピー・モデル』，日科技連出版社，1991，pp.36-64．

[20]　木下栄蔵，中西昌武，「AHPにおける新しい視点の提案」，『土木学会論文集』，IV-36，1997，pp.1-8．

[21]　Kinoshita, E. and Nakanishi, M., "Proposal of new AHP model in Light of Dominant Relationship among alternatives," *Journal of the Operations Research Societyof Japan*, Vol.42, 1999, pp.180-197.

[22]　Sekitani, K. and Yamaki, N., "A logical interpretation for the eigen value method in AHP", *Journal of the Operations Research Society of Japan*, Vol.42, 1999, pp.219-232.

[23]　坂元慶行，石黒真木夫，北川源四郎，『情報量統計学』，情報科学講座，共立出版，1983．

# 第7章 AHPと固有値問題

関谷和之

## 7.1 固有値法とは

　AHPの特徴の一つとして，一対比較行列の主固有ベクトルを項目の重要度として採用することがあげられる．この方法を固有値法と呼ぶ．固有値法以外の一対比較データ群から重要度を算出する方法として，対数最小二乗法などが提案されている．これは，一対比較値に対する誤差モデルから導かれる．つまり，$n$個の項目の一対比較行列を$A=[a_{ij}]$，第$i$項目の真の重要度を$w_i$とすると，対数最小二乗法では誤差モデル

$$a_{ij}=\frac{w_i}{w_j}\epsilon_{ij} \qquad i, j=1, \cdots, n \tag{7.1}$$

に基づく．ここで，$\epsilon_{ij}$は誤差を表す確率変数で常に正であると仮定する．
(7.1)式の両辺を対数変換すると，

$$\log a_{ij}=\log w_i-\log w_j+\log e_{ij} \qquad i, j=1, \cdots, n$$

となる．$\log e_{ij}$をまとめて最小にするモデルとして，

$$\min \sum_{i=1}^{n}\sum_{j=1}^{n}(\log a_{ij}-\log w_i+\log w_j)^2 \tag{7.2}$$

が考えられる．モデル(7.2)式の最適解は対数最小二乗法で推定した重要度と一致する．一方，固有値法は，一対比較行列$A$の最大固有値(主固有値)を求めることである．つまり，一対比較行列の固有値問題

$Au = \lambda u$ を満たす $n$ 次元ベクトル $u$ が存在するスカラー
　　　　$\lambda$ の中で最大なスカラー $\lambda$

を解くことである．固有値法が重要度を与える根拠については過去に議論されているが［5］，決定的なものはなく，また対数最小二乗法による重要度の根拠をしのぐような固有値法のモデルもない．しかし，多くの適用例［15］で報告されているように，なぜか固有値法での結果が人々の支持を得る．本章では，固有値法を支えるフロベニウス定理を中心とした理論を解説することで，固有値法に潜む数理構造を明らかにする．さらに，数理構造から導き出される幾つかのモデルを紹介し，AHP を実際に利用する時の一助になることを期待する．フロベニウス定理の偉大さは，AHP のみを論じるだけでは味わえない．ANP まで考えるとその偉大さは堪能できる．本章を読むことで，評価問題に関する固有値法の底辺にはフロベニウス定理という単純で美しい構造が潜んでいることを発見していただければ幸いである．

## 7.2 非負行列とフロベニウス定理

一対比較行列 $A = [a_{ij}]$ には，通常，以下の性質が成り立つとされている．

(1)　$a_{ij} > 0$　　　　$i, j = 1, \cdots, n.$
(2)　$a_{ij} = 1/a_{ji}$　　　$1 \leq i \leq j \leq n.$
(3)　$a_{ii} = 1$　　　　$i = 1, \cdots, n.$

一般に正の成分からなる行列を正行列(positive matrix)，非負の成分からなる行列を非負行列(nonnegative matrix)と呼ぶ．ベクトルでも同様に正ベクトル，非負ベクトルという．性質 2 を満たす行列を逆数行列(reciprocal matrix)と呼ぶ．一対比較行列 $A$ は通常，対角成分が 1 である逆数対称正行列である．一対比較行列 $A$ の主固有ベクトルを重要度と見なすには，主固有ベクトルは一意であり，主固有ベクトルで正ベクトルが存在することが，少なくとも必要である．ペロンの定理はこれらの条件が固有値法で成り立つことを保証する．

**定理7.1(ペロンの定理 [13])** $B$ を正行列とし，$B$ の固有値の集合を $L$ とする．このとき，(i)，(ii)が成立する．

(i) $\lambda_{max} = \max\{|\lambda| \,|\, \lambda \in L\}$ となる正の固有値 $\lambda_{max} \in L$ が存在する．

(ii) $\lambda_{max}$ に対応する正の固有ベクトル $u$ が存在し，正の固有ベクトルは $u$ のスカラー倍である．

定理7.1(i)より，絶対値最大である固有値は正の固有値 $\lambda_{max}$ として存在し，定理7.1(ii)より，主固有値 $\lambda_{max}$ に対応する正の固有ベクトルが存在する．さらに，その固有ベクトルはスカラー倍に関して一意であることがわかる．つまり，$\lambda_{max}$ に対応する固有ベクトルを正規化をしても，それは正の固有ベクトルである．

行列の既約性に注目して，ペロンの定理を非負行列にまで拡張したのがフロベニウスである．行列の既約性は，グラフで考えると理解しやすく，ANPの評価構造と重要度の存在に関してまで，統一的に理解できる．

正方非負行列 $C = [c_{ij}]$ に対して，$c_{ij} > 0$ ならば．節点 $j$ から $i$ への枝を持つグラフ $G$ を考える．グラフの各節点からすべての節点まで枝の方向に従って辿り着くことができれば，そのグラフを強連結と呼ぶ．このグラフ $G$ が強連結な場合，行列 $C$ は既約であると呼ぶ．

例えば，5次正方非負行列 $\bar{C}$，$\hat{C}$ を考えよう．＋は正の成分，0はゼロを示す．それぞれの行列に対応するグラフを図表7.1，図表7.2で示す．

$$\bar{C} = \begin{bmatrix} 0 & 0 & + & + & + \\ 0 & 0 & + & + & + \\ + & + & 0 & 0 & 0 \\ + & + & 0 & 0 & 0 \\ + & + & 0 & 0 & 0 \end{bmatrix}, \quad \hat{C} = \begin{bmatrix} 0 & 0 & + & + & + \\ 0 & 0 & 0 & 0 & 0 \\ + & + & 0 & 0 & 0 \\ + & + & 0 & 0 & 0 \\ + & + & 0 & 0 & 0 \end{bmatrix}$$

図表7.1のグラフは強連結であり，図表7.2のグラフでは節点1から節点2へは辿り着かないので，強連結でない．したがって，$\bar{C}$ は既約であり，$\hat{C}$ は既約でない．AHPの一対比較行列に対応するグラフは各節点からすべての節

## 7.2 非負行列とフロベニウス定理

**図表 7.1** $\bar{C}$ に対応するグラフ

**図表 7.2** $\hat{C}$ に対応するグラフ

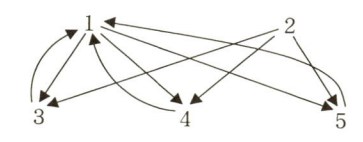

点への枝が存在するグラフ（完全グラフ）であり，一対比較行列は既約である．AHPでは，性質2より，節点 $i$ から $j$ への枝があれば，同時に逆向き枝も存在する．そのため，枝の向きは無視できる．一方，ANPの超行列は，ゼロである成分を含み，必ずしも正である成分の対称成分が正になるとは限らない．そのため，超行列のグラフを考えると，必ず双方向の枝が存在するわけでない．つまり，ANPでは，ある項目から他の項目への評価という評価の方向性が存在する．方向性を持った評価全体を有向グラフで表現したとき，強連結グラフとなれば，対応する超行列は既約となる．超行列が既約であれば，以下のペロン-フロベニウスの定理により，その超行列に対して正の主固有ベクトルの存在が保証される．

**定理 7.2（ペロン-フロベニウスの定理 [13]）** $B$ を非負で既約行列であるとし，$B$ の固有値の集合を $L$ とする．このとき，（ⅰ），（ⅱ）が成立する．

（ⅰ） $\lambda_{max} = \max\{|\lambda| \,|\, \lambda \in L\}$ となる正の固有値 $\lambda_{max} \in L$ が存在する．

（ⅱ） $\lambda_{max}$ に対応する正の固有ベクトル $u$ が存在し，正の固有ベクトルは $u$ のスカラー倍である．

超行列を $S$ とする．Saatyの提案では，ANPの超行列 $S$ を列和1である確率行列として正規化する．これにより，超行列 $S$ の主固有値は1である．そのため，超行列 $S$ の主固有ベクトル $w$ は連立方程式系

$$Sw = w$$

をみたす．ペロン-フロベニウス定理から $S$ が既約であれば，この方程式をみたす正の解 $\bar{w}$ が存在する．さらに，$S$ が既約であれば，$S$ は周期を持つことが知られている．周期を $c$ とすると，$\lim_{k \to \infty} S^{ck}$ は存在する．この事実に基づ

いて，SaatyはANPのウェイトを提案した．実は，そのANPのウェイトは$\bar{w}$に一致することが高橋磐郎によって示されている．

一対比較行列，超行列を単に評価行列と呼ぼう．与えられた評価行列に対して，その主固有ベクトルが重要度となるという原則が，AHPとANPで共通に成立している．この原則は，行列の既約性に基づいたペロン–フロベニウスの定理によって支えられている．

## 7.3 自己評価と外部評価

AHPについて，「評価行列の主固有ベクトルが重要度である．」という原則の意味付けを考えてみよう．前提として，「各項目は自らの価値を評価して，その評価値を決定する．」ことをおく．第$i$項目は，自らの価値を評価して，その評価値を$w_i$とし，この$w_i$を第$i$項目の自己評価値と呼ぶ．$n$個の項目からなる一対比較行列$A=[a_{ij}]$の第$(i,j)$要素$a_{ij}$は，第$j$項目の価値に対する第$i$項目の価値の比を示している．$n$個の項目間の価値の換算表とみてよい．これにより，$a_{ij}w_j$は第$j$項目が$w_j$と自己を評価した時の第$i$項目の価値に等しい．つまり，第$i$項目は第$j$項目から$a_{ij}w_j$と推定されたのである．第$i$項目は自分以外の$n-1$個の項目からその価値が推定される．$\sum_{j\neq i}a_{ij}w_j$を第$i$項目の外部評価値，$\sum_{j\neq i}a_{ij}w_j/(n-1)$を外部評価平均値と呼ぶ．ここで，図表7.3で示したアメリカ，日本，中国，ロシアの国力比較を取り上げて，自己評価値と外部評価値を例証する．

アメリカ，ロシア，中国，日本をそれぞれ，第1,2,3,4国と番号付ける．

図表7.3 4カ国の国力比較

|  | アメリカ | ロシア | 中国 | 日本 |
|---|---|---|---|---|
| アメリカ | 1 | 3 | 3 | 5 |
| ロシア | 1/3 | 1 | 3 | 1 |
| 中国 | 1/3 | 1/3 | 1 | 3 |
| 日本 | 1/5 | 1 | 1/3 | 1 |

## 7.3 自己評価と外部評価

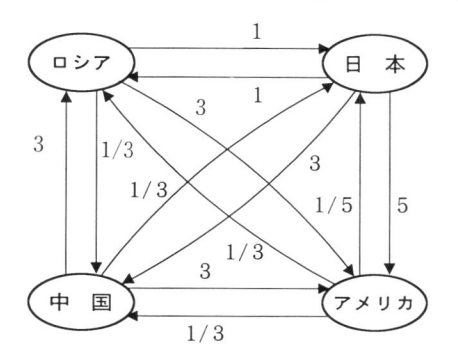

**図表7.4** 国力比較に対応するグラフ（自己ループは除く）

アメリカ，ロシア，中国，日本がそれぞれ自国の国力を $w_1$，$w_2$，$w_3$，$w_4$ と評価した．このとき，アメリカは日本から見た時，$5w_4$ の国力である．中国，ロシアから見た場合，アメリカの国力は $3w_2$，$3w_3$ である．したがって，他国を基準にしたときのアメリカの国力は，$(3w_2+3w_3+5w_4)/3$ であると推定できる．

さて，自己評価値 $w_i$ と外部評価値の平均 $\sum_{j\neq i} a_{ij} w_j/(n-1)$ の対に注目して，固有値法を解釈してみよう．自己評価値は，まさに各項目が好き勝手に自らの価値を評価した値である．しかし，固有値法では，これらの $n$ 個の自己評価値はそれぞれ収束する．そこで，「固有値法は各項目での自己評価値と外部評価平均値との関係に何らかの意味での均衡状態を与える」と考えよう．

4カ国の国力比較でアメリカ，ロシア，中国，日本の自己評価値を $w_1=300$，$w_2=180$，$w_3=120$，$w_4=60$ とすると，各外部評価値とそれぞれの平均値は図表7.6で与えられる．

**図表7.5** 国力比較での自己評価と外部評価

| 国 | 自己評価値 | 外部評価値 |
|---|---|---|
| アメリカ | $w_1$ | $3w_2+3w_3+5w_4$ |
| ロシア | $w_2$ | $1/3 w_1+3w_3+w_4$ |
| 中国 | $w_3$ | $1/3 w_1+1/3 w_2+3w_4$ |
| 日本 | $w_4$ | $1/5 w_1+w_2+1/3 w_3$ |

**図表 7.6** 国力比較の数値例

| 国 | 自己評価値 | 外部評価値 | 外部平均評価値 |
|---|---|---|---|
| アメリカ | 300 | 1200 | 400.000 |
| ロシア | 180 | 520 | 173.33 |
| 中国 | 120 | 340 | 113.133 |
| 日本 | 60 | 280 | 93.133 |

各国で自己評価値と外部評価平均値では異なり，アメリカ，ロシアと日本は他国を基準にした評価値(外部評価平均値)が自己評価値より高く，中国では低い．これらの自己評価値から，中国は過大に，アメリカ，ロシアと日本は過小に自己評価していることがわかる．もし，「各項目で自己評価値が外部評価平均値と一致すること」を望むならば，以下の連立方程式系を解けばよい．

$$\frac{1}{n-1}\sum_{j\neq i}a_{ij}w_j = w_i \qquad i=1,\cdots,n \tag{7.3}$$

しかし，残念ながら，一般に連立方程式系(7.3)が正の解を持つ事は保証できない．

## 7.4 ばらつき最小化問題

各項目の自己評価値と外部評価平均値とのずれを測定しよう．ずれを測定する尺度として(外部評価平均値)/(自己評価値)を採用する．この比尺度で測定した第 $i$ 項目でのずれ

$$\frac{\sum_{j\neq i}a_{ij}w_j}{(n-1)w_i}$$

を第 $i$ 項目での過剰評価率と呼ぶ．この過剰評価率は自己評価値によって決まる．図表 7.7 では，自己評価値 $(w_1, w_2, w_3, w_4)=(300, 180, 120, 60)$，$(373, 200, 120, 85)$ とそれに対応する過剰評価率を示す．自己評価値 $(w_1, w_2, w_3, w_4)=(300, 180, 120, 60)$ に対応した過剰評価率は，ばらついており，4 カ国の過剰評価率を比較することで，日本は過小に自己評価しており，

図表 7.7 自己評価値と過剰評価率

| 国 | 自己評価値 | 過剰評価率 | 自己評価値 | 過剰評価率 |
|---|---|---|---|---|
| アメリカ | 300 | 1.333 | 360 | 1.153 |
| ロシア | 180 | 1.185 | 162 | 1.152 |
| 中 国 | 120 | 0.9444 | 120 | 1.150 |
| 日 本 | 60 | 1.556 | 80 | 1.417 |

中国は過大に自己評価していることがわかる．一方，自己評価値 ($w_1$, $w_2$, $w_3$, $w_4$) = (360, 162, 120, 80) は過剰評価率のばらつきが少なく，どの国も過剰な自己評価をしていない．4 カ国の過剰評価率のばらつきが小さい自己評価値が望ましいと考えれば，自己評価値 ($w_1$, $w_2$, $w_3$, $w_4$) = (373, 200, 120, 85) は自己評価値 ($w_1$, $w_2$, $w_3$, $w_4$) = (300, 180, 120, 60) よりも望ましい．

そこで，各項目の過剰評価率ができるだけ一定になるように，つまり，$n$ 個の過剰評価率ができるだけばらつかないように各項目が自己評価値を決定する仕組みを考えてみよう．仕組みを最適化問題として定式化し，それらをばらつき最小化問題と呼ぶ．

最大過剰評価率をできるだけ小さくすることで，過剰評価率のばらつきを抑制する仕組みは問題 (7.4) として与えられる．

$$\begin{aligned} & \min \quad \max \left\{ \frac{\sum_{j \neq 1} a_{1j} w_j}{(n-1) w_1}, \cdots, \frac{\sum_{j \neq n} a_{nj} w_j}{(n-1) w_n} \right\} \\ & \text{s.t.} \quad w_1 > 0, \cdots, w_n > 0. \end{aligned} \quad (7.4)$$

最小過剰評価率をできるだけ大きくすることで，過剰評価率のばらつきを抑制する仕組みは問題 (7.5) として与えられる．

$$\begin{aligned} & \max \quad \min \left\{ \frac{\sum_{j \neq 1} a_{1j} w_j}{(n-1) w_1}, \cdots, \frac{\sum_{j \neq n} a_{nj} w_j}{(n-1) w_n} \right\} \\ & \text{s.t.} \quad w_1 > 0, \cdots, w_n > 0 \end{aligned} \quad (7.5)$$

さて，後述する定理 7.3 から問題 (7.4)，(7.5) の最適解に対して次のことが成り立つ．「問題 (7.4)，(7.5) の最適解は一致し，さらに $I$ を $n$ 次単位行列とすると，それらは $1/(n-1)(A-I)$ の正の主固有ベクトルに等しい」

$1/(n-1)(A-I)$ の固有ベクトルと $A$ の固有ベクトルは等しいので,問題(7.4),(7.5)の最適解は $A$ の主固有ベクトルに等しい.したがって,固有値法は過剰評価率のばらつき最小化問題として定式化できる.「ばらつき最小化問題を解くことが固有値法である」という一つの解釈が成り立つ.

定理 7.3 はフロベニウスの定理と呼ばれるものの一つであり,ここでは,フロベニウスの Min-Max 定理と呼ぶ.

**定理 7.3(フロベニウスの Min-Max 定理 [11])** $B=[b_{ij}]$ を非負行列とし,$\lambda_{\max}$ を $B$ の主固有値とする.このとき,以下の不等式が成立する.

$$\max_{w>0} \min \left\{ \frac{\sum_{j=1}^n b_{1j} w_j}{w_1}, \dots, \frac{\sum_{j=1}^n b_{nj} w_j}{w_n} \right\} \le \lambda_{\max}$$
$$\le \min_{w>0} \max \left\{ \frac{\sum_{j=1}^n b_{1j} w_j}{w_1}, \dots, \frac{\sum_{j=1}^n b_{nj} w_j}{w_n} \right\}.$$

ここで,$w>0$ は $w$ が正ベクトルであることを示す.$B$ が既約であれば,主固有ベクトル $\bar{w}=[\bar{w}_i]$ に限り,以下の式が成立する.

$$\min \left\{ \frac{\sum_{j=1}^n b_{1j} \bar{w}_j}{\bar{w}_1}, \dots, \frac{\sum_{j=1}^n b_{nj} \bar{w}_j}{\bar{w}_n} \right\} = \lambda_{\max}$$
$$= \max \left\{ \frac{\sum_{j=1}^n b_{1j} \bar{w}_j}{\bar{w}_1}, \dots, \frac{\sum_{j=1}^n b_{nj} \bar{w}_j}{\bar{w}_n} \right\}.$$

さらに,正ベクトル $w \ne \bar{w}$ では,

$$\min \left\{ \frac{\sum_{j=1}^n b_{1j} w_j}{w_1}, \dots, \frac{\sum_{j=1}^n b_{nj} w_j}{w_n} \right\} < \lambda_{\max}$$
$$< \max \left\{ \frac{\sum_{j=1}^n b_{1j} w_j}{w_1}, \dots, \frac{\sum_{j=1}^n b_{nj} w_j}{w_n} \right\}.$$

が成立する.

$1/(n-1)(A-I)$ は既約で非負行列であるので,フロベニウスの Min-Max 定理の行列 $B$ を $1/(n-1)(A-I)$ に置き換えても成り立つ.

ばらつき最小化問題として問題(7.4),(7.5)を提示したが,これ以外にも $A$ の主固有ベクトルが唯一の最適解となる問題は存在する.例えば,問題

(7.4)と(7.5)を結び付けた問題(7.6)が考えられる．

$$\min \quad \max\left\{\frac{\sum_{j\neq i}a_{ij}w_j}{(n-1)w_i}, \frac{(n-1)w_i}{\sum_{j\neq i}a_{ij}w_j}\bigg| i=1, \cdots, n\right\} \quad (7.6)$$
$$\text{s.t.} \quad w_1>0, \cdots, w_n>0,$$

総過剰評価率 $\lambda$ を(外部平均評価値の総和)/(自己評価値の総和)とし，各項目の過剰評価率と総過剰評価率の差を最小にする問題(7.7)も考えられる．

$$\min \quad \sum_{i=1}^{n}\left|\frac{\sum_{j\neq i}a_{ij}w_j}{(n-1)w_i}-\lambda\right|$$
$$\text{s.t.} \quad \lambda=\frac{\sum_{i=1}^{n}\sum_{j\neq i}a_{ij}w_j}{(n-1)\sum_{j=1}^{n}w_j} \quad (7.7)$$
$$w_1>0, \cdots, w_n>0.$$

問題(7.6)，(7.7)の最適解が $A$ の正の主固有ベクトルに一致することは自らの手で確かめてほしい．

　なぜ，固有値法のモデルを示したのか？　その理由の一つとして，求めるべきウェイトに対する事前情報をモデルに制約として取り込むことがあげられる．では，一体どのモデルを利用すればいいのであろうか？　無論，追加制約がなければ，問題(7.4)，(7.5)，(7.6)，(7.7)のどの最適解も $A$ の正の主固有ベクトルであるから，モデル選択で悩むことはないであろう．しかし，$A$ の正の主固有ベクトルが追加制約をみたさない場合は，すべての問題の最適解が一致するとは限らない．モデル選択によって，重要度が異なる場合もある．

　モデル選択の観点の一つとして，モデルに対するアルゴリズムの存在が挙げられる．いかなるモデルであろうとも，その解を確実に与えるアルゴリズムが存在しなければ，モデルは絵に描いた餅である．とくに評価の問題では，アルゴリズムの出力する解の精度が重要である．厳密解を保証できないアルゴリズムでモデルを解いたとしても，得られた重要度の信頼性を確保することは難しい．少なくとも，厳密解を算出するアルゴリズムの存在が保証されないモデルは選択しないほうが無難である．また，モデルとしてではなく方法論として提案されている重要度算出法は数多くあるが，これらの中で初期値やパラメータ設定に依存して出力が変化するものも避けるべきである．

追加制約が線形制約 $Cw \leq b$ で与えられた場合を考える．例えば，「第 $i$ 項目の重要度 $w_i$ は第 $j$ 項目の重要度 $w_j$ の 2～3 倍である」という事前情報を定式化すると $2w_j \leq w_i \leq 3w_j$ となる．また重要度の総和が 1 であるということを制約とすれば，$e^T w = 1$ となる．ここで，$e$ を成分すべて 1 の $n$ 次元ベクトルで，$e^T$ は $e$ の転置を示す．追加制約 $Cw \leq b$ に $e^T w = 1$ が常に組み込まれているとしよう．

さて，問題(7.4)に追加制約 $Cw \leq b$ を組み込むと問題(7.8)となる．問題(7.8)はいわゆる分数計画問題 [7] である．

$$\begin{aligned}
&\min \quad \max\left\{\frac{\sum_{j \neq 1} a_{1j} w_j}{(n-1)w_1}, \cdots, \frac{\sum_{j \neq n} a_{nj} w_j}{(n-1)w_n}\right\} \\
&\text{s.t.} \quad Cw \leq b \\
&\quad\quad w_1 > 0, \cdots, w_n > 0.
\end{aligned} \quad (7.8)$$

分数計画問題(7.8)は線形計画問題を逐次解くことで，最適解を得ることができる．その方法を紹介する．問題(7.8)の目的関数にパラメータ $\mu$ を導入し，分母を払うと補助問題(7.9)を得る．

$$\begin{aligned}
&\min \quad \max\{\sum_{j \neq i} a_{ij} w_j - \mu(n-1)w_i \mid i=1, \cdots, n\} \\
&\text{s.t.} \quad Cw \leq b \\
&\quad\quad w_1 > 0, \cdots, w_n > 0.
\end{aligned} \quad (7.9)$$

補助問題(7.9)は，さらに変数 $s$ を導入し，$\mu$ を固定することで

$$P(\mu) \left|\begin{aligned}
&\min \quad s \\
&\text{s.t.} \quad Cw \leq b \\
&\quad\quad \sum_{j \neq i} a_{ij} w_j - \mu(n-1)w_i \leq s, \ i=1, \cdots, n \\
&\quad\quad w_1 > 0, \cdots, w_n > 0.
\end{aligned}\right.$$

線形計画問題 $P(\mu)$ となる．線形計画問題 $P(\mu)$ の最適値を $f(\mu)$ とする．また，問題(7.8)の目的関数値と実行可能領域をそれぞれ，

$$g(w) = \max\left\{\frac{\sum_{j \neq 1} a_{1j} w_j}{(n-1)w_1}, \cdots, \frac{\sum_{j \neq n} a_{nj} w_j}{(n-1)w_n}\right\},$$

$$S = \{w \mid Cw \leq b, \ w_1 > 0, \cdots, w_n > 0\}$$

とする．このとき，$\mu$ を逐次更新して線形計画問題 $P(\mu)$ を解く以下のアルゴリズムは，問題(7.8)の最適解を与える．

**アルゴリズム**
**Step 0**： $w^0 \in S$ を適当に選び，$\mu^0 := g(w^0)$ とする．$k := 0$ とする．
**Step 1**： 問題 $P(\mu^k)$ を解き，その最適解を $w^k$ とする．
**Step 2**： $f(\mu^k) = 0$ であれば，問題(7.8)の最適解は $w^k$ であり，終了．さもなくば，$\mu^{k+1} := g(w^k)$，$k := k+1$ として，Step 1 へ．

このアルゴリズムは，$f(\mu)$ が 0 に近くなると急に収束が遅くなることが知られている．この点についての改良は参考文献 [1] を参照されたい．なお，問題(7.5)に追加制約を組み込んだモデルもまた，同様な方法で解くことができる．

## 7.5 最小ノルム問題

問題(7.4)，(7.5)とそれから派生するモデルでは比尺度で自己評価値と外部評価平均値とのずれを測定した．第 $i$ 項目の外部評価平均値と自己評価値とのずれを

$$\frac{\sum_{j \neq i} a_{ij} w_j}{n-1} - w_i \tag{7.10}$$

で測定することも自然である．これは，(7.3)式の右辺と左辺の差を示している．全項目のずれを示すベクトルは

$$\left(\frac{1}{n-1}(A-I) - I\right) w = \left(\frac{A-nI}{n-1}\right) w$$
$$= \left(\frac{\sum_{j \neq 1} a_{1j} w_j}{n-1} - w_1, \cdots, \frac{\sum_{j \neq n} a_{nj} w_j}{n-1} - w_n\right)^T$$

であり，$(A-nI)w/(n-1)$ の大きさを測定することで，$w$ に対する項目全体での外部評価平均値と自己評価値とのずれを求めることができる．例えば，$(A-nI)w/(n-1)$ を $L_1$ ノルム $\|\cdot\|_1$，$L_2$ ノルム $\|\cdot\|_2$，$L_\infty$ ノルム $\|\cdot\|_\infty$ で評

価すると，

$$\left|\frac{(A-nI)w}{n-1}\right|_1 = \sum_{i=1}^{n}\left|\frac{\sum_{j\neq i}a_{ij}w_j}{n-1}-w_i\right|, \tag{7.11}$$

$$\left|\frac{(A-nI)w}{n-1}\right|_2 = \sum_{i=1}^{n}\left|\frac{\sum_{j\neq i}a_{ij}w_j}{n-1}-w_i\right|^2, \tag{7.12}$$

$$\left|\frac{(A-nI)w}{n-1}\right|_\infty = \max\left\{\left|\frac{\sum_{j\neq i}a_{ij}w_j}{n-1}-w_i\right|\middle| i=1,\cdots,n\right\} \tag{7.13}$$

である．(7.11)，(7.13)式は $w$ に関して凸な区分的線形関数であり，(7.12)式は凸2次関数であり，それぞれの関数は計算上取り扱いやすい．あるノルムでのベクトル関数の大きさを最小化する問題は，最小ノルム問題と呼ばれている．三つの関数は $w=0$ で最小値 0 を達成するので，この関数に，制約 $w_1>0,\cdots,w_n>0$ を付加して $(A-nI)w/(n-1)$ の大きさを最小化しようとしても解は定まらない．また，$L_1$ノルム，$L_\infty$ノルムでの最小ノルム問題では，最適解が一意に定まらないという退化現象がおきることがある．そこで，正規条件 $e^Tw=1$ を制約として取り込み，$L_2$ノルムでの $(1/(n-1)A-I)w$ の大きさを最小化する問題を考えよう．$\|\cdot\|$ を $L_2$ ノルムとする．この問題は次の問題と等価である．

$$\begin{aligned}&\min\quad \|(1/(n-1)(A-I)-I)w\|^2\\&\text{s.t.}\quad e^Tw=1\\&\qquad w_1>0,\cdots,w_n>0.\end{aligned} \tag{7.14}$$

実は，制約 $w_1>0,\cdots,w_n>$ のため問題(7.14)が必ず最適解を持つことは保証できない．しかし，$A$ の主固有値が $n$ 以下であれば，問題(7.14)の最適解は存在することが保証できる．ここで，数理経済学 [13] ではよく知られている一つの定理を紹介する．

**定理7.4** $B$ を既約で非負行列とする．行列 $\bar{B}=(\lambda I-B)$ とする．ただし，$\lambda$ は実数である．このとき，以下の二つの条件は等価である．

1. $B$ の主固有値は $\lambda$ より小さい．

2. $\bar{B}^{-1}$ は正行列である．

定理 7.4 から簡単に以下の定理が導かれる．

**定理 7.5** $B$ を既約な $n$ 次非負行列とする．$B$ の主固有値が 1 以下であれば，
$$\begin{aligned}
&\min && \|(B-I)w\|^2 \\
&\text{s.t.} && e^T w = 1 \\
& && w_1 \geq 0, \cdots, w_n \geq 0
\end{aligned} \tag{7.15}$$
の最適解は正ベクトルである．

$A$ が主固有値が $n$ 以下であれば，定理 7.5 からモデル(7.14)から得られる重要度は正である．しかしながら，7.2 節で述べた性質(1), (2), (3)をみたす $n$ 次の一対比較行列の主固有値は $n$ 以上であることが知られている．したがって，定理 7.5 は一対比較行列に対して直接的には役立たない．何らかの正規化を施した一対比較行列または超行列に対して，定理 7.5 は有効であろう．

問題(7.15)を解く方法は，Wolfe［16］をはじめ盛んに研究［3］［10］されている．$B$ の主固有値が 1 以下であれば，それらのアルゴリズムを使わなくとも簡単に最適解を求めることができる．$B$ の主固有値が 1 であれば，最適解は $B$ の主固有ベクトルそのものである．$B$ の主固有値が 1 未満であれば，
$$\begin{bmatrix} (I-B)^T(I-B) & e \\ e^T & 0 \end{bmatrix} \begin{bmatrix} w \\ \mu \end{bmatrix} = \begin{bmatrix} 0 \\ 1 \end{bmatrix} \tag{7.16}$$
を解くことで問題(7.15)の最適解を求めることができる．つまり，連立方程式系(7.16)をみたす $\bar{w}$ が問題(7.15)の最適解である．なお，連立方程式系(7.16)の係数行列が正則であること，連立方程式系(7.16)を満たす $\bar{\mu}$ が負であることは，読者の手で確かめられたい．こららの事実から $\bar{w}$ は正ベクトルであり，唯一であることが確かめられる．なお，モデルの解が正であり，スカラー倍を除いて唯一であることは重要度ベクトルとして必要条件であろう．

## 7.6 ブランドイメージと価格設定

本節では,競合企業間の新製品価格決定のゲームとしてAHPの固有値法をモデル化する.競合企業 $n$ 社の同一種類の既存製品に対して,消費者の間には固定されたブランドイメージがあり.このブランドイメージを一対比較行列 $A=[a_{ij}]$ として表現できたとする.つまり,$a_{ij}$ は第 $j$ 社の製品の価値に対して第 $i$ 社の製品の価値の比を示し,第 $i$ 社の製品であれば,第 $j$ 社の製品の価格の $a_{ij}$ 倍で購入することを意味する.

同一機能を有する新製品を各社が次期のシーズンに一斉に発売する.新製品の価格を $w=(w_1, \cdots, w_n)$ としよう.第 $j$ 社の製品の価格が $w_j$ 円であると知った消費者は,第 $i$ 社の製品であれば $a_{ij}w_j$ 円で購入する.第 $i$ 社以外の価格 $w_j(j \neq i)$ 円を知った消費者は,それらの情報から第 $i$ 社の製品であれば $\sum_{j \neq i} a_{ij}w_j/(n-1)$ 円で購入するであろう.第 $i$ 社の製品の価格が $w_i$ であることを消費者が知ったとき,

$$\frac{\sum_{j \neq i} a_{ij}w_j}{(n-1)w_i} \tag{7.17}$$

を第 $i$ 社の製品に対する割安感として消費者は捉えるであろう.そして,割安感の一番大きな製品を多くの消費者が購入する.このような消費者のブランドイメージと消費行動から,価格ベクトル $w$ に対して第 $i$ 社の損失関数を次のように定義する.

$$L^i(w) = \max\left\{\frac{\sum_{j \neq 1} a_{1j}w_j}{(n-1)w_1}, \cdots, \frac{\sum_{j \neq n} a_{nj}w_j}{(n-1)w_n}\right\} - \frac{\sum_{j \neq i} a_{ij}w_j}{(n-1)w_i} \tag{7.18}$$

一番大きな割安感から自社製品の割安感の差で価格設定による損失を測定し,この値が大きければ,より大きな損失を被ったことを示す.

ここで,均衡価格比のベクトル $\bar{r}=(\bar{r}_1, \cdots, \bar{r}_n)$ を定義する.第 $i$ 社以外は価格を $\bar{w}_j(j \neq i)$ とし,第 $i$ 社は価格 $\bar{w}_i$ からどのような価格 $w_i$ に変えても損失関数値 $L^i(\bar{w})$ を小さくすることはないということがすべての会社 $i=$

$1, \cdots, n$ で成立する場合，この $\bar{w}=(\bar{w}_1, \cdots, \bar{w}_n)$ から得られる価格比 $\bar{r}_1=\bar{w}_i/\bar{w}_1$ を均衡価格比と呼ぶ．式で表現すれば，均衡価格比のベクトル $\bar{r}$ は任意の正のベクトル $(w_1, \cdots, w_n)$ に対して

$$L^1(\bar{w}) \leq L^1(w_1, \bar{w}_2, \cdots, \bar{w}_n),$$
$$\vdots$$
$$L^i(\bar{w}) \leq L^i(\bar{w}_1, \cdots, \bar{w}_{i-1}, w_i, \bar{w}_{i+1}, \cdots, \bar{w}_n),$$
$$\vdots$$
$$L^n(\bar{w}) \leq L^n(\bar{w}_1, \cdots, \bar{w}_{n-1}, w_n)$$

が成立するような正のベクトル $\bar{w}=(\bar{w}_1, \cdots, \bar{w}_n)$ により与えられる $\bar{r}=(1, \bar{w}_2/\bar{w}_1, \cdots, \bar{w}_n/\bar{w}_1)$ である．ブランドイメージの一対比較行列 $A$ の正の主固有ベクトルがこの均衡価格比のベクトルとなり，それに限ることが知られている [9]．

このゲーム論モデルを以下の例で具体的に説明しよう．

4カラットダイヤモンドの立て爪婚約指輪を買うため，男性が東京に出てきた．ニューヨークに本店があるT社，パリから最近進出してきたB社，全国各地のデパートに出店しているS社，安売り王で知られるK社の4店に絞って，商品を見て回ることにした．彼の婚約相手は事前に雑誌等に掲載されている各社の広告を見て，ブランドイメージを図表7.8の一対比較表として捉えていた．

4カラット相当のダイヤモンドの立て爪婚約指輪の価格を彼が調べたところ，図表7.9の⑧で示したとおりであった．各社の商品の割安感を(7.17)式に従って計算したところ，図表7.9の⑧となり，彼はK社の20万円の婚約指輪

**図表7.8** ブランドイメージの一対比較

|    | T社 | B社 | S社 | K社 |
|----|-----|-----|-----|-----|
| T社 | 1   | 5/4 | 3/2 | 3   |
| B社 | 4/5 | 1   | 3/2 | 2   |
| S社 | 2/3 | 2/3 | 1   | 3/2 |
| K社 | 1/3 | 1/2 | 2/3 | 1   |

**図表 7.9** 各社の価格，割安感と損失関数値

|     | Ⓐ 価格(万円) | Ⓑ 割安感 | Ⓒ 損失関数値 | Ⓓ 価格(万円) | Ⓔ 割安感 | Ⓕ 損失関数値 |
|-----|---|---|---|---|---|---|
| T社 | 60 | 1.15 | 0.208 | 50 | 1.03 | 0.01 |
| B社 | 70 | 0.705 | 0.656 | 40 | 1.04 | 0.00 |
| S社 | 40 | 0.972 | 0.389 | 30 | 1.00 | 0.03 |
| K社 | 20 | 1.36 | 0.000 | 20 | 0.944 | 0.10 |

を買って東京から戻った．ところが，帰り道に指輪を落としてしまい，翌週改めて東京に出直した．すると，該当する指輪の価格は，図表 7.9 のⒹとなっていた．

図表 7.9 のⒺで示された値が各社の割安感であるが，各社間には大きな違いがない．彼は迷ってしまい選ぶことができずに，帰っていった．

この例題の均衡価格比は，T社の価格を 1 とすると，B社の価格は 0.807，S社の価格は 0.586，K社の価格は 0.374 である．この価格比によれば，T社の価格が 50 万円であれば，B社，S社，K社の価格はそれぞれ，40 万 3261 円，29 万 3240 円，18 万 7229 円となる．このときの各社の割安感は同一の値で 1.004 である．均衡価格比を与えるベクトル (500000, 403261, 293240, 187228) は図表 7.9 のⒹの値とほぼ等しい．そのため，例題の男性は割安感の観点からでは選択することができなかったのである．図表 7.8 の一対比較行列を $A$ とすると，この均衡価格比のベクトルは $A$ の主固有ベクトルであり，均衡時の割安感 1.004 は $(1/3)(A-I)$ の主固有値に一致する．読者には実際に計算して確かめられたい．

一対比較行列を構成することで，買い手と売り手は重要な情報を得ることができる．例題では，男性の婚約者による一対比較行列であったが，売り手が欲しい一対比較行列は，購買層に属する人々が有する一対比較行列である．このような一対比較行列を一意に定めることは難しいであろう．人によって同一の項目対の一対比較値に違いがでる．また，個人のレベルでも，項目対の比較評価するときに，評価結果を値として答えるよりも区間値として答えるほうが適切な場合もある．複数の一対比較行列群から重要度を算出する方法や区間値を

持つ一対比較行列から重要度を算出する方法については第4章で論じられているので，これ以上言及しない．なお，複数の一対比較行列群と区間値を持つ一対比較行列を同時に取り扱えるモデルと重要度算出法が参考文献［8］に紹介されているので，参照されたい．

著者の知る限り，複数の一対比較行列群や区間値を持つ一対比較行列を対象として構築されたゲーム論モデルは未だない．なお，7.4節で議論した重要度に事前情報を制約$Cw \leq b$として組み込むことについては，均衡条件(7.19)に直接付加すればよい．つまり，任意の$(w_1, \cdots, w_n) \in \{w^T | Cw \leq b$ かつ $w_1 > 0, \cdots, w_n > 0\}$ に対して

$$L^1(\bar{w}) \leq L^1(w_1, \bar{w}_2, \cdots, \bar{w}_n),$$
$$\vdots$$
$$L^i(\bar{w}) \leq L^i(\bar{w}_1, \cdots, \bar{w}_{i-1}, w_i, \bar{w}_{i+1}, \cdots, \bar{w}_n),$$
$$\vdots$$
$$L^n(\bar{w}) \leq L^n(\bar{w}_1, \cdots, \bar{w}_{n-1}, \bar{w}_n)$$

が成立する $\bar{w} \in \{w^T | Cw \leq b$ かつ $w_1 > 0, \cdots, w_n > 0\}$ を見出す問題になる．この問題に対して，可変次元アルゴリズムやパス追跡アルゴリズムを利用することで解くことができるであろう(可変次元アルゴリズムやパス追跡アルゴリズムについては参考文献［14］［17］を参照されたい)．

## 7.7 モデル比較と課題

フロベニウスの諸定理に基づいた固有値法のモデルを紹介した．これらのモデルを理解することにより，AHPの適用の範囲がさらに広がることを期待する．例えば，7.3節に示した例題「4カ国の国力比較」での一対比較値として為替レートを当てはめて解析するのも面白い．

7.1節に紹介した対数最小二乗法モデルやCoggerとYuが提案した最小二乗法［2］モデルなど固有値法以外のモデルも含めれば，一対比較行列から重要度算出法およびモデルは，まだまだ作成できるであろう．一対比較が完全に

実行できない場合，区間判断を許した一対比較を行う場合，複数人で一対比較を行う場合，バイナリ AHP など特殊な状況で，それぞれのモデルが適用可能かどうかも含めて，それらの違いが明らかになる．また，そのような特殊状況に対して特化したモデル，方法（アルゴリズム）も本書で多数紹介されているが，それらが通常の AHP に対して，どのような重要度を与えるのかを検討するのも面白いであろう．

具体例で，AHP のいくつかの手法を比較してみよう．大相撲力士のランク付けに対して AHP の各種の方法を適用する．部屋別に取組みが組まれているので，場所中に同部屋対決は基本的に行われない．つまり，完全一対比較できない．貴乃花，若乃花，曙，武蔵丸の4横綱(1999年9月現在)の1997年11月場所から1999年7月場所までの対戦成績を図表7.10に示す．この図表7.10から一対比較値 $a_{ij}$ を規定する方法はいろいろあるが，ここでは，次のようにして求める．

$$f_{ij} = \begin{cases} \dfrac{\text{第}i\text{力士の第}j\text{力士に対する(勝ち数} - \text{負け数)}}{\text{第}i\text{力士と第}j\text{力士の対戦数}} & \text{対戦数が1以上である場合} \\ -\infty & \text{それ以外の場合} \end{cases}$$

として，$a_{ij} = \theta^{f_{ij}}$ とする．ただし，$\theta$ は正のパラメータである．$\theta = 2$ とすると，行列 $A = [a_{ij}]$ は(7.19)式で与えられる．

$$A = \begin{bmatrix} 0 & 0 & 0.707 & 1.189 \\ 0 & 0 & 1.1487 & 1.000 \\ 1.414 & 0.871 & 0 & 0.743 \\ 0.841 & 1.000 & 1.346 & 0 \end{bmatrix} \tag{7.19}$$

**図表 7.10** 4横綱の近年における対戦成績

| 対戦成績 | 貴乃花 | 若乃花 | 曙 | 武蔵丸 |
|---|---|---|---|---|
| 貴乃花 | | | 1勝3敗 | 5勝3敗 |
| 若乃花 | | | 3勝2敗 | 4勝4敗 |
| 曙 | 3勝1敗 | 2勝3敗 | | 2勝5敗 |
| 武蔵丸 | 3勝5敗 | 4勝4敗 | 5勝2敗 | |

（各マスは行の力士の勝敗数．例：貴乃花 v.s. 曙は，貴乃花の1勝3敗）

## 7.7 モデル比較と課題

比較された対には一対比較値を与え，比較されていない対に対応する成分の値を 0 とした評価行列を不完全一対比較行列と呼ぼう．(7.19)式の $A$ は図表 7.10 から得られた不完全一対比較行列である．

不完全一対比較の下での重要度算出法として，Harker 法 [4]，TS 法 [12] が提案されている．これらの方法を(7.19)式の $A$ を用いて説明しよう．Harker 法では，(7.19)式の $A$ の第 1 行の非対角成分での"0"の数は 1 なので，(7.19)式の $A$ の第 (1, 1) 成分に 1 を，第 2 行の非対角成分での"0"の数は 1 なので，第 (2, 2) 成分に 1 をそれぞれ代入して一対比較行列を生成し，その主固有ベクトルを重要度とする方法である．一方，TS 法では(7.19)式の $A$ の対角成分すべてに 1 を代入して，第 1 行の幾何平均値 $0.943 = \sqrt[3]{1 \times 0.707 \times 1.189}$ と第 2 行の幾何平均値 $1.047 = \sqrt[3]{1 \times 1.149 \times 1}$ から第 (1, 2) 成分もしくは第 (2, 1) 成分に補完値として $0.943/1.047$, $1.047/0.943$ をそれぞれ代入して一対比較行列を生成し，その主固有ベクトルを重要度とする方法である．

一方，(7.19)式の不完全一対比較行列 $A$ で与えられた AHP に対してモデル(7.4)式を自然に拡張すれば，モデル

$$\min_{w>0} \max \left\{ \frac{\sum_{j=1}^{4} a_{1j} w_j}{2w_1}, \frac{\sum_{j=1}^{4} a_{2j} w_j}{2w_2}, \frac{\sum_{j=1}^{4} a_{3j} w_j}{3w_3}, \frac{\sum_{j=1}^{4} a_{4j} w_j}{3w_4} \right\} \quad (7.20)$$

を得る．このモデルの重要度は，以下の行列

$$\begin{bmatrix} 0 & 0 & 0.707/2 & 1.189/2 \\ 0 & 0 & 1.1487/2 & 1.000/2 \\ 1.414/3 & 0.871/3 & 0 & 0.743/3 \\ 0.841/3 & 1.000/3 & 1.346/3 & 0 \end{bmatrix}$$

の主固有ベクトルと一致する．対数最小二乗法(7.2)式も，一切変更することなく(7.19)式の不完全一対比較行列 $A$ に対して適用できる．

TS 法，Harker 法，モデル(7.20)式と対数最小二乗法での評価結果は，図表 7.11 で示す．各種手法による 4 横綱の順位付けは，すべて同じ結果になった．ただし，各手法での重要度は異なる．例えば，力士間の重要度の差に注目

**図表7.11** 各種手法での評価結果

|  | 若乃花 | 武蔵丸 | 曙 | 貴乃花 |
|---|---|---|---|---|
| TS法 | 1.000 | 0.986 | 0.939 | 0.895 |
| Harker法 | 1.000 | 0.983 | 0.935 | 0.890 |
| モデル(7.20) | 1.000 | 0.978 | 0.930 | 0.890 |
| 対数最小2乗法 | 1.000 | 0.958 | 0.909 | 0.856 |

すると，TS法での重要度間の差と比較して，対数最小二乗法で得られた重要度間の差は大きい．図表7.12に記述した手法の順序(TS法，Harker法，モデル(7.20)式，対数最小二乗法)に従って重要度間の差が広がっていく傾向がわかる．

各手法から得られる重要度の特性は，いくつかの実験[6][12]によって報告されているが，十分には解明されていない．

図表7.11では，Harker法の重要度とモデル(7.20)式の重要度は非常に近い．なお，すべての項目で欠落数(不完全一対比較行列の各行での0の数)が一致していれば，Harker法の重要度とモデル(7.20)式の重要度が一致する．この事実は，Harker法をモデル化することで簡単にわかる．$k_i$を不完全一対比較行列$A$の第$i$行における0である非対角成分の個数とすると，

$$\min_{w>0} \max\left\{\frac{\sum_{j=1}^{n}a_{1j}w_j}{w_1}+k_i, \cdots, \frac{\sum_{j=1}^{n}a_{nj}w_j}{w_n}+k_n\right\} \quad (7.21)$$

となる．一方，モデル(7.20)式を$k_i$を用いて記述すると，

$$\min_{w>0} \max\left\{\frac{\sum_{j=1}^{n}a_{1j}w_j}{(n-1-k_1)w_1}, \cdots, \frac{\sum_{j=1}^{n}a_{nj}w_j}{(n-1-k_n)w_n}\right\} \quad (7.22)$$

である．$k_1=\cdots=k_n$であれば，$\min_{w>0}\max\{(\sum_{j=1}^{n}a_{ij}w_j)/w_i|i=1, \cdots, n\}$とモデル(7.21)，(7.22)式のいずれとも等価なので，同一の最適解を持つ．

このように，手法をモデル化することで，その手法から得られる重要度の特徴を明らかにすることができる．また，手法をモデル化することで，その手法の利用者の要求を，例えば制約条件という形でモデルの上で記述することも可能である．今後，AHPの理論研究において，手法の提案のみならずモデル提

示も積極的に行われることが望まれる．AHPの実践においては，利用者が重要度に望む特性を数多く報告されることに期待する．とくに，重要度に望まれる特性に反する結果はAHPのモデル，手法の研究において貴重である．

＊本章の執筆を著者に強く勧めていただいた名城大学の木下栄蔵教授に厚く感謝する．なお，本報告の遂行にあたり，著者は静岡大学工学振興基金および日本学術振興会奨励研究ANo.11780328の援助を受けた．

## 参考文献

［1］ Borde, J. and Crouzeix, J. P., "Convergence of a Dinkelbach-Type Algorithm in Generalized Fractional Programming," *Zeitschrift für Operations Research*, Vol.31, 1987, pp.31-54.

［2］ Cogger, K. O. and Yu, P. L., "Eigen weight vectors and least distance approximation for revealed preference in pairwise weight ratios," *Journal of Optimization Theorey and Applications*, Vol.46, 1985, pp.483-491.

［3］ Fujishige, S. and Zhan, P., "A dual algorithm for finding the minimum-norm point in a polytope," *Journal of the Operations Research Society of Japan*, Vol. 33, 1990, pp.188-195.

［4］ Harker, P. T., "Alternative modes of questioning in the analytic hierarchy process," *Mathematical Modelling*, Vol.9, 1987, pp.353-360.

［5］ Harker, P. T., and Vargas, L.G., "The theory of ratio scale estimation: Saaty's Analytic Hierarchy Process," *Management Science*, Vol.33, 1987, pp.1383-1403.

［6］ Saaty, T. L., and Vargas, L. G., "Comparison of eigen value, logarithmic least squares and least squares method in estimating ratio," *Mathematical Modelling*, Vol.48, 1984, pp.100-104.

［7］ Schaible, S., "Fractional Programming, in R. Horst and P. M. Pardalos, eds., *Handbook of Global Optimization*, Kluwer Academic Publishers, Netherlands, 1995, pp.495-608.

［8］ Sekitani, K., "Estimating a principal eigenvalue of a positive matrix including uncertain data," http://www.ism.ac.jp/tsuchiya/sympo

[9] Sekitani, K., and Yamaki, Y., "A logical interpretation for the eigen value method in AHP," *Journal of the Operations Research Society of Japan*, Vol.42, 1999, pp.219-232.

[10] Sekitani, K. and Yamamoto, Y., "A recursive algorithm for finding the minimum norm point in a polytope and a pair of closest points in two polytopes," *Mathematical Programming*, Vol.61, 1993, pp.233-249.

[11] Takahashi, I., "Recent theoretical developments of AHP and ANP in Japan," *Proceedings of the Fifth Conference of Internationa Symposium on Analytic Hierarchy Process*, 1999, pp.46-56.

[12] Takahashi, I. and Fukuda, M., "Comparisons of AHP with other methods in binary paired comparisons." *Proceedings of the Second Conference of APORS within IFORS*, 1991, pp.325-331.

[13] Takayama, A., *Mathematical Economics*, Cambridge University Press, Cambridge, 1985.

[14] Laan, G. van der and Talman, A. J. J., "A restart algorithm for computing fixed points without an extradimension," *Mathematical Programming*, Vol.17, 1979, pp.14-84.

[15] 刀根 薫，真鍋龍太郎編，『AHP事例集』日科技出版社，1990.

[16] Wolfe, P., "Finding the nearest point in a polytope," *Mathematical Programming*, Vol.11, 1976, pp.128-149.

[17] Yamamoto, Y., "Fixed point algorithms for stationary point problems," in M. Iri and K. Tanabe, eds., *Mathematical Programming : Recent Developments and Applications*, Kluwer Academic Publishers, Dordrecht, 1989, pp.283-307.

*実際編*

# グループAHPの人事評価への適用

八巻直一

## 1. はじめに

　ここで紹介する事例は，あるソフトウェアハウス（A社）における人事評価に，グループAHPを適用したものである．ソフトウェア開発においては，常に急激な技術革新が起こる．また，生産性における個人差は，数倍に留まらず数十倍に達するとさえいわれている．それゆえ，優秀な才能の獲得と育成が不可欠である．仕事のできる人に，適切な報酬とチャンスが与えられるような，魅力的な雇用システムの確立が重要である．そのことは結局，従来型の年齢給中心の人事システムを完全に否定することを意味する．当然の帰結として，能力評価中心の人事システムへの改革が業界の急務とされている[1]．

　能力評価中心の人事システムを実現するためには，被評価者に納得のいく評価ができることが絶対条件である．評価者によって，評価が大きく異なるような人事システムは崩壊するに違いない．そのためには，評価者間で評価基準の合意形成が合理的になされることが鍵である．

　ここに示すのは，ソフトウェアハウス（A社）において，人事考課の意思決定支援のために，グループによる大規模なAHPが可能なように工夫を施された手法を適用した実験報告である．結果は成功であり，経営者にも現場技術者にもよく受け入れられた．人事評価にAHPを適用する目的は，以下のようなものであった．

　① 評価プロセスの合理性と透明性を確保する
　② 結果についての納得感を確保する

③ 従来の評価表をそのまま用いた作業の簡明さを確保する

A社の人事評価は，半年ごとに実施される．ある要員は，評価対象期間に所属したプロジェクトのリーダー（必ずしも一人ではない）によって評価される．評価方法は，能力・業績・仕事振りについて点数化し，さらに項目ごとの加重平均値をもって評価得点とする．現実の人事評価の場面では，「評価項目間の重み係数の決定」，および「評価項目ごとの評価対象者間の相対評価」が評価する側の作業となる．

## 2. 評価項目の重みの決定

集団によって評価項目間の主観的な重み付けを行うAHPの手法は，例えば，Saatyによって提唱されている[2]．山田らはSaatyの考え方を発展させて，個人の意見の強さや妥協といった要素をとりいれた集団の合意形成手法を提案し，この手法が人事評価問題によく適合することを確認した[3]．

AHPでは，各評価項目間の一対比較を行い，一対比較行列を構成する．このとき，一対比較行列の最大固有値に対する固有ベクトルが，評価項目の重み係数となる．もし，複数の評価者が各々一対比較行列を提出したとき，なんらかの意味で合意形成し一対比較行列を決定しなければならない．

山田らの方法では，各評価者は一対比較を行う際，比較値ではなく幅を持った区間を提出するところに特徴がある．区間には次の二つの意味がある．
① 集団の合意形成を目的として，自分の主張に幅をもたせることで妥協の表明をする．
② 幅の大きさで主張の強さを表明する．すなわち，狭い区間は強い主張を意味し，広い区間は弱い主張を意味する．

このとき，もし全員の主張する一対比較値の区間に共通部分が存在すれば，共通区間内に一対比較値が決定されることにより，合意が成立したことになる．共通部分のどこに一対比較値を決定するかについて，山田らは整合度を最小にする値を選択することを提案している．もし，共通部分が存在しなければ，その事実を各々の評価者にフィードバックして，主張の歩み寄りを期待する．そ

## 2. 評価項目の重みの決定

れでも共通部分が存在しなければ，例えばすべての区間を含むような区間内に一対比較値を決定する．この場合は必ず一部の評価者には不満のある一対比較値となるので，不満を定量化して最小化するような値とする．

モデルの概念を表す．$X$ はグループ一対比較行列と呼ばれる正方行列である．$X$ の $i, j$ 要素を $x_{ij}$ と表すことにすれば，$x_{ij}$ は評価項目の $i$ 番項目と $j$ 番項目の一対比較値である．このとき評価に参加するメンバー個々は，一対比較を主張する区間で与えるので，$x_{ij}$ は上の説明で定義される区間制約の中で決定される．

［最小化］ 整合度＋不満度： いずれも $X$ の関数

ただし，一対比較行列 $X$ は次の制約を満たす．

固有方程式 　 $Xw = \lambda w$，$w > 0$

逆数対称性 　 $x_{ij} = 1/x_{ij}$

区間制約 　 $l \leq X \leq u$

不満度とは，各メンバーの主張区間の中央値と，決定された一対比較値との距離の重み付き二乗和である．上のモデルは非線形最適化問題である．したがって，解を得るには非線形計画法を用いる必要がある．本事例では，逐次二次計画法を用いている．

上のような手続きには，主張や妥協，あるいはフィードバックなどの自然な合意形成過程が含まれる点が特徴である．さらに，最終結果は数理計画法による合理的な意味付けのされた最適値となる．

A 社では，過去 6 カ月間の人事評価を，(1)「業務成果」，(2)「能力の伸び」，および(3)「仕事に対する姿勢」の三つの項目について行う．このとき，評価者によって付与された項目ごとの評価点の，重み付き平均値をもって評価値としている．本事例では，評価する側の 17 人のメンバーが，(1)，(2)，(3) の評価項目間の一対比較を主張する区間として持ち寄り，グループ AHP のモデルで合意を試みる実験が計 3 回行われた．

実験の手順は以下のとおりである．

① 評価項目間の一対比較を区間で与えるためのアンケートソフトウェアを配布する．

② 第一次アンケートを回収する．
③ 全評価項目の全員の一対比較結果を，項目ごとにグラフ化してフィードバックする．
④ 他人の一対比較結果を見て自分の主張を変更するならば，修正を行う．
⑤ グループAHP法により評価項目の重み係数を算出する．
⑥ 被験者に対するヒヤリングによりプロセスと結果を評価する．

1回目の実験では，AHPの理解不足から被験者の主張を正確に反映しないデータが含まれていた．2回目以降では被験者に対する説明を工夫することと，アンケートソフトウェアの工夫によりこの点は解消されたと考えられる．

興味深い事実は，第一次アンケートのフィードバックの結果，ほとんど主張の修正は見られなかったことである．人事評価は彼らの職務であり，日頃の主張を変更して妥協することができなかったのである．この結果，合意形成とは妥協の産物の生成ではなく，合意形成プロセスの合理性によって説得力のある結果を生成することが鍵といえそうである．

なお，後述の大規模AHPの実験では，ここで得られた「成果」「能力」および「姿勢」に対する重要度 $W = (0.6, 0.2, 0.2)$ を用いている．

## 3. 大規模AHPのモデル

人事評価では，各要員はAHPにおける代替案と見なされる．したがって，単独もしくは複数の評価者により，非常に多くの代替案が評価されることになる．このような場合を大規模AHPと呼ぶ．大規模AHPでは代替案が多数なので，評価者が全代替案間の一対比較を行う手間は膨大であり，事実上すべての一対比較は不可能である．そこで，代替案が非常に多く，かつ評価者が複数であるような場合に適合するよう，AHPに以下に示すような工夫をした．

評価者を $L$ 人とし，代替案を $n$ 個とする．このとき，第 $l$ 評価者が一対比較した代替案対の集合を

$$K\_l = \{(i, j) \mid 代替案 i, j (i<j) は第 l 評価者によって相対評価された\}$$

とする．第 $l$ 評価者が代替案 $i$ に対して代替案 $j$ を一対比較した場合，その一対

比較値を $x_{ijl}$ とする.

全代替案間の中で一対比較された代替案対を示すために,代替案 $i$ を点 $i$ に対応させて,点集合 $V = \{1, ..., n\}$ と有向な並列枝の集合 $E$ から構成されるグラフ $G = (V, E)$ を考える.ここで,各枝は各評価者 $l = 1, ..., L$ ごとに代替案 $i, j$ が $(i, j) \in K\_l$ であれば,点 $i$ から点 $j$ へ枝を結ぶことで与えられる.このグラフを一対比較グラフ $G$ と呼ぶ.複数の評価者が重複して代替案 $i, j$ を一対比較したならば,グラフ $G$ で点 $i$ から点 $j$ への枝は2本以上存在する.

通常の AHP では,単独の評価者により全代替案対について重複なく一対比較を行う.この場合一対比較グラフ $G$ は完全グラフに相当する.グラフ $G$ が連結であれば,任意の点間を結ぶ枝が存在している.したがって,この場合任意の二つの代替案は何らかの関係付けを行うことで評価可能である.

グラフ $G$ の接続行列を $A$ とすると,点 $i$ から点 $j$ に有向枝があるとき,$i$ 列要素は1,$j$ 列要素は $-1$ であり,その他は0である.また,$A$ の $l$ 行で表された枝に対して一対比較値 $b_{i}$ が対応するベクトル $b$ がカットベクトルである.重要度ベクトルを求めるために,対数最小二乗問題を与えると,通常の AHP における幾何平均法を含む拡張となる.

カットベクトルの要素を対数変換したベクトルを $p$ とし,求める重要度ベクトルの $w$ の要素を対数変換したベクトルを $q$ とすると,$q$ に対する最小二乗問題が次のように定義できる.

$$\min \| A^T q - p \|^2$$

この問題の解釈は,例えば「$x_{ijl}$ を点 $i$ と点 $j$ 間の標高差の観測値と考えれば,各標高差 $x_{ijl}$ に最も適合するように各点 $i$ の標高 $q\_i$ を推定する.」とできる.上の最小二乗問題の一般解 $q$ は次式で与えられる.

$$q = (AA^T + ee^T)^{-1} Ap + \alpha/ne$$

ただし,$e$ はすべての要素が1であるベクトル,$\alpha$ は任意の実数である.ここで,$q$ を対数逆変換すれば,もとの問題の重要度ベクトル $w$ となる.このとき,$\alpha$ に適当な値を与えれば,重要度の和が1となる正規化パラメータとなる.

これで,幾何平均法の拡張による,不完全データおよび重複データのある場合の重要度を求める方法ができた.これを用いて,各評価項目ごとの要員の評

価を行う実験を実施した．実験では対象となる被評価者は22名である．これらの被評価者は1, 2, 3の三つのグループに別れて所属しており，各々のグループリーダーが傘下の要員を評価する．さらに，グループ全体の管理者によって，各グループから選択した要員を評価する．

本来，AHPによる評価では，被評価者間の一対比較を行うことになるが，従来各評価項目に15点満点で採点する方法が用いられてきており，できればなじんだ評価方法が望ましい．そこで，本実験では従来用いられてきた評価表から，逆に一対比較値を推定した値をカットベクトルに割り当てる方法をとった．逆AHPとでもいうべきか．推定値を次の式で与えた．

$x_{a\_\{ijl\}}$ ＝評価項目に対する$l$番の評価者による$i$番被評価者と$j$番被評価者の一対比較値

＝$i$番被評価者の得点/$j$番被評価者の得点

図表1は，AからVまでの被評価者に対して，成果，能力，および姿勢の三つの項目に対する評価者による採点表である．評価者1は1グループのリーダー，評価者2は2グループのリーダー，評価者3は3グループのリーダーであり，評価者4は全体の管理者である．

図表1から，1, 2, 3の三つのグループに含まれる被評価者間には，逆AHPによって完全グラフとなる一対比較グラフが構成される．また，全体の管理者によって評価されたグループについても同様である．しかし，全被評価者については不完全なデータであり，かつ一部の被評価者間には評価の重複が存在する．

図表1のデータに対して，大規模AHPの重要度推定法を適用すると，図表2が得られる．ここで，単純集計の欄は各評価項目の素点を，第2節で求めた重要度による荷重平均をとり，全被評価者の得点の総和が1000点になるように配分したものである．従来はこの得点をもって人事評価としていたものである．AHP集計の欄は，評価項目の重要度は単純集計の場合と同じものを用い，その結果を大規模AHPによる全被評価者の重要度の比にしたがって再配分したものである．なお，全被評価者の得点合計を1000点となるような基準化をしている．

図表3は，総合評価を棒グラフに表したものである．

ここで，要員AからVの総合評価の棒グラフは，右側がAHPによる集計であ

## 3. 大規模AHPのモデル

**図表1 採点表**

| | | 評価者1 | | | 評価者2 | | | 評価者3 | | | 評価者4 | | |
|---|---|---|---|---|---|---|---|---|---|---|---|---|---|
| 1 | A | 12 | 10 | 7 | | | | | | | 10 | 5 | 6 |
| | B | 9 | 10 | 11 | | | | | | | | | | |
| | C | 5 | 5 | 5 | | | | | | | | | | |
| | D | 8 | 10 | 5 | | | | | | | | | | |
| | E | 14 | 10 | 12 | | | | | | | 10 | 8 | 8 |
| 2 | F | | | | 8 | 6 | 6 | | | | | | | |
| | G | | | | 10 | 9 | 8 | | | | | | | |
| | H | | | | 14 | 12 | 11 | | | | 10 | 9 | 9 |
| | I | | | | 11 | 10 | 7 | | | | 4 | 7 | 3 |
| | J | | | | 10 | 9 | 7 | | | | | | | |
| | K | | | | 13 | 13 | 12 | | | | | | | |
| | L | | | | 11 | 9 | 7 | | | | | | | |
| | M | | | | 8 | 7 | 6 | | | | | | | |
| | N | | | | 12 | 10 | 10 | | | | | | | |
| 3 | O | | | | | | | 10 | 8 | 10 | 8 | 7 | 8 |
| | P | | | | | | | 7 | 10 | 7 | | | | |
| | Q | | | | | | | 14 | 11 | 12 | | | | |
| | R | | | | | | | 8 | 10 | 8 | 3 | 10 | 4 |
| | S | | | | | | | 14 | 11 | 12 | | | | |
| | T | | | | | | | 10 | 10 | 10 | | | | |
| | U | | | | | | | 8 | 10 | 11 | 5 | 7 | 10 |
| | V | | | | | | | 9 | 10 | 10 | | | | |
| | | 成果 | 能力 | 姿勢 | 成果 | 能力 | 姿勢 | 成果 | 能力 | 姿勢 | 成果 | 能力 | 姿勢 |

**図表2 総合評価表**

| 被評価者 | A | B | C | D | E | F | G | H | I | J | K |
|---|---|---|---|---|---|---|---|---|---|---|---|
| 単純集計 | 49.1 | 44.5 | 23.2 | 36.1 | 59.3 | 33.4 | 43.6 | 60.2 | 46.3 | 42.6 | 59.3 |
| AHP集計 | 59.3 | 52.0 | 27.2 | 41.6 | 68.6 | 29.3 | 38.4 | 59.9 | 36.3 | 37.5 | 52.6 |

| 被評価者 | L | M | N | O | P | Q | R | S | T | U | V |
|---|---|---|---|---|---|---|---|---|---|---|---|
| 単純集計 | 45.4 | 34.3 | 51.9 | 44.5 | 35.2 | 60.2 | 38.9 | 60.2 | 46.3 | 41.7 | 43.6 |
| AHP集計 | 39.8 | 30.2 | 45.8 | 50.3 | 36.4 | 61.0 | 35.9 | 61.0 | 47.4 | 44.7 | 44.9 |

る．この結果，AHPによる総合評価は，基本的な傾向は単純集計と変わらないものの，かなり異なる評価となる要員も見られる．もともと用いたデータが絶対評価であったのに対して，AHPでは複数の評価者を考慮して相対評価に置き

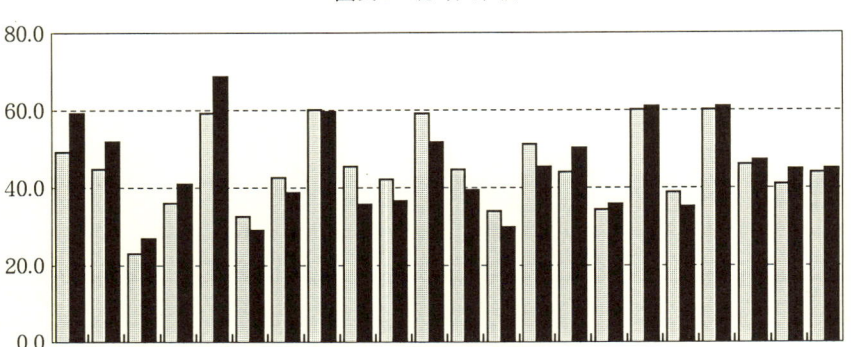

**図表3　総合評価**

直している．このことが，差異となって現れたと考えられる．

　この結果を，人事考課にどのように活かすかは，経営戦略の問題である．しかし，AHPによる評価プロセスは，ある種の合理性を持っており，評価結果に対する客観的な説明が可能である．この点が，これからの人事評価システムに最も求められる要素であろう．ちなみに，本実験の結果は，評価者にはほぼ肯定的であった．なによりも，評価項目の重要度を決定するプロセスへの参加ということが，中間管理者の人事管理に対するモチベーションを高める効果があると考えられる．

## 4．おわりに

　第3節でも述べたように，管理者層にとって，評価項目の重み係数の決定に参加することは，大変に有意義であったようである．また，評価対象者に対する複数の評価の集約について，科学的手法の持つ透明性は，非常によく受け入れられた．事後の議論の場を設けて感想や意見を集めたところ，集約すれば以下のようなものであった．

　①　［肯定意見］　評価項目の重みづけプロセスに納得性があり，受け入れやすい．

　②　［否定意見］　AHPの結果が機械的に用いられるならば，経営的意思の提

示がないことと等しい．ORそのものにいえることであろうが，いかに科学的アプローチの結実であろうとも，その結果は経営者の意思決定の支援に役立つにすぎない．本事例の場合もしかりである．しかしながら，実験結果は，主観的要素の多い人事評価において非常に有効なツールになるであろうことを示唆している．

　なお，本稿は，山田善靖博士(東京理科大学)，杉山 学氏(東京大学)，嶋田駿太郎氏，洪 時宗氏(株式会社システム計画研究所)および関谷和之博士(静岡大学)の各氏との共同研究によるところである．ここに，深く感謝します．


## 参考文献

[1] 社団法人情報サービス産業協会，「情報サービス産業における新雇用システムの提言」，『平成6年度情報サービス産業雇用高度化事業に関する研究報告書(1)』，1995.

[2] Saaty, T. L., *Group Decesion Making and The Analitic Hierarchy Process*, Springer-Verlag, 1989

[3] 山田善靖，杉山 学，八巻直一，「合意形成モデルを用いたグループAHP」，*Journal of the Operations Research Society Japan*, Vol.40, 1997, pp.236-244.

# AHP評価の繰返し修正支援法と
# その実装システム

加藤直孝

## 1. はじめに

　主観的評価に基づく意思決定法として知られるAHPでは，得られた評価結果の妥当性を検討したり，問題構造に対する理解を深めるため，繰り返し評価を見直すプロセスが重要といわれている[1]．実際，AHPを使ってみると，算出された重要度が自分の価値判断と合致しない場合があり，納得がいくまで一対比較評価を修正するか，階層構造を再検討することになる．また代替案に関して新しい知識を入手したり，時間の経過に伴って主観的評価が変容すると，代替案の重要度あるいは評価基準の重要度を修正したい場合がある．さらに，意図的に重要度を操作し，様々な異なる観点を設定して分析することは，問題構造をより深く理解するとともに，代替案を多面的に評価することにも役立つ．

　本稿では，このAHPによる評価の修正プロセスに焦点を当て，意思決定者がなるべく簡便に希望通りの重要度に修正できることを目的とした重要度の調整方法について述べる．さらに，この機能を実装した「AHP支援システム」について紹介する．

## 2. AHPによる評価の修正

　AHPでは，各評価基準の重要度と個々の評価基準から見た各代替案の重要度を求め，それらを合成することで評価基準全体から見た各代替案の総合重要度を求める．ここで各評価基準の重要度と個々の評価基準から見た代替案の重要

## 2. AHPによる評価の修正

度は，意思決定者による主観的な一対比較判断を通してそれぞれ求められる．

しかし，一通りの一対比較により算出された重要度あるいは代替案の総合重要度が，意思決定者の経験や直感から判断して妥当とは思われなかったり，納得できない場合がある．また意思決定のプロセスにおける主観判断の迷いから，一対比較判断が時間とともに変容することもある．このような場合，納得のいく重要度が得られるまで一対比較判断の修正作業を繰り返し行うことになる．

ところで，この一対比較判断の修正作業は煩雑になりがちである．なぜならば，評価基準あるいは代替案の数が多い場合，一対比較判断の回数が膨大になる中で，逆に修正候補とすべき一対比較を絞り込まなければならないからである．さらに一対比較の修正によって整合性を悪化させないよう配慮する必要もある．

そこで重要度あるいは整合度を改善する手段として，一対比較値を現在の値の前後にある刻みで変化させたときの重要度や整合度への影響を調べる感度分析［1］が用いられる．しかし，この方法では一対比較行列のサイズが大きくなるにつれて，どの一対比較値を変化させれば希望通りに重要度を修正でき，整合度も改善できるか判断することが難しくなる．増田［2］は，重要度あるいは整合度の感度係数がこの判断に有効に利用できることを明らかにし，また山口ら［3］は，整合性のない一対比較値をそのつど絞り込みながら，一対比較の修正を行う対話形式による重要度の計算法を提案している．

ここでは，重要度と整合度の感度係数を応用した別の方法として，意思決定者が現在の重要度に対して増減要求を与え，この要求を満たす方向に重要度を効率よく修正するための一対比較修正候補を探索する方法［4］［5］について説明する．特徴としては，従来の感度分析とは逆の発想で，重要度を希望の方向に修正したい場合，どの一対比較をどの方向へ修正すればよいか，そのときに整合度は改善されるかどうかを階層図の任意の評価基準において知ることができる．その結果，一対比較判断の修正に伴う負担を軽減することができる．

具体的には，階層図の任意の階層レベルの任意の評価基準 $k$ における（1）式の値を算出する．

$$g_{ij}(k) = h(k)w_{ij}(k)S(k)r(k) \tag{1}$$

ここで,

- $h(k)$： 階層図の任意レベルにある評価基準 $k$ に意思決定者が与えた重要度
- $w(k)$： 評価基準 $k$ に直属する $n_k$ 個の評価基準の重要度ベクトル $w_1(k)$, $w_2(k)$, $\cdots$, $w_{n_k}(k)$
- $w_{ij}(k) = \partial w(k)/\partial a_{ij}(k)$： 評価基準 $k$ に直属する評価基準 $i$ と評価基準 $j$ において意思決定者が一対比較値 $a_{ij}(k)$ を変更した場合の $w(k)$ の変化の感度係数を表す $n_k$ 次元行ベクトル
- $S(k)$： 評価基準 $k$ に直属する $n_k$ 個の評価基準それぞれから見た代替案($m$ 個)の重要度ベクトル $s_{1(k)}$, $s_{2(k)}$, $\cdots$, $s_{n_k(k)}$ を行方向に並べて構成される $n_k \times m$ 行列
- $r(k)$： 意思決定者が評価基準 $k$ から見た $m$ 個の代替案の重要度に対して与える増減要求の強さを表す $m$ 次元列ベクトル(ベクトル要素の値が 0 は要求なし,正値は増加,負値は減少の要求を表す)

すなわち,$g_{ij}(k)$ は,一対比較値 $a_{ij}(k)$ において評価基準 $i$ を評価基準 $j$ よりもさらに重視した場合に,代替案の重要度が要求した方向へ修正される効果の度合を表し,正の値は正の効果を,負の値は負の効果を意味することになる.

## 3. 例　題

各都道府県の行政課題である「住みやすさ」について AHP による評価を行う例題で説明する.住みやすさを決める要因として「生命」,「安定性」,「発展性」,「生きがい」の 4 基準を選び,代替案として「神奈川県」,「静岡県」,「京都府」を候補とする.評価を行った結果,図表 1 に示す重要度が得られたとする.このとき,「住みやすさ」($k=0$) に直属する 4 つの評価基準に関する感度係数は,図表 2 のように与えられる.

さて,図表 1 の代替案の総合重要度を見ると京都府 (0.341),静岡県 (0.332),神奈川県 (0.326) の順位となっている.この評価が自分の予想とは異なっており,その原因を分析したい場合,あるいは意図的に異なる順位を想定し,代替案の特徴を分析したい場合に,どのように一対比較の評価を修正すればよいかを説

## 3. 例　題

**図表1**　住みやすさに関するAHP評価

| 評価基準 | $w(0)$ 重要度 | 代替案重要度 $S(0)$ | | | |
|---|---|---|---|---|---|
| | | $s_n(0)$ | 神奈川県 | 静岡県 | 京都府 |
| 生命 | 0.227 | $s_1(0)$ | 0.348 | 0.288 | 0.364 |
| 安定性 | 0.539 | $s_2(0)$ | 0.318 | 0.346 | 0.336 |
| 発展性 | 0.170 | $s_3(0)$ | 0.328 | 0.341 | 0.331 |
| 生きがい | 0.064 | $s_4(0)$ | 0.317 | 0.352 | 0.331 |

| 代替案 | 総合重要度 |
|---|---|
| 神奈川県 | 0.326 |
| 静岡県 | 0.332 |
| 京都府 | 0.341 |

**図表2**　評価基準の重要度および整合度の感度係数（表中$k=0$の表記省略）

| $a_{ij}$ | 「生命」 $\partial w_1/\partial a_{ij}$ | 「安定性」 $\partial w_2/\partial a_{ij}$ | 「発展性」 $\partial w_3/\partial a_{ij}$ | 「生きがい」 $\partial w_4/\partial a_{ij}$ | $\partial CI/\partial a_{ij}$ |
|---|---|---|---|---|---|
| (1, 1) | 0.000 | 0.000 | 0.000 | 0.000 | 0.000 |
| (1, 2) | 0.305 | $-0.428$ | 0.096 | 0.027 | $-0.374$ |
| (1, 3) | 0.029 | $-0.005$ | $-0.022$ | $-0.002$ | 0.036 |
| (1, 4) | 0.010 | $-0.001$ | $-0.005$ | $-0.004$ | 0.005 |
| (2, 1) | $-0.019$ | 0.027 | $-0.006$ | $-0.002$ | 0.023 |
| (2, 2) | 0.000 | 0.000 | 0.000 | 0.000 | 0.000 |
| (2, 3) | $-0.009$ | 0.026 | $-0.017$ | 0.000 | $-0.002$ |
| (2, 4) | $-0.004$ | 0.013 | $-0.003$ | $-0.005$ | $-0.018$ |
| (3, 1) | $-0.116$ | 0.021 | 0.087 | 0.008 | $-0.144$ |
| (3, 2) | 0.078 | $-0.236$ | 0.156 | 0.003 | 0.014 |
| (3, 3) | 0.000 | 0.000 | 0.000 | 0.000 | 0.000 |
| (3, 4) | $-0.002$ | $-0.006$ | 0.012 | $-0.004$ | 0.017 |
| (4, 1) | $-0.165$ | 0.018 | 0.076 | 0.070 | $-0.086$ |
| (4, 2) | 0.099 | $-0.314$ | 0.080 | 0.135 | 0.444 |
| (4, 3) | 0.027 | 0.094 | $-0.184$ | 0.062 | $-0.269$ |
| (4, 4) | 0.000 | 0.000 | 0.000 | 0.000 | 0.000 |

明する．例として，静岡県と京都府の順位を逆転させたいとする．そこで，「住みやすさ」から見た代替案の総合重要度に対し，静岡県の重要度を上げ，反対に京都府の重要度を下げ，さらに神奈川県の重要度も若干下げる方針を取ることにする．例えば，相対変化の割合として，神奈川$-0.1$，静岡$0.4$，京都府$-0.5$の増減要求を与えたとする．このとき，この増減要求に対する効果の度合い$g_{ij}$$(0)$の値は(2)式で得られる．また図表3にその算出結果を示す．

図表3　$g_{ij}(0)$の算出結果

| 一対比較$a_{ij}$ | 感度$g_{ij}(0)$　（×1000） |
|---|---|
| (1, 1) | 0.0 |
| (1, 2) | −12.0 |
| (1, 3) | −1.2 |
| (1, 4) | −0.4 |
| (2, 1) | 0.7 |
| (2, 2) | 0.0 |
| (2, 3) | 0.4 |
| (2, 4) | 0.1 |
| (3, 1) | 4.7 |
| (3, 2) | −3.1 |
| (3, 3) | 0.0 |
| (3, 4) | 0.1 |
| (4, 1) | 7.0 |
| (4, 2) | −3.3 |
| (4, 3) | −0.7 |
| (4, 4) | 0.0 |

ここで，意思決定テーマでの重要度は1.0であるから$h(0)=1.0$である．

$g_{ij}(0) = h(0)w_{ij}(0)S(0)r(0)$

$= 1.0\ [\partial w_1(0)/\partial a_{ij}(0)\ \partial w_2(0)/\partial a_{ij}(0)\ \partial w_3(0)/\partial a_{ij}(0)$

$\partial w_4(0)/\partial a_{ij}(0)]\begin{bmatrix} 0.348 & 0.288 & 0.364 \\ 0.318 & 0.346 & 0.336 \\ 0.328 & 0.341 & 0.331 \\ 0.317 & 0.352 & 0.331 \end{bmatrix}\begin{bmatrix} -0.1 \\ 0.4 \\ -0.5 \end{bmatrix}\begin{matrix} 神奈川県 \\ 静岡県 \\ 京都府 \end{matrix}$

(2)

したがって，この表から要求に沿う効果が最も高い一対比較の変更候補は$g_{41}(0)(=7.0)$であり，「生きがい」を「生命」よりも重視すればよいことがわかる．また逆に最も要求に合わない結果となる一対比較の変更候補は$g_{12}(0)(=-12.0)$であり，「生命」を「安定性」よりも重視することであることがわかる．

同様の感度計算を任意の評価基準$k$について当てはめ，$g_{ij}(k)$を求めることができる．すなわち，AHP階層構造の任意のレベルの任意の評価基準において，

一対比較レベルで修正候補を把握することが可能となる．なお最下位レベルの評価基準については（1）式において$n_k = m$となり，$S(k)$を単位行列として算出する．また，（1）式を評価基準の重要度の修正に適用する場合も$S(k)$を単位行列とし，$r(k)$は評価基準の重要度に対して与える増減要求とする．

本方法の特徴は，一対比較値を修正する前の段階で，評価基準あるいは代替案の重要度に対して増減要求を与え，階層図の任意の評価基準について$g_{ij}(k)$を算出し，階層図全体にわたりこの増減要求に沿う一対比較の修正候補を絞り込むことにある．言い換えれば，特定の代替案の重要度を左右するすべての一対比較を階層図全体で把握することができる．また複雑な階層構造にも（一対比較の組合せが多くても）対応できる方法といえる．関連研究として，一対比較を行わず，重要度を直接指定する同時評定［6］が感性工学の分野で提案されている．本章の手法は，重要度に対して直感的な要求を与える点が同時評定と共通した考え方である．したがって，同時評定とAHP理論に沿った本章の手法を相補的に利用することも考えられる．

## 4. システムの概要

本システム（Choice Navigator）は，UNIX環境上で開発したグループ意思決定支援システム［5］を個人利用向けにWindows環境上に移植［7］し，独自に改良を進めているもので，前節の重要度の修正支援機能のほか，以下の特長を持つ．

(1) 階層データの作成，一対比較，代替案評価までをマウス操作を基本に行える．

(2) マルチウィンドウ画面表示により，任意の階層レベルの任意の評価基準から見た直属の評価基準と代替案の重要度をそれぞれグラフ表示し，多面的に代替案評価の分析が行える．

(3) 情報不足で一対比較の判断ができない場合や，一対比較項目数が多い場合に不完全一対比較法［8］を用いてユーザーの一対比較判断の作業負担を軽減する．

(4) 一対比較の整合性が悪い箇所を探索し，一対比較の修正方向をガイドする．

(5) 代替案の評価には，統計値などの客観的な数値データを使用できるほか，代替案の画像を登録，表示させて一対比較を行える．

図表4は，本システムを用いて「住みやすさ」に対する価値判断を表示した例である．AHP階層図は，視覚的にわかりやすい木構造の形でウィンドウ画面上に表示される．同図で評価基準（たとえば生命，安定性，発展性など）は木構造の節点（ノード）部分に配置され，AHPにより算出された評価基準の重要度がノードの下部に表示される．（　）内の数値は最上位の「住みやすさ」から見た重要度である．また重要度の大きさに応じて評価基準を結ぶリンク線の太さが変わる．したがって，階層図全体において，どの部分の評価基準を重要視しているかが一見してわかるようになっている．

任意のノードをマウスでクリックすると，別のウィンドウが開き，そのノードに直属する評価基準の重要度と，そのノードから見た代替案の重要度がそれぞれ数値と共に棒グラフで表示される．図では「住みやすさ」と「発展性」の2つのノードに関するウィンドウが表示されている．このように自己の価値判断

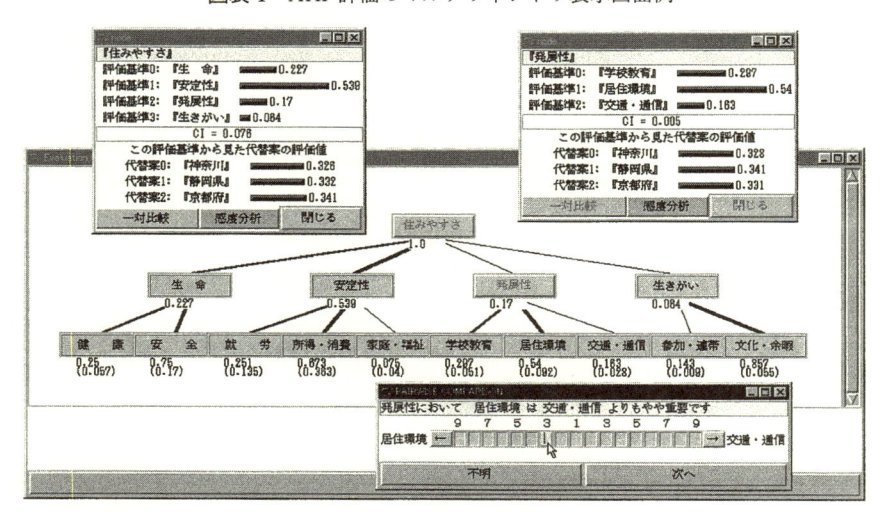

図表4　AHP評価のマルチウィンドウ表示画面例

## 4. システムの概要

を画面上に視覚的に外化させることで客観的な分析が可能なほか,マルチウィンドウ表示により,全体評価と任意のノードにおける部分評価を併行させた分析が行える.

またノードのウィンドウメニューの一対比較ボタンを選択することで一対比較ウィンドウが表示される(図表4の右下部).ここではマウスでスクロールボタンを左右に動かして一対比較値を決定する.図では,「発展性において居住環境は交通・通信よりもやや重要です」と判断している.情報不足などで一対比較の判断に自信がない場合は,「不明」ボタンを選択しておくことで不完全一対比較法により重要度が算出される.なお一対比較ボタンのメニューには,連続したすべての一対比較,指定した評価基準をすべて含む一対比較,一対比較リストから一つを選択する一対比較の三つの利用モードがある.重要度の修正は,これらのモードを使い分けて行える.

このほか,ノードのウィンドウメニューに設けた感度分析ボタンを選択することで,本章で述べた評価基準と代替案に関する2種類の方法による重要度の修正が行える.前者では,評価基準の重要度に対する増減要求をスクロールバーにより与えることで,その評価基準の一対比較の修正候補が表示される.後者では,任意のノードから見た代替案の重要度に対する増減要求をスクロールバーにより与えることで,そのノードから下位の階層図における一対比較の修正候補の一覧表示画面(図表5)が表示される.

リストの右端に表示される2種類の数値は,$g_{ij}(k)$の値と整合度の変化方向であり,$g_{ij}(k)$の値の大きい順にソートされている.したがって,リストの上位の一対比較を修正対象とするほど要求に沿う結果となる.また整合度の変化方向が正の候補は整合度が悪化し,負の候補は改善されることを意味する.例えば,図表5のリストの最上位に表示されている修正候補は,評価基準「安定性」に関する「所得・消費」と「就労」の一対比較において,現在,「所得・消費」が「就労」よりも重要(一対比較値4)と判断しているが,「所得・消費」よりも「就労」を少しでも重視すれば要求に沿う結果となり,整合度も改善されることを意味している.実際の操作は,このリストの中から適当な修正候補を選び,マウスでダブルクリックすることで一対比較ウィンドウが現れ,一対比較の修正が行

図表5　一対比較修正候補リストの表示画面例

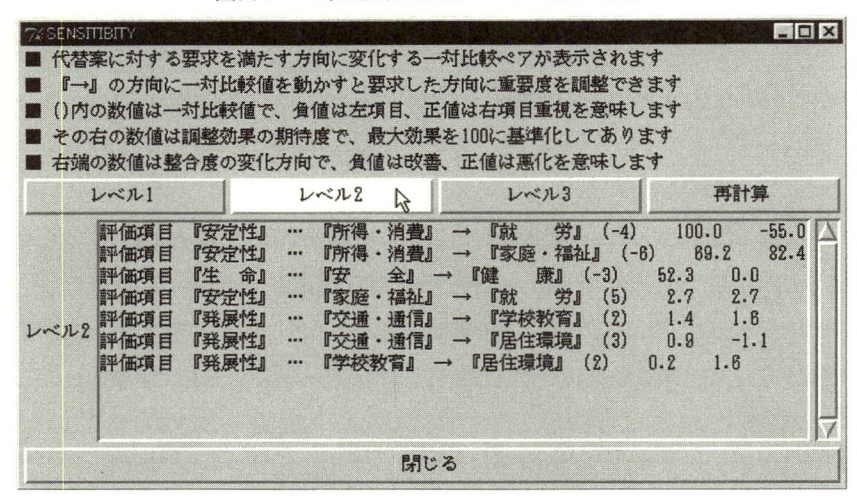

```
7: SENSITIBITY                                                    _ □ ×
■ 代替案に対する要求を満たす方向に変化する一対比較ペアが表示されます
■ 『→』の方向に一対比較値を動かすと要求した方向に重要度を調整できます
■ ()内の数値は一対比較値で，負値は左項目，正値は右項目重視を意味します
■ その右の数値は調整効果の期待度で，最大効果を100に基準化してあります
■ 右端の数値は整合度の変化方向で，負値は改善，正値は悪化を意味します

[ レベル1 ]    [ レベル2 ]    [ レベル3 ]    [ 再計算 ]

         評価項目『安定性』… 『所得・消費』 → 『就   労』(-4)  100.0  -55.0
         評価項目『安定性』… 『所得・消費』 → 『家庭・福祉』(-6)  69.2   82.4
         評価項目『生 命』… 『安   全』 → 『健   康』(-3)   52.3    0.0
 レベル2  評価項目『安定性』… 『家庭・福祉』 → 『就   労』(5)     2.7    2.7
         評価項目『発展性』… 『交通・通信』 → 『学校教育』(2)     1.4    1.6
         評価項目『発展性』… 『交通・通信』 → 『居住環境』(3)     0.9   -1.1
         評価項目『発展性』… 『学校教育』 → 『居住環境』(2)     0.2    1.6

                              [ 閉じる ]
```

える．

## 5. 評価実験

　本システムによる重要度の修正支援効果について簡単な比較実験を行った．例題と同様の「住みやすさ」をテーマに，日常的にコンピュータを使用し，AHPの概要を理解している被験者11人にAHP評価を行ってもらった．ただし，評価基準から見た代替案の各県の重要度は統計情報[9]を利用して統一し，総合重要度を求めた．すなわち，各被験者の主張や価値観が評価基準の重要度のみに反映されるようにした．一通りの一対比較を終えた段階で，代替案の総合重要度に納得できない場合に，被験者に重要度修正機能を使わずに評価基準の重要度を修正してもらった．次に修正前の状態に戻し，今度は重要度修正機能を用いて重要度を修正してもらった．ただし，学習効果による影響を考慮し，システムが提示する一対比較の修正候補(図表5)のみを選択して修正した．

　実験後，各被験者の一対比較操作のログファイルを分析し，一対比較の回数，所要時間，修正の早さのほか，一対比較の修正箇所とその頻度を比較した．そ

の結果，重要度修正機能を用いた方が，短時間で多くの修正を行い，一対比較1回当たりの修正時間は，用いないときに比べ1/2以下となった．これは修正候補とする一対比較を迷わずに絞り込めたためと考えられる．

また重要度修正機能を用いない場合は，局所的な修正で解決を試みようとしたり，いったん修正した一対比較値を元の値に戻す傾向が見受けられたほか，修正を繰り返すうち，どのように修正してよいか収拾がつかなくなってしまった例も見られた．この傾向は階層のレベルが深くなるにつれて増長するものと考えられる．

一方，重要度修正機能を用いた場合は，システムの指示に従い，未使用時とは異なる箇所，あるいは広い箇所にわたって後戻りなく一対比較の修正を行う傾向が見られた．なお，全員が重要度修正機能を用いたほうが，用いない場合に比べ，より満足のいく重要度の結果を得た．

## 6. 応用事例

本システムの身近な応用事例として，石川県内の建具協同組合の協力を得て実施した建具デザインのニーズ分析を紹介する．近年の和洋折衷に代表される住宅様式の多様化に加え，顧客の価値観や志向も変化に富み，建具業界では顧客ニーズを的確に反映した提案型の建具デザインが望まれている．また既製品ではなく受注による顧客参加型の建具デザインの需要も拡大している．そのため，建具デザインに対する顧客のニーズ分析が課題となっている．

図表6は，最終的に5種類に絞り込まれた茶系色のリビングドアの評価を行っている画面の一例である．図では，一対比較の一覧ウィンドウの中から一対比較が不明な箇所の一対比較を行おうとしており，リビングドアの選択要因とした六つの印象語のうち，「落ち着き感」と「手作り感」をほぼ同等に重視した場合の各ドアの総合評価の重要度グラフが画面右上に表示されている．その左のウィンドウには，各ドアの画像が総合重要度の高い順に左から並び替えて表示されており，印象語とドアのデザイン要素との対応を把握しやすくしている．

なお，リビングドアの選択要因とした印象語の選定および各印象語から見た

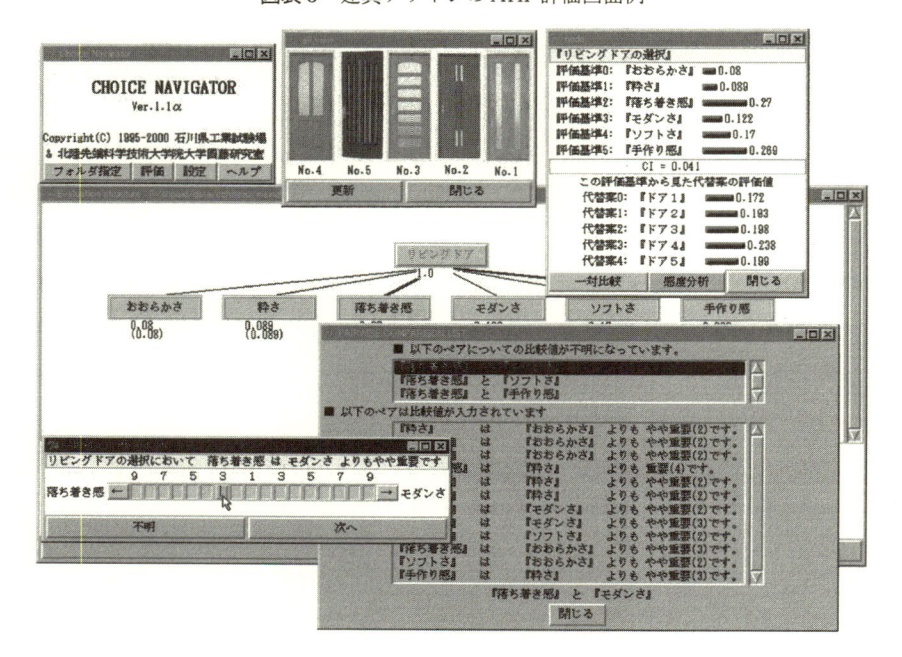

**図表6　建具デザインのAHP評価画面例**

各ドアの重要度の算出は，あらかじめ20代～50代の男女47名に実施したアンケート調査結果に基づいて行った．

期待効果としては，本システムに実装したAHP評価の繰返し修正支援機能を利用することで，一対比較の修正に要する作業負担が軽減し，様々な顧客ニーズの視点に切り替えた建具デザインの提案が容易となる．さらに各ドアの総合重要度に寄与する印象語が簡単に絞りこめるため，顧客の感性により解釈が異なる印象語のイメージを具体的なドアのデザイン要素として推測し，的を得たデザインの決定に役立てられる．しかしながら，印象語の選定における個人差への対応や，代替案の数が多い場合の工夫などの課題も残されている．

## 7. おわりに

AHP評価の繰返し修正を支援するため，重要度および整合度の感度係数を利

用した重要度の調整方法について述べた．またこの方法を実装した AHP 支援システムの概要と簡単な評価実験ならびに応用事例について報告した．本システムとの対話操作を繰り返すことで，整合度の改善を考慮しつつ，意思決定者の主観に合致した重要度への修正が従来に比べて簡便に行えるものと期待できる．なお本章で述べた重要度の調整方法は，グループ意思決定における参加者間の合意形成支援にも応用可能と考えられる [5]．

最後に本研究に対し有益な御助言をいただきました北陸先端科学技術大学院大学知識科学研究科の國藤 進教授をはじめ，本システムを試用評価いただいた日本オペレーションズ・リサーチ学会の諸先生方，ならびに授業や学生ゼミあるいは企業等で試用し，コメントをいただきました方々に深く感謝いたします．

## 参考文献

[1] 刀根 薫，真鍋龍太郎編，『AHP事例集』，日科技連出版社，1990，pp.220-232.
[2] 増田達也，「AHPにおける整合度および相対的重要度の感度係数」，『電子情報通信学会論文誌A』，Vol.J70-A，No.11，1987，pp.1562-1567.
[3] 山口俊和，鈴木 敦，「対話形式による不完全一対比較行列からのウエイト計算法」，『オペレーションズ・リサーチ』，Vol.37，No.5，1992，pp.236-241.
[4] 加藤直孝，平石邦彦，國藤 進，「グループ意思決定における重要度の感度係数を用いたトレードオフ分析支援について」，『日本OR学会春季研究発表会アブストラクト集』，1997，pp.94-95.
[5] 加藤直孝，中條雅庸，國藤 進，「合意形成プロセスを重視したグループ意思決定支援システムの開発」，『情報処理学会論文誌』，第38巻，第12号，1997，pp.2629-2639.
[6] 松田紀之，『感性情報デザイン』，オーム社，1997.
[7] 加藤直孝，中條雅庸，國藤 進，「AHP支援ソフトウェアAHP-aid for Windows」，『日本OR学会春季研究発表会アブストラクト集』，1997，pp.96-97.
[8] 竹田英二，「不完全一対比較行列におけるAHPウエイトの計算法」，『オペレーションズ・リサーチ』，Vol.34，No.4，1989，pp.169-172.
[9] 経済企画庁国民生活局編，『新国民生活指標（平成8年版）』，大蔵省印刷局，1996.
[10] 木下栄蔵，『わかりやすい意思決定論入門』，近代科学社，1996.

# 感覚情報の定量化による
# 機械システムの信頼性・安全性解析

1, 2, 3 亀山 嘉正
4, 5 倉重 賢治

## 1. はじめに

　システムの信頼性，安全性解析のための手法の一つとして，対象システムにとって望ましくない重大事象をトップ事象とし，トップ事象とそれにつながる一次要因，二次要因を論理記号で結合して，因果関係を定性的，定量的に検討するフォールトツリー解析（Fault Tree Analysis : FTA）がある．トップ事象発生の最終的な要因は基本事象と呼ばれ，基本事象に到着するまでの途中の要因は中間事象と呼ばれている．作成されたフォールトツリーの中で，いずれの基本事象の発生を抑制することが，システムとして望ましくないトップ事象を効果的に抑制できるかを示す指標として，クリティカリティ重要度が定義されている [1]．

　しかしながら，クリティカリティ重要度の算出には，基本事象の発生確率データが必要であり，その値を定量的に得ることは困難であった．とくに，機械システムでは，その動作条件，環境条件により，構成要素の故障率が大きく異なるので，フォールトツリーに含まれる，すべての基本事象の発生確率データを収集することは容易でない．

　ここでは，熟練エンジニアの持っている感覚的な情報を，AHPにおける一対比較法 [2] を用いることで基本事象発生確率の推定を行い，クリティカリティ重要度を主観的に算出する方法を説明する [3] [4]．さらに，基本事象発生確率に関する一対比較結果の整合性が取りやすいように工夫されたファジィ一対比較法 [5] [6] についても，その概要を簡単に述べる．

## 2. フォールトツリーとその重要度解析 [1]

システムにとって望ましくないトップ事象に対して，その最終要因となる基本事象$X_i(i = 1, \cdots, n)$を含むフォールトツリーが構成されていると，トップ事象の発生確率$P_{\text{top}}$は（1）式で表現される．

$$P_{\text{top}} = P(q), \quad q = (q_1, q_2, \cdots, q_n)^T \tag{1}$$

ここで，$q_i$は基本事象$X_i$の発生確率である．また，$X_i$の確率重要度は，基本事象の発生確率の増加に対するトップ事象発生確率の増加率と定義され，（2）式で表現される．

$$I_p(X_i) = \frac{\partial P(q)}{\partial q_i}, \quad i = 1, \cdots, n \tag{2}$$

（2）式より，大きな確率重要度を示す基本事象の生起確率を小さくすることができれば，トップ事象の発生確率を効率よく低減することが可能となる．しかし，もともと生起確率の小さな基本事象をさらに改善することは困難であり，この事実が（2）式では反映されていない．

そこで，確率重要度の問題点を克服するために，基本事象発生確率のパーセント変化の増加に対する，トップ事象発生確率のパーセント変化増加の割合として，クリティカリティ重要度が定義された．$X_i$のクリティカリティ重要度$CI_p(X_i)$は（3）式のように定義される．

$$CI_p(X_i) = \frac{q_i}{P_{\text{top}}} \cdot \frac{\partial P(q)}{\partial q_i}, \quad i = 1, \cdots, n \tag{3}$$

すべての基本事象に対して，クリティカリティ重要度を求めて比較すれば，フォールトツリーの論理的構造と基本事象発生確率から考慮して，基本事象の重要性に順位を付けることができる．

以上の準備のもとで，クリティカリティ重要度が大きな値を示す基本事象を克服するための対策とその実施費用を推算する．（クリティカリティ重要度）／（実施費用）の大きな基本事象を改善することにより，システムの信頼性・安全性を効果的に向上させることができる．

## 3. 一対比較法を用いたクリティカリティ重要度の算出

### 3.1 一対比較結果を表現する修飾語とその割当数値

　言葉で表現した一対比較結果の相互関係が良いと感じるのには，多少の個人差がある．ここでは，安全解析に経験のある10人に対して，修飾語合成関係ならびに，一対比較結果を表現する修飾語とその修飾語に対応する感覚的数値の関係をアンケートで調査し，一対比較結果を表現する修飾語に対して，割り当てた代表数値を図表1に示す[3].

### 3.2 多数の基本事象に対する発生確率の推定

　実際のフォールトツリー解析では，関連する基本事象の数は100個以上になることがあり，すべての基本事象の発生確率を一対比較することは実用的ではない．ここでは，図表2にその概念図を示すように，すべての基本事象を3～5個ずつの要素を持つグループに分けて一対比較を行う．さらに，各グループの代表基本事象に対して，一対比較を繰り返すことで，全体での相対的発生確率を推測する[3]. さらに，発生確率が既知の基本事象が一つでも存在すれば，推測された相対発生確率から基本事象の発生確率を求めることができる．

図表1　一対比較結果を表現する修飾語とその割当数値

| 一対比較結果を表現する修飾語 | 割当数値 |
|---|---|
| 同じくらい | 1.0 |
| 少し | 1.7 |
| 比較的 | 3.0 |
| かなり | 10 |
| 極めて | 100 |

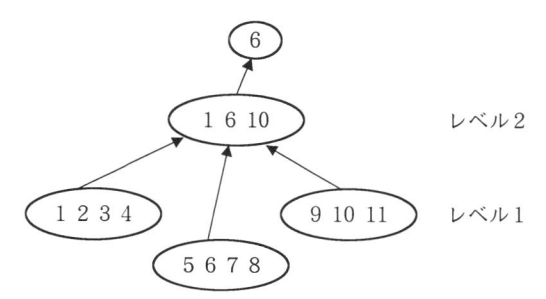

図表2　基本事象のグループ分けの概念

## 3.3 複数のフォールトツリーを考慮した解析

対象システムに対して，望ましくないトップ事象が複数個あり，これらのトップ事象に関するフォールトツリーには，共通の基本事象が含まれている場合がある．ここでは，複数のフォールトツリーに対して，それぞれのトップ事象が，システム全体に与えるリスクを総合的に評価する[4]．トップ事象 $T_j$ における，基本事象 $X_i$ のクリティカリティ重要度を $CI_{pj}(X_i)$ とすると，総合クリティカリティ重要度 $CI_{p\text{TOTAL}}(X_i)$ は(4)式のように定義される．

$$CI_{p\text{TOTAL}}(X_i) = \sum_{j=1}^{m} w_j CI_{pj}(X_i) \tag{4}$$

ただし，$m$ はトップ事象の数であり，$w_j$ はトップ事象 $T_j$ がシステムに与える望ましくないリスクの相対的な大きさである．ここで，相対的リスク $w_j$ は，トップ事象 $T_j$ がシステムに与えるダメージ(損害)とその発生確率の積から与えられる．

## 3.4 総合クリティカリティ重要度の算出手順

対象システムにとって，フォールトツリーに含まれる各々の基本事象の発生確率はデータが与えられていなくても，トップ事象の発生確率は，その保全部門等において収集されていることが多い．ここでは，各々のトップ事象の発生

確率が与えられている場合，基本事象に対する総合クリティカリティ重要度の算出手順を示す．ただし，いくつかの基本事象は，複数のフォールトツリーの中で共通して現れると仮定する．

Step1 : 対象システムに対して，望ましくないトップ事象 $T_j$ とその発生確率 $P_{topj}$ を収集する．

Step2 : 各トップ事象に対して，フォールトツリーを作成する．

Step3 : 基本事象の相対的発生確率を一対比較法を用いて求める．ただし，最大の相対的発生確率は1.0にしておく．

Step4 : トップ事象の発生確率 $P_{topj}$ を，$q_i$ の最大値 $q_{max}$ の多項式で表し，ニュートンラフソン法を用いて $q_{max}$ を算出する．残りの基本事象の発生確率は，$q_{max}$ の値との相対的発生確率より求められる．

Step5 : トップ事象 $T_j$ に対して，フォールトツリー内に含まれている各基本事象 $X_i$ のクリティカリティ重要度を（3）式により算出する．

Step6 : すべてのトップ事象に対して，それらの発生によりシステムが受けるダメージの相対的大きさ $d_j$ を一対比較法により求める．

Step7 : トップ事象 $T_j$ に対して，相対的なダメージの大きさ $d_j$ とその発生確率 $P_{topj}$ の積により，相対的なリスク $w_j$ を算出する．その後，$\sum w_j = 1$ となるように正規化する．

Step8 : 各基本事象 $X_i$ に対して，総合クリティカリティ重要度を（4）式により算出する．

以上のアルゴリズムで求めた総合クリティカリティ重要度の値により，システムにとって望ましくない事象を総合的に判断したときの，改善すべき基本事象の優先順位を付けることができる．

## 4. 小型エンジンの信頼性解析

本解法を，図表3に示す刈払機用小型エンジンの信頼性解析問題に適用する．

まず，3.4項のStep1に従って，刈払機メーカーのサービスエンジニアの意見を参考に七つのトップ事象，ならびにその発生確率データを取り上げ，図表4に

## 4. 小型エンジンの信頼性解析

**図表3** エンジンの外観図

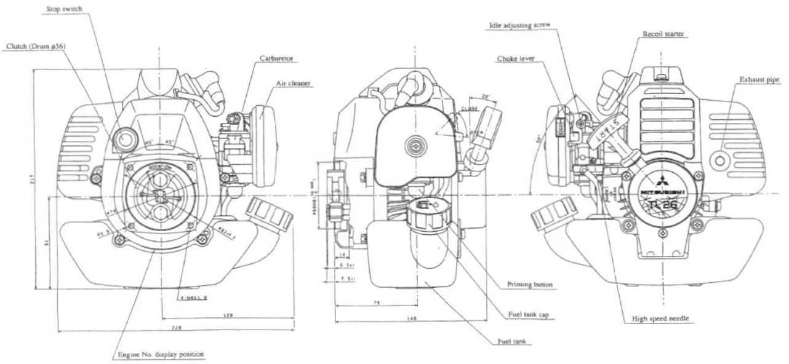

**図表4** トップ事象の発生確率と含まれる基本事象の数

| トップ事象 | トップ事象の発生確率(％) | 基本事象の数 |
|---|---|---|
| （TE1） エンジンが始動しない | 3.00 | 31 |
| （TE2） 低速回転が滑らかでない | 0.84 | 17 |
| （TE3） 高速回転が滑らかでない | 2.16 | 19 |
| （TE4） パワー不足 | 1.80 | 38 |
| （TE5） エンジンが異音を発生する | 0.36 | 9 |
| （TE6） 燃料消費が多い | 1.44 | 16 |
| （TE7） 運転中にエンジンが停止する | 2.40 | 28 |

示す．ここで，これらのトップ事象全体に対して，84種類の基本事象が存在しており，複数のトップ事象に共通する基本事象は39個存在している（図表中の基本事象の数は重複を含んでいる）．

Step2に従って，"エンジンが始動しない"や"低速回転が滑らかでない"など，それぞれのトップ事象に対して，フォールトツリーを作成し，基本事象の重要度解析を実施する．これ以降，（TE2）の"低速回転が滑らかでない"のトップ事象を例に取り，その発生原因の可能性のある事象を検討していく．他のトップ事象については紙面の都合上割愛する．図表5にはフォールトツリーを，図表6にはこのフォールトツリーに含まれる中間事象と基本事象を示す．

Step3に従って，一対比較法により，基本事象の相対的発生確率を算出する．ただし，ここでは，従来法である固有ベクトル法を用いており，整合性を満た

図表5 トップ事象"低速回転が滑らかでない"に対するフォールトツリー

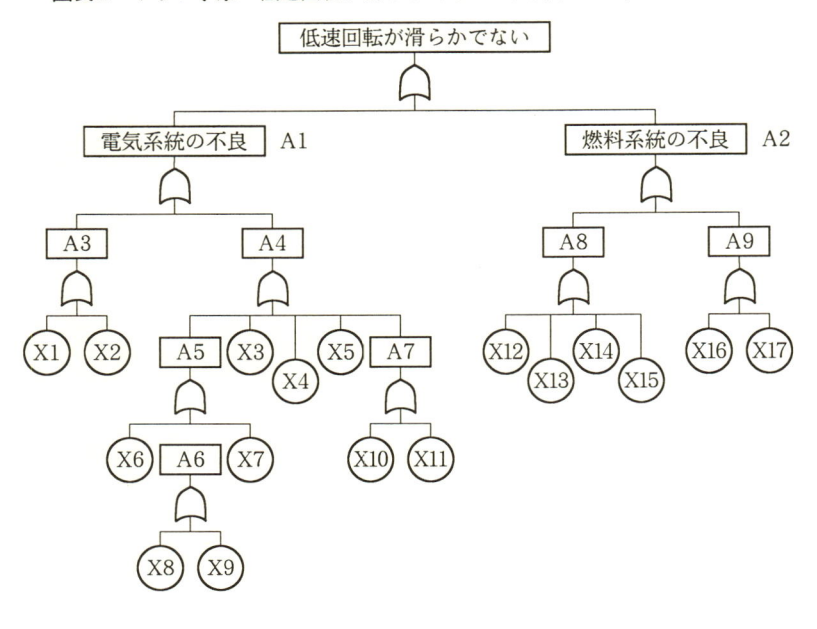

図表6 トップ事象"低速回転が滑らかでない"に対する中間事象と基本事象

| 中間事象 | | | | 基本事象 | |
|---|---|---|---|---|---|
| A1 電気系統の不良 | A3 プラグ不良 | | | X1 | 点火プラグの電極部の汚損 |
| | | | | X2 | 点火プラグの絶縁不完全 |
| | A4 マグネット不良 | | | X3 | コード類の異常 |
| | | | | X4 | エアーギャップ不良 |
| | | | | X5 | フライホイール減磁 |
| | | A5 断続器不良 | | X6 | 断絶器絶縁不良 |
| | | | | X7 | コンデンサ不良 |
| | | | A6 接点不良 | X8 | 断続器接点汚損 |
| | | | | X9 | 断続器接点間隔不良 |
| | | A7 点火コイル不良 | | X10 | ストップコード線のかみ込み |
| | | | | X11 | コイル部分,巻線のショート・断線 |
| A2 燃料系統の不良 | A8 キャブレター不良 | | | X12 | キャブレターのつまり |
| | | | | X13 | キャブレターガスケット不良 |
| | | | | X14 | キャブレター取り付け不完全 |
| | | | | X15 | ジェット,ニードルの摩擦 |
| | A9 整備不良 | | | X16 | エアクリーナの目詰まり |
| | | | | X17 | 燃料フィルターの目詰まり |

さない一対比較行列に対しては，一対比較のやり直しを行うことにする．また，修飾語に割り当てる数値は図表1のものを採用し，17個の基本事象を四つのグループに分けて行った．得られた結果は図表7の（Ⅰ）に示した．表中のレベル2に示すように $X_{16}$ である"エアクリーナ目詰り"が最も発生確率が高いので，この値を1.0となるように，他の値を合成している．

Step4に従って，主観的な発生確率を求める．図表5のフォールトツリーの構造と図表4に示す $P_{top2} = 0.0084$ から，$q_{16} = 0.001764$ を求めることができ，この値を基準に，基本事象の発生確率を算出できる．その結果は図表7の（Ⅱ）に示す．

Step5に従って，このトップ事象に関する各基本事象のクリティカリティ重要度を求めた結果を図表7の（Ⅲ）に示す．

**図表7** トップ事象"低速回転が滑らかでない"に対する基本事象の値

| 各グループと基本事象 | 各グループでの相対的発生確率 レベル1 | 代表基本事象の相対的発生確率 レベル2 | 相対的発生確率 （Ⅰ） | 発生確率 （Ⅱ） | クリティカリティ重要度 （Ⅲ） |
|---|---|---|---|---|---|
| グループA | | | | | |
| X1 | 0.454937 | | 0.231530 | 0.000408 | 0.048571 |
| X2 | 1.000000 | 0.508927 | 0.508927 | 0.000898 | 0.106905 |
| X3 | 0.251404 | | 0.127946 | 0.000226 | 0.026905 |
| X4 | 0.127239 | | 0.064755 | 0.000114 | 0.013571 |
| X5 | 0.737778 | | 0.037548 | 0.000066 | 0.007857 |
| グループB | | | | | |
| X6 | 0.139699 | | 0.010561 | 0.000019 | 0.002292 |
| X7 | 0.277417 | | 0.020973 | 0.000037 | 0.004405 |
| X8 | 1.000000 | 0.075599 | 0.075599 | 0.000133 | 0.015833 |
| X9 | 0.277419 | | 0.020973 | 0.000037 | 0.004405 |
| グループC | | | | | |
| X10 | 0.018023 | | 0.015164 | 0.000027 | 0.003214 |
| X11 | 0.072183 | | 0.060734 | 0.000107 | 0.012738 |
| X12 | 1.000000 | 0.841395 | 0.841395 | 0.001484 | 0.176667 |
| X13 | 0.228528 | | 0.192283 | 0.000339 | 0.040357 |
| グループD | | | | | |
| X14 | 0.339618 | | 0.339618 | 0.000599 | 0.071310 |
| X15 | 0.582742 | | 0.582742 | 0.001028 | 0.122381 |
| X16 | 1.000000 | 1.000000 | 1.000000 | 0.001764 | 0.210000 |
| X17 | 0.582742 | | 0.582742 | 0.001028 | 0.122381 |

＊主観的発生確率の有効桁を確保するため，相対的発生確率の桁数を通常より大きくしている．

Step6に従って，七つのトップ事象が対象システムに対してどれくらい大きなダメージを与えるかを一対比較を行うことによって求める．

Step7に従って，各トップ事象のリスク $w_j$ は，Step6で求めたダメージ $d_j$ と発生確率 $P_{topj}$ の積 $d_j \times P_{topj}$ により算出される．さらに，$\sum w_j = 1$ となるように正規化した相対的なリスクを図表8に示す．

Step8に従って，個々の基本事象のクリティカリティ重要度に対して，フォールトツリーのトップ事象のリスクを掛け合わせる．複数のフォールトツリーに共通して属する基本事象は，さらにそれらの和を求める．84個の基本事象の中から，総合クリティカリティ重要度の値が大きい上位5つの基本事象を図表8に示す．この結果，対象システムにとって望ましくない複数のトップ事象のリスクを総合的に考慮した，最も大きな総合クリティカリティ重要度を示す基本事象は"燃料劣化"であることが示された．この基本事象は，トップ事象(TE1)"エンジンが始動しない"と(TE6)"燃料消費が多い"に対して大きなクリティカリティ重要度を示している．そのほかに，大きな総合クリティカリティ重要度を示す上位基本事象としては，"点火プラグ間隙汚損"，"点火プラグ絶縁不良"，"燃料混合比不良"と"エアクリーナの目詰り"がある．

**図表8** トップ事象のリスクの値と総合クリティカリティ重要度のトップ5

| 基本事象 | トップ事象とその相対的リスク($w_j$) | | | | | | | 総合クリティカリティ重要度 |
|---|---|---|---|---|---|---|---|---|
| | (TE1) 0.3453 | (TE2) 0.0486 | (TE3) 0.1248 | (TE4) 0.1529 | (TE5) 0.0414 | (TE6) 0.0832 | (TE7) 0.2038 | |
| 燃料劣化 | 0.1380 | | | 0.0251 | | 0.3221 | | 0.0783 |
| 点火プラグ間隙汚損 | 0.0763 | 0.0482 | 0.0882 | | | | 0.1024 | 0.0606 |
| 点火プラグ絶縁不良 | 0.1067 | 0.1061 | 0.0501 | | | | 0.0602 | 0.0605 |
| 燃料混合比不良 | 0.1122 | | | | | 0.0612 | | 0.0438 |
| エアクリーナの目詰り | 0.0099 | 0.2086 | 0.0341 | 0.0292 | | 0.2395 | | 0.0422 |

以上のように，主観的情報をも有効に活用することにより，各基本事象に対する総合クリティカリティ重要度を算出することができる．このような重要度評価法により，システムの信頼性，安全性を向上させるには，いかなる基本事象を制御するのが効果的か総合的に明らかにしている．

## 5. ファジィ一対比較法の適用

これまで述べてきたクリティカリティ重要度の算出には，一対比較法の利用が不可欠であり，固有ベクトル法がよく利用されている．ここで，適切な相対的発生確率を算出する場合，一対比較結果を表現する修飾語に一対比較者の感覚にあった数値を自由に割り当てる必要がある．しかしながら，固有ベクトル法では，一対比較結果の整合性が取り難く，一対比較者に大きな負担を与えることがある．この整合性問題の負担を少なくするように考慮された方法としてファジィ一対比較法 [5][6] があり，その概要を以下に記す．

基本事象の相対的発生確率 $v_i$ があり，$\log_{10} v_i = e_i$ とすると，$v_i/v_j$ の一対比較推定値を $a_{ij}$ とする．一対比較結果の整合性が完全に満たされているとき，

$$\log a_{ij} = e_i - e_j \quad (1 \leq i < j \leq n) \tag{5}$$

が成立する．ここで，一対比較結果 $a_{ij}$ を表現する修飾語に対して，三角型ファジィ数を割り当てるこれらのファジィ数の中央値 $M$ ならびにメンバーシップ関数が0.5となる左右の許容範囲を $R \sim S (R < M < S)$ として，一対比較者の感覚に合致するように与える．この三角型ファジィ数は，図表9のようになる．すべ

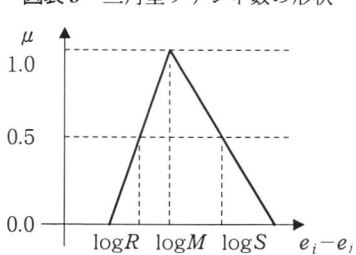

図表9 三角型ファジィ数の形状

ての修飾語に対して，このような三角型ファジィ数の設定を行い，すべての一対比較結果を示すファジィ数のメンバーシップ関数の最小値を最大化するファジィ線形計画問題を解くことによって，各要素の相対的発生確率を算出することができる．許容範囲 $R$ と $S$ のしきい値を 0.5 に設定しているのは，ファジィ線形計画問題を解く際に，整合性を満たさない場合においても，とりあえずファジィ線形計画問題の解を得ることができるようにするためである．


**参考文献**

[1] 鈴木順二郎，牧野鉄治，石坂茂樹，『FMEA・FTA実施法』，日科技連出版社，1982.
[2] 刀根 薫，『ゲーム感覚意思決定法 – AHP入門』，日科技連出版社，1986.
[3] 亀山嘉正，佐山隼敏，鈴木和彦，大島 学，中山弘隆，「フォールトツリーにおける主観的クリティカリティ重要度解析について」，『システム制御情報学会論文誌』，第3巻，第6号，1990，pp.185-193.
[4] 亀山嘉正，倉重賢治，大倉 輝，林 篤裕，佐山隼敏，宮﨑茂次，「複数のフォールトツリーを考慮した主観的クリティカリティ重要度解析」，『計測自動制御学会論文誌』，第34巻，第5号，1998，pp.422-429.
[5] 増田達也，中村 秦，夜久正司，「指数型ファジィ一対比較値を用いたAHPの相対的重要度の算出」，『電子情報通信学会論文誌』，第75巻A，第3号，1992，pp.646-650.
[6] 倉重賢治，亀山嘉正，宮﨑茂次，「AHPにおける意思決定者の感覚を対数型ファジィ数にあてはめた相対的重要度決定法」，『日本経営工学会論文誌』，第50巻，第4号，1999，pp.216-225.
[7] 倉重賢治，亀山嘉正，宮﨑茂次，「ファジィ一対比較法を適用したフォールトツリーの主観的重要度解析について」，『日本機械学会論文誌』，第65巻，第635号，1999，pp.404-409.

# 絶対評価法によるリニューアルの
# コストベネフィット評価

金尾　毅

## 1. はじめに

　意思決定手法として利用されているAHPは，意思決定者とのコンセンサスを得るのに有効と考えられている．AHPには多くの問題への適用事例があり，本事例で紹介するコストベネフィット分析に利用されている事例もある．ここでは，ビルの中の自動制御設備のリニューアル評価にAHPの拡張手法の一つである絶対評価法を適用した事例について紹介する．

　ビルの運営には個人所得と比べて莫大な費用がかかり，その費用の適切なかけ方はなかなか判断しにくく，ともすれば慣習的になされているのが現状である．ビル運営に係わる費用の中でも大きなウェイトを占める項目の一つに設備のリニューアルがある．リニューアルの決定要因，プロセスは様々であるが，リニューアルの必要性について妥当な判断材料を意思決定者に提供することが合意を得るうえで重要である．とくに，リニューアルにおけるベネフィット（メリット）とコスト（デメリット）の関係が明らかなほど意思決定に際しての適切な判断の助けとなると考えられる．

　この事例では，製品を供給するメーカー，その製品のメンテナンスを行うサービス会社，そしてユーザーの立場から多数のビルに対して，リニューアルの必要性（メリット）とコスト（デメリット）の両面からリニューアルの有効性を解析した．

　本解析の特徴として，多数のビルを評価対象とするため，定性的評価にはアンケートに基づく絶対評価法を用いたことが挙げられる．また，解析の対象と

したビルとは自動制御設備のメンテナンス契約を結んでおり，機器の状態(正常，不良)に関する定量的データを毎年集めることができ，このデータをアンケートの定性的データと統合したことである．AHPの一般的な使い方である，定性値を使った一対比較による総合評価としての重要度を求めるプロセスに客観的な定量データを取り込むことで，その重要度(本事例研究の場合ではリニューアル有効度)をより信頼性の高いものに修正することができた．

## 2. A H P

1971年，SaatyはAHPを不確定な状況や多様な評価基準における意思決定手法としてAHPを開発した．この方法は以下の三つのステップから構成されている [1]．
① 問題の要素を最終目標，評価項目，代替案の関係で捉えて，階層構造に分解する．
② 各レベルの要素間の重み付けを行う．これは，一つのレベルにおける要素間の一対比較を一つ上のレベルにある関係要素を評価項目として行う．
$n$を比較要素数とすると，$n(n-1)/2$個の比較を $\{1/9, 1/8, \cdots, 1/2, 1, 2, \cdots, 8, 9\}$ の図表1に示す数値で行う．
③ 各レベルの要素間の重みを計算し，この結果を用いて目標に対する各代替案の総合評価を行う．

以上のステップにより，複雑かつ構造の不明確な問題であっても，ある限られた条件で部分的な比較・考察を行うだけで全体評価値を得ることができる．

図表1　一対比較の定義

| 重要性の尺度 | 定　義 |
| --- | --- |
| 1 | 同じくらい重要(equal importance) |
| 3 | やや重要(weak importance) |
| 5 | かなり重要(strong importance) |
| 7 | 非常に重要(very importance) |
| 9 | 極めて重要(absolute importance) |

## 3. リニューアルのコストベネフィット分析

本事例では，自動制御設備のリニューアルのコストベネフィット分析にAHPの拡張手法の一つである絶対評価法を応用した事例を紹介する．メンテナンス契約を結んでいる複数のビルのリニューアル要求度 $B_j$（ベネフィットに相当）とリニューアルコスト $C_j$（コストに相当）に関する階層図をそれぞれ作成し，$B_j$, $C_j$ を絶対評価法により評価した．さらに，(1)式で定義するリニューアル有効度 $E_j$ を算出した．

$$E_j = \frac{B_j}{C_j} \quad (j = 1, 2, \cdots, 71) \tag{1}$$

$j$：ビルナンバー

なお，メンテナンス契約を結んでいるビルのうち，竣工後10〜20年程度経過しているビルを中心に選定し，リニューアルに関するアンケート調査を行った．有効な回答が得られたビル数は71件であり，これらのビルを代替案とした．

### 3.1 AHPの拡張

第2節で述べた従来のAHPでは，各評価項目に関する代替案の評価は，各代替案間の一対比較で行った．Saatyはこのやり方を「一対比較法」と呼んでいる．ところが，この方法には次の問題点がある[1]．

① 代替案が追加されたとき，もう一度一対比較をやり直さなければならない．

② 代替案が追加されたとき，代替案の評価順位が逆転することがある．

③ 代替案の数が多くなると，一対比較の数が極めて多くなり，一度に一対比較するのは困難になる．しかも，整合性が悪くなることが認められている．

そこで，Saatyはこのような不都合を克服するために絶対評価法を提唱した．この方法では，各評価項目に対する各代替案の評価を一対比較で行うのではな

く，絶対評価で行うのである．

以上の理由から，多数のビルを評価対象とする本事例研究では絶対評価法を用いた．しかし，この手法を種々の問題に適用する場合，各代替案を評価するデータの質によって様々なやり方が考えられる．そこで木下は各代替案のデータがクリスプな場合とファジィな場合の具体的な計算方法を提案している[2]．以下でその手法を簡単に説明する．

まず，問題の階層図を決定し，各評価項目間の一対比較を行い評価項目のウェイト $W$ を計算するところまでは従来のAHPと同じである．次に，各評価項目ごとに各代替案の評価値を決定する．データがクリスプな場合，評価項目 $i$ における代替案 $j$ の評価値 $e_{ij}$ に実際の値を適用する．例えば，年間不良平均回数という評価項目に対して実績値で代替案を評価するものである．しかし，これだけでは各評価項目間で絶対値の大きさによる影響が出てしまう．そこでさらに，$e_{ij}$ を $i$ における最大評価値 $e_{i\max}$ で割った値 $S_{ij}$ を新たに $i$ における代替案 $j$ の評価値とする（(2)式参照）．

$$S_{ij} = \frac{e_{ij}}{e_{i\max}} \tag{2}$$

データがファジィな場合，各評価項目ごとに定性的な絶対評価水準を設ける．例えば，部品供給停止という評価項目に関しては，{困っている，不明，問題ない} という3段階の定性的な絶対評価水準を設定する（ただし，絶対評価水準の数は評価項目によって異なってもよい）．そして，これら絶対評価水準間の一対比較を行い重みを決定し，各代替案に関しては絶対評価水準で評価を与える．計算上はその絶対評価水準に付けられた重みを用いるが，クリスプな場合と同様に，評価項目 $i$ における代替案 $j$ の評価値 $e^*_{ij}$ を $i$ における最大評価値 $e^*_{i\max}$ で割った値 $S^*_{ij}$ を評価値とする．

そして，データがクリスプな評価項目の評価値 $S_{ij}$ とファジィな評価項目の評価値 $S^*_{ij}$ を組み合わせて評価マトリックス $T$ を作成する．

以上説明した手法を用いることによって代替案（ビル）が増えても一対比較をやり直す必要がなく，各ビルのデータをそのまま利用することができ，追加データを入力して再計算を行えばよい．

## 3.2 コストベネフィット分析

　自動制御設備のリニューアルを行うことにより効用(ベネフィット)があるのは当然であるが，マイナスの効用(コスト)も生じるため，コストについてもベネフィットと同様に考慮しなければならない．AHPによる分析では，コストの要因も他の要因と同じ階層構造の中に組み込むことは可能であるが，本事例研究ではコストとベネフィットの要因は別々の階層構造とし，最終的に単位コスト当たりのベネフィット(ベネフィット／コスト)をリニューアル有効度として求めた．

① リニューアル要求度(ベネフィット)

　最上層に最終目標であるリニューアル要求度を置き，その評価項目を検討して図表2に示す階層図を作成した．この過程でISM(Interpretive Structural Modeling)[*1]による階層構造の決定を行った．レベル2において定量的基準と

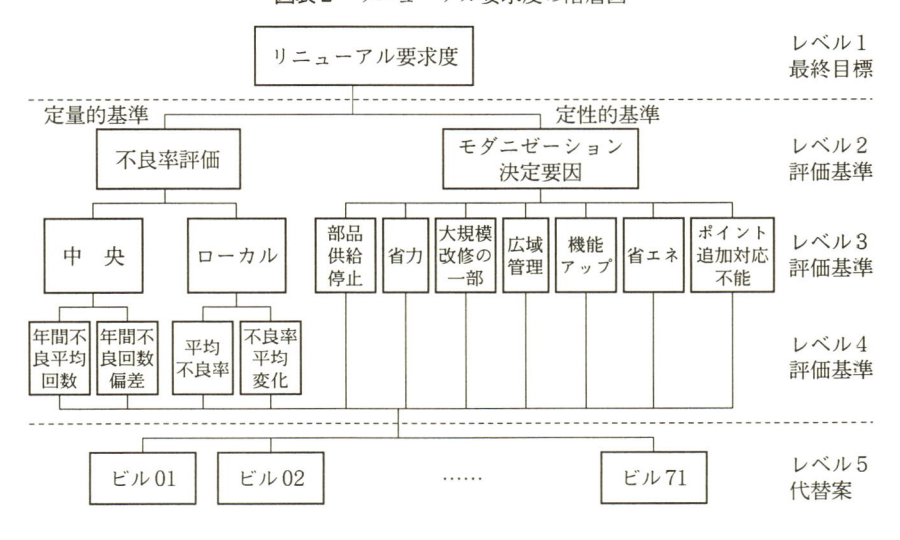

**図表2　リニューアル要求度の階層図**

---

[*1] J. W. Warfieldによって提唱された階層構造化手法の一つで，数学モデルを用いることで客観的に階層構造を導出することができる．

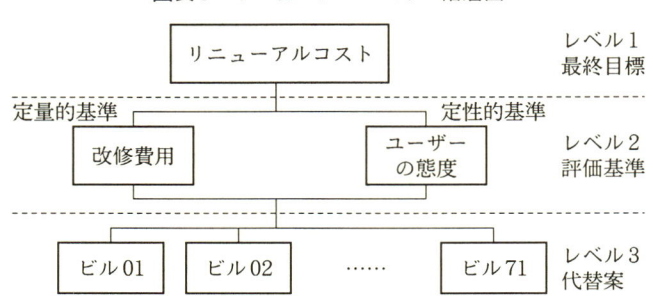

**図表3** リニューアルコストの階層図

```
                    リニューアルコスト              レベル1
                                                  最終目標
      定量的基準                  定性的基準
        改修費用              ユーザー              レベル2
                              の態度              評価基準

     ビル01  ビル02  ……  ビル71              レベル3
                                                  代替案
```

定性的基準とに分け，定量的基準には定期点検やオンコール（非常要請）において見つかった故障に関するデータを利用した．また定性的基準には，自動制御設備の改修を実際に実施した複数のビルの意思決定者に対して，改修に至った動機についてヒアリングした結果に基づいて評価項目を設定した．

② リニューアルコスト

コストの階層構造は，ユーザーのリニューアルに対する積極性を定性値とし，定量値として改修費用を用いた．階層図を図表3に示す．

## 3.3 フィールドデータ

図表2,3からわかるとおり，両階層構造はどちらも定量的データと定性的データから評価される．以下でリニューアル要求度を評価するためのデータ項目（ベネフィットデータ）とリニューアルコストを評価するためのデータ項目（コストデータ）について説明する．

① ベネフィットデータ

(a) 定量的データ

データベース化されているメンテナンスデータの中から，過去3年間の中央監視装置の故障回数，ローカル自動制御設備の不良率について平均値とその傾向を見るために偏差平均を求めた．

(b) 定性的データ

定量的データで対象としたビル設備管理者に，ビル設備のリニューアルについての意見を求めた．その結果を元にしてレベル3の定性的な七つの評価項目について，それぞれ絶対評価水準により評価値を与えた．

② コストデータ

(a) 定量的データ

改修費用として，対象ビルごとに現在設置されている自動制御設備および建物規模から置き換え機器を想定し，機器費用に工事，調整費を含めた改修コストの概算値を算出した．

(b) 定性的データ

ベネフィットデータの定性的データ同様に，リニューアルに関するアンケートから絶対評価水準により評価値を与えた．

以上の点を考慮して求めたフィールドデータの一部を図表4に示す．

**図表4　定量・定性データ**

| 代替案 | リニューアル要求度 ||||||||||| リニューアルコスト ||
|---|---|---|---|---|---|---|---|---|---|---|---|---|---|
| | 定量的基準 |||| 定性的基準 ||||||| 定量的基準 | 定性的基準 |
| | 年間不良平均回数 | 年間不良回数偏差 | 平均不良率 | 不良率平均変化 | 部品供給停止 | 省力 | 大規模改修の一部 | 広域管理 | 機能アップ | 省エネ | ポイント追加対応不能 | 改修費用 | ユーザの態度 |
| ビル01 | - | - | 4.85 | -1.00 | 困っている | 不明 | 必要 | 必要 | 必要 | 大いに | 問題ない | 68.35 | 積極的 |
| ビル02 | - | - | 15.94 | 2.71 | 困っている | 不明 | 必要 | 必要 | 必要 | 大いに | 問題ない | 360.00 | どちらでも |
| ビル03 | 0.75 | 0.33 | 0.25 | 0.51 | 困っている | 不明 | 必要 | 必要 | 必要 | あまり | 不明 | 246.30 | 消極的 |
| ビル04 | 0.00 | 0.00 | 1.22 | -0.93 | 問題ない | 不要 | 不必要 | 不必要 | 不必要 | あまり必 | 問題ない | 112.00 | 消極的 |
| ビル05 | 0.50 | 0.00 | 1.71 | -0.56 | 不明 | 不要 | 不必要 | 不必要 | 必要 | 大いに | 問題ない | 126.64 | 消極的 |
| ビル06 | - | - | 0.45 | -0.30 | 困っている | 不明 | 必要 | 必要 | 必要 | 大いに | 問題ない | 409.35 | 消極的 |
| ビル07 | 0.25 | 0.33 | 0.91 | 0.91 | 不明 | 必要 | 必要 | 必要 | 必要 | 不明 | 問題ない | 97.30 | 消極的 |
| ビル08 | - | - | 0.80 | 0.27 | 困っている | 不要 | 不必要 | 不必要 | 必要 | あまり | 困っている | 472.50 | 積極的 |
| ビル09 | - | - | 4.33 | -2.14 | 不明 | 不要 | 不必要 | 不必要 | 不必要 | 不明 | 問題ない | 101.05 | 消極的 |
| ビル10 | 0.00 | 0.00 | 2.67 | 0.32 | 問題ない | 不明 | 不必要 | 不必要 | 必要 | まあ必 | 問題ない | 62.05 | 消極的 |
| ビル11 | 0.00 | 0.00 | 3.92 | -1.96 | 問題ない | 不要 | 不必要 | 不必要 | 必要 | あまり | 問題ない | 162.15 | 消極的 |
| ⋮ |||||||||||||||
| ビル61 | - | - | 3.58 | -1.82 | 困っている | 不明 | 不必要 | 必要 | 必要 | まあ必 | 問題ない | 599.20 | 消極的 |
| ビル62 | 0.75 | 0.00 | 0.90 | 0.24 | 困っている | 不明 | 不必要 | 不必要 | 必要 | あまり | 問題ない | 181.78 | 消極的 |
| ビル63 | 1.50 | -0.33 | 0.73 | 0.12 | 困っている | 不要 | 不必要 | 不必要 | 必要 | 既に実 | 問題ない | 482.30 | 消極的 |
| ビル64 | 6.00 | 3.33 | 0.38 | 0.18 | 困っている | 不要 | 不必要 | 必要 | 必要 | 大いに | 困っている | 496.73 | 積極的 |
| ビル65 | 0.75 | 0.00 | 17.86 | -1.43 | 困っている | 不明 | 不必要 | 不必要 | 必要 | 大いに | 問題ない | 323.98 | 積極的 |
| ビル66 | 0.00 | 0.00 | 1.69 | 1.41 | 不明 | 不要 | 不必要 | 不必要 | 必要 | 大いに | 問題ない | 71.30 | 消極的 |
| ビル67 | 0.25 | 0.33 | 0.30 | 0.00 | 不明 | 不要 | 不必要 | 不必要 | 必要 | 不明 | 問題ない | 141.40 | 消極的 |
| ビル68 | - | - | 0.00 | 0.00 | 困っている | 不要 | 不必要 | 不必要 | 必要 | まあ必 | 問題ない | 112.00 | 消極的 |
| ビル69 | 0.25 | 0.33 | 0.66 | -0.19 | 不明 | 不要 | 不必要 | 不必要 | 必要 | 大いに | 問題ない | 199.82 | 消極的 |
| ビル70 | - | - | 4.94 | 0.00 | 不明 | 不要 | 不必要 | 不必要 | 必要 | 大いに | 問題ない | 75.10 | 消極的 |
| ビル71 | 0.00 | 0.00 | 0.00 | 0.00 | 困っている | 不要 | 不必要 | 不必要 | 必要 | まあ必 | 問題ない | 51.55 | どちらでも |

## 3.4 計算処理

図表2に示すリニューアル要求度の階層図において,レベル2〜4の評価項目については通常の一対比較を行い各評価項目のウェイトを算出した.また,定量的基準のレベル4の四つの評価項目と定性的基準のレベル3の七つの評価項目に関する各代替案ごとの評価は絶対評価法を用いた.コストについても同様の手順で処理した.

## 3.5 処理結果

各ビルごとのリニューアル要求度,コストおよび有効度の計算結果を図表5に

図表5 処理結果

| ビルNo. | 要求度 | コスト | 有効度 | ビルNo. | 要求度 | コスト | 有効度 | ビルNo. | 要求度 | コスト | 有効度 |
|---|---|---|---|---|---|---|---|---|---|---|---|
| 01 | 0.514 | 0.110 | 4.690 | 25 | 0.445 | 0.102 | 4.357 | 49 | 0.332 | 0.837 | 0.397 |
| 02 | 0.552 | 0.347 | 1.589 | 26 | 0.415 | 0.707 | 0.587 | 50 | 0.157 | 0.532 | 0.296 |
| 03 | 0.431 | 0.599 | 0.719 | 27 | 0.352 | 0.220 | 1.600 | 51 | 0.410 | 0.671 | 0.611 |
| 04 | 0.101 | 0.545 | 0.185 | 28 | 0.269 | 0.233 | 1.158 | 52 | 0.418 | 0.580 | 0.721 |
| 05 | 0.195 | 0.551 | 0.354 | 29 | 0.493 | 0.712 | 0.693 | 53 | 0.261 | 0.525 | 0.497 |
| 06 | 0.341 | 0.665 | 0.514 | 30 | 0.456 | 0.672 | 0.679 | 54 | 0.326 | 0.573 | 0.568 |
| 07 | 0.208 | 0.539 | 0.386 | 31 | 0.435 | 0.325 | 1.337 | 55 | 0.248 | 0.218 | 1.139 |
| 08 | 0.442 | 0.272 | 1.625 | 32 | 0.203 | 0.119 | 1.706 | 56 | 0.470 | 0.580 | 0.811 |
| 09 | 0.326 | 0.541 | 0.603 | 33 | 0.461 | 0.521 | 0.886 | 57 | 0.315 | 0.548 | 0.575 |
| 10 | 0.126 | 0.525 | 0.239 | 34 | 0.454 | 0.599 | 0.757 | 58 | 0.320 | 0.240 | 1.336 |
| 11 | 0.104 | 0.565 | 0.184 | 35 | 0.176 | 1.000 | 0.176 | 59 | 0.416 | 0.345 | 1.207 |
| 12 | 0.357 | 0.402 | 0.889 | 36 | 0.162 | 0.347 | 0.469 | 60 | 0.307 | 0.524 | 0.586 |
| 13 | 0.188 | 0.527 | 0.356 | 37 | 0.114 | 0.761 | 0.149 | 61 | 0.382 | 0.741 | 0.516 |
| 14 | 0.414 | 0.549 | 0.753 | 38 | 0.207 | 0.529 | 0.391 | 62 | 0.324 | 0.573 | 0.565 |
| 15 | 0.414 | 0.414 | 0.998 | 39 | 0.299 | 0.219 | 1.363 | 63 | 0.336 | 0.694 | 0.484 |
| 16 | 0.370 | 0.103 | 3.605 | 40 | 0.516 | 0.163 | 3.166 | 64 | 0.921 | 0.282 | 3.269 |
| 17 | 0.219 | 0.544 | 0.402 | 41 | 0.484 | 0.116 | 4.180 | 65 | 0.358 | 0.630 | 0.568 |
| 18 | 0.340 | 0.226 | 1.505 | 42 | 0.210 | 0.257 | 0.818 | 66 | 0.192 | 0.529 | 0.364 |
| 19 | 0.565 | 0.642 | 0.881 | 43 | 0.387 | 0.729 | 0.531 | 67 | 0.228 | 0.557 | 0.410 |
| 20 | 0.346 | 0.103 | 3.371 | 44 | 0.361 | 0.116 | 3.114 | 68 | 0.374 | 0.545 | 0.686 |
| 21 | 0.187 | 0.602 | 0.311 | 45 | 0.191 | 0.517 | 0.369 | 69 | 0.535 | 0.163 | 3.290 |
| 22 | 0.201 | 0.246 | 0.815 | 46 | 0.341 | 0.659 | 0.518 | 70 | 0.211 | 0.530 | 0.399 |
| 23 | 0.376 | 0.230 | 1.633 | 47 | 0.131 | 0.771 | 0.170 | 71 | 0.307 | 0.223 | 1.372 |
| 24 | 0.440 | 0.132 | 3.342 | 48 | 0.521 | 0.692 | 0.752 | | | | |

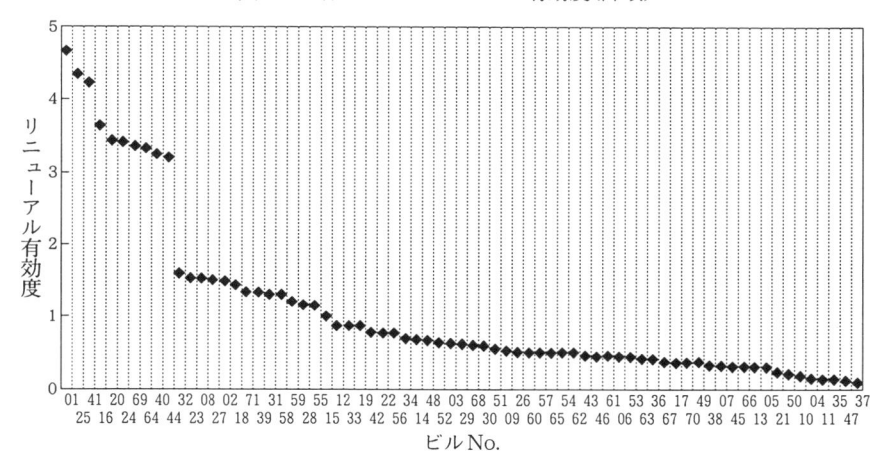

**図表6　各ビルのリニューアル有効度（降順）**

示す．

　要求度，コストは0～1の間に分散する．1に近いほどそれぞれ，リニューアルの要求度及びコストが高いことを示している．01ビルと02ビルでは，リニューアル要求度の定性的基準における評価値はまったく同じであるが（図表4参照），機器の不良状況を表す定量的基準値が01ビルの方が低いために要求度も低くなっている．しかし，01ビルは改修費が安く，リニューアルに積極的であるので結果としてリニューアル有効度では逆転して01ビルの値の方が高くなっていることがわかる．図表6にリニューアル有効度の降順にソートした結果を示す．

## 4．おわりに

　本報告では，従来のAHPの一般的な使用法とはかなり異なる利用法を示した．すなわち，多数のメンテナンス契約ビルを評価対象として，各ビルのリニューアルの有効性をリニューアルによるメリットを示すリニューアル要求度とデメリットを示すリニューアルコストから求めた．また，リニューアル要求度とリニューアルコストについては，定性的評価基準と定量的評価基準の側面から評価した．定性的データと定量的データを統合する方法は数値データがあればそ

れを役立て,より総合的な評価に貢献することにつながる.しかも,ユーザー側とメンテナンス側の評価値を組み合わせた総合的な処理を行うことができる.多くの評価対象に対して順位付けを行った今回の手法は,いろいろと応用できると考えられる.

コストベネフィットを意思決定問題の対象として扱うためには,定量的データと定性的データを評価する必要があり,AHPはこの二つを統合する方法を提供することができる.言い換えれば,数値データが一人歩きすることなく,また感情論のみの決定に偏らないバランスのとれた判断が可能である,ということである.


## 参考文献

[1] 木下栄蔵,『AHPと応用技術』,総合技術センター,1993.
[2] 木下栄蔵,「階層分析法による多目的意思決定問題への適用に関する研究」,『交通工学』,第28巻,1993,pp.35-44.

# 国際的適用事例とソフトウェア

藤本政博

## 1. はじめに

　米国で開発されたAHPは，その実用性の高さのゆえに1980年代前半から世界各国の研究者によって数多くの事例発表が積み重ねられてきた．ここでは，海外での興味深い意思決定事例を紹介する．このような事例においては，その結論を得る過程と結果が重要視されており，数学的に十分掘り下げられているものばかりではないが，新しい手法を意思決定の場で利用する，あるいはそのように働きかけるという勇気や進歩性は大いに見習うべきところが多い．

　AHPに関する事前の知識がない人々に対して，その有効性を説明・納得してもらったうえで作業を進めなければならないので，研究とはまた違った意味での苦労や工夫が必要となる．その反面，このような透明度の高い意思決定過程を採用することで参加者による積極的な貢献を促したり，意思決定に従う場合の納得性を高める効果が報告されている．

　実際にAHPを使用する場合に，一対比較や固有値の計算をどのように処理するかという点が利用上での一つのネックとなる．研究目的の場合には専用のソフトウェアを自主開発するか，マイクロソフト・エクセルなどの表計算ソフトを工夫して使用することになる．ただ，ユーザーインタフェースなどに凝りはじめると，開発やメンテナンスにかかる費用がかさみ，かつ安定した状態を保ち難いという問題が発生する．市販ソフトウェアを利用すれば，内部の計算やマンマシンインタフェースに苦労することなく，事例の検討に専念できる．

　本稿の後半では，日本語で利用できるAHPソフトウェア4種類についての紹

介を行う．他にも市販されているものがあるかもしれないが，代表的なものについてその特徴や概要を説明する．

## 2. 国際的適用事例

米国をはじめとする諸外国においては，実際の応用例について積極的に発表が行われている．ここでは興味を引いた例の一部を紹介する．なお，今回紹介するものはすべて原著者の承諾を得ている．

### 2.1 原子力発電所建設の可否に対する国会審議での利用 [1][2]

（フィンランド-ヘルシンキ工科大学：ライモ・ハマライネン（R. P. Hamalainen）教授）

この例はやや古い例ではあるが，公的な場でAHPが使用された例として取り上げないわけにはいかない．国会の委員会での検討過程で利用され，この結果がテレビニュースで報道されるとともに，フィンランド最大の読者数を持つHelsingin Sanomat紙等でも大きく掲載されて広く国民の関心と議論を呼んだそうである．

(1) ゴール

フィンランドにおける原子力発電所建設の問題点を明確化する．ただし，議論の性格上，その可否を決定するのではなく，考慮しなければならない問題点の明確化が目的である．

(2) 分析の概要

フィンランドでは1980年代初めに，将来の電力需要増大への対応策として，原子力発電所を増設すべきかどうかで世論が割れていた．世論調査によると建設賛成は50％以下であり，国会では約1/3が賛成，約1/3が反対，残りが保留という状態であった．国家の電力需要をどのように予測し，対処するかとい

う意思決定を行うには広範囲にわたる要因を考えなければならない点と，それらのうちのいくつかについては専門家でなければ判断のしようがないという点が，この問題をより複雑なものとしている．

そこで，フィンランド国会における8政党のうちの7政党が参加して大規模な階層構造を構築し，専門家でなければ判断できない部分は専門家に判断を任せ，そうでない部分については国会議員が個々に分析を行って最終的にその判断を集約した．

最初に提示されたものに対して，国会議員の修正要求に従って作成された階層構造図を図表1に示す．

ここで代替案の内容は次のとおりである．

「大規模発電所を建設しない」：電力の近隣諸国からの購入や，中小規模の発電所（石炭火力も含めて）をたくさん設置するという内容を含む．

「石炭火力発電所」：大規模なものを二つ建設する．

「原子力発電所」：その時点で四つあるものをさらにもう1カ所増設する．

(3) 分析結果

図表1の階層構造に基づいて，国会議員の判断を集約した結果の一部を図表2に示す．

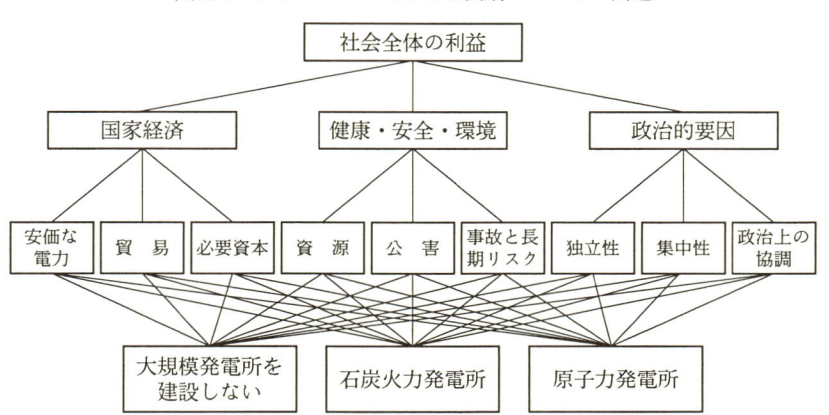

**図表1　フィンランドにおける長期エネルギー問題**

**図表2** フィンランド国会議員による評価分析の例

「公害は重要な問題であり，原子力発電所はその面で優れている」

- 石炭火力発電所　0.08
- 原子力発電所　　0.65
- 大規模発電所NO　0.27

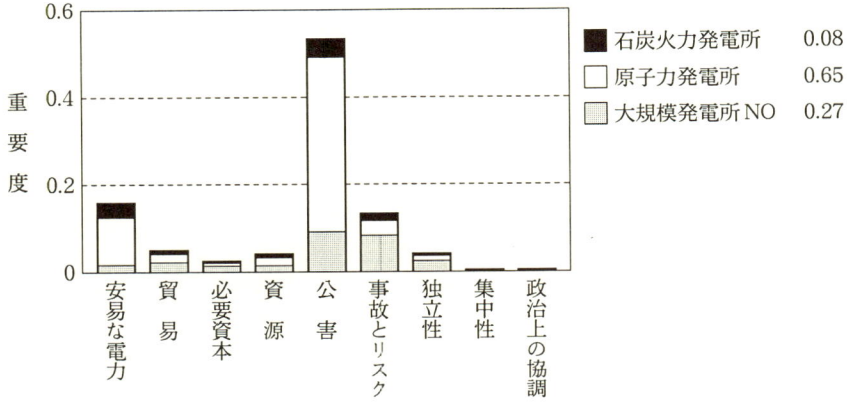

(横軸：安易な電力，貿易，必要資本，資源，公害，事故とリスク，独立性，集中性，政治上の協調)

図表2では原子力発電所に対して肯定的な結果となっているが，他の結果全体を見渡すと世論調査結果と同様にやや否定的な結果が多い．参加した国会議員のこのような意思決定法の利用に対する反応は95％以上が肯定的なものであり，当初予想された「テクノロジーアレルギー」のようなものはほとんどなかった．

フィンランドでは原子力発電所建設の許可は国会が行うため，1984年にこの結果が広く報道されたこともあって1986年まで原子力発電所建設の許可申請提出が延期された．しかし提出直後に，チェルノブイリで大事故が発生したために，許可申請は取り下げられた．

## 2.2　ペルー日本大使公邸人質事件 [3]

（米国-ピッツバーグ大学：トーマス・サーティ(T. L. Saaty)教授）

いまだ記憶に新しいこの事件の最中に，ペルー政府当局からの依頼を受けて打開策を検討するのにAHPを利用した例である．我々日本人にとって，大変身近な問題であったと同時に危機管理のあり方についてずいぶん考えさせられた事件であった．その後，日本における危機管理が進んだのかどうかは知らないが，このような取り組みが直ちに行えることそのものが重要であると考える．

（1） ゴ ー ル

問題解決のためにペルー政府の取るべき行動を考える．

（2） 分析の概要

政府の目的とテロリストの目的をそれぞれAHPを用いて分析を行い，妥協可能点を考えて政府の行動指針を作成する．

政府の主要目的として以下の三つを考える．

1．政府の威厳を保つ
2．テロの予防
3．人質の生命の確保

テロリストの主要目的として以下の四つを考える．

1．同志の釈放
2．損害を受けずに逃走する
3．彼らの行動理由を広く宣伝する
4．政府の不安定化

政府の選択できる代替案は次の四つとする．

1．建物を強襲する
2．無条件降伏を要求する
3．テロリストの無事退去を約束して人質の安全を確保
4．獄中のテロリストを釈放して人質の安全を確保

これらについて別々の階層構造を構築し，考え得る行動を選択肢とすると，それぞれの組織の見通しとして図表3が得られる．

（3） 分析結果

a．ペルー政府の意思決定における三つの重要事項は，人質の生命，政府のイメージ維持，テロリズムの予防である．

b．政府の取るべき行動は上述の三つの事項によって決定される優先順位に従う．

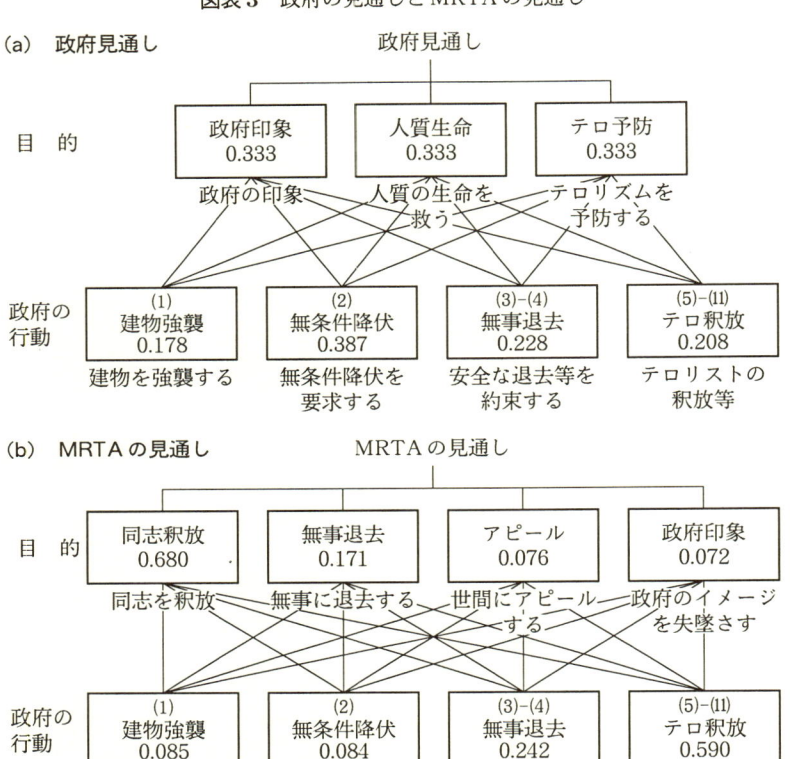

**図表3　政府の見通しとMRTAの見通し**

(a) 政府見通し

目的: 政府見通し
- 政府印象 0.333（政府の印象）
- 人質生命 0.333（人質の生命を救う）
- テロ予防 0.333（テロリズムを予防する）

政府の行動:
- (1) 建物強襲 0.178　建物を強襲する
- (2) 無条件降伏 0.387　無条件降伏を要求する
- (3)-(4) 無事退去 0.228　安全な退去等を約束する
- (5)-(11) テロ釈放 0.208　テロリストの釈放等

(b) MRTAの見通し

目的: MRTAの見通し
- 同志釈放 0.680（同志を釈放）
- 無事退去 0.171（無事に退去する）
- アピール 0.076（世間にアピールする）
- 政府印象 0.072（政府のイメージを失墜さす）

政府の行動:
- (1) 建物強襲 0.085　建物を強襲する
- (2) 無条件降伏 0.084　無条件降伏の要求
- (3)-(4) 無事退去 0.242　無事退去その他
- (5)-(11) テロ釈放 0.590　テロリスト釈放／その他

c．テロリスト達何人かの釈放やMRTAを政党とすることを材料とした交渉は，人質の生命を他の2項目よりも重要（70.3％）とするならば最良の行動である．

d．政府のイメージ維持やテロリズムの予防や懲罰が主目的であるならば，たとえ悲惨な結果が待ち受けていたとしても無条件降伏を要求することが最良の選択である．

e．政府の三つの重要事項を等しく優先した場合（33.3％）の理想的結果は，やはり無条件降伏の要求となるが，人質の生命と引き換えに安全に退去させることもそれに続く選択肢となる．さらに，政府は獄中のMRTAメンバー

の即時釈放を除く政治的要求や金銭的要求も交渉可能である．
　f．MRTAとしては，同志の釈放が重要である（68％）と仮定すると，彼らにとって理想的な政府の行動は人質の解放とそれに伴う安全な退去やメディアを通じて国民にアピールすること，政治的認知などの要求を交渉することである．
　g．双方にとって，最も価値のない行動は建物を強襲することであった（0.02）．双方とも何も得るところがないのである．双方とも勝利と考えられるような唯一の状況は，襲撃者の要求を減少させるために長期間の膠着状態の後で，何人かのMRTAメンバーを釈放する交渉を行うことである．

結果としてペルー政府の取った建物の強襲という行動から逆に考えると，ペルー政府は政府の印象と今後のテロ予防が重要であると考えたようである．

以上，2種類の国際的適用事例を紹介したが，他にもチリにおける地域開発時の環境アセスメントを住民や開発者等の当事者を交えて決定した例，米中貿易紛争解決策を考えた例など，各企業や団体での種々の活動に対してAHPを使用した例は枚挙にいとまがない．

## 3．AHPを利用するための日本語ソフトウェア

AHPという手法自体は1980年代から利用されているので，各企業等で自社製のソフトウェアに組み込んで活用している場合もあるようだが，市販されている汎用AHPソフトウェアのうち，日本語で利用できるものとして次の4本を紹介する．いずれも簡単に入手でき，パソコン上で事例適用が手軽に行える便利なソフトウェアである．

それぞれに特徴があるが，どのソフトを利用しても階層構造の構築から一対比較を経て整合度の検討や感度分析など必要な一連の作業が行える．すべてウィンドウズ環境で動作し，操作も簡単であるが，詳細については各販売元に事前に問い合わせるほうがよい．

（以下の各種情報は1999年11月末におけるものである．）

## 3.1 ねまわしくん（㈱日本科学技術研修所）

### （1）概要と特徴

ねまわしくん／V3.0は，㈱日本科学技術研修所が開発したAHP解析システムで，パソコン上で誰でも手軽に階層型意思決定モデルを構築，利用することができる．

Windows 95のGUIを活かした簡単操作，パネラーの属性登録とグループ解析，ビジュアルな表現力，縦型階層図からクリックひとつでできる操作性など多くの特徴をそなえている．

機能的には以下の特徴を持っている．

① Windows 95の機能を最大限に活かしたユーザーインタフェースで設計しており，誰でも簡単に設計，一対比較値入力，重要度計算，代替案の分析，各種シミュレーションなどを行うことができる．

② 最大25人までのパネラーを登録することが可能．パネラーの属性（男女，年齢，職業や質問の回答）を任意に設定することができ，各属性をグループ化することで，グループとしての評価解析に有効利用できる．解析結果の外部出力も可能である．

③ 棒グラフ，折れ線グラフ，レーダーチャート，帯グラフなど，解析データは多彩な表現方法で，見やすく，ビジュアル化している．

④ 縦型階層図を中心に各機能が構成されており，一対比較の入力，重要度，整合度のチェック，解析結果の検討，評価基準，パネラーの比較，感度分析，モデルの変更などがクリックするだけで容易に利用できる．これはビジュアル性と解析シナリオの支援を統合した結果である．

また，ねまわしくん／V3.0は，パネラーが最大25人までの意思決定モデルの設計と作図，解析（一対比較の絶対評価，相対評価，感度分析，一対比較値の自動補正機能，パネラーによる評価比較等）を行うパーソナル版と，AHPによるマーケティング，アンケート調査活動を支援するプロフェッショナル版（パネラー数

1000人対応：セグメント分析に有効：属性や質問回答も登録可）がある．

　プロフェッショナル版では，パーソナル版の機能に追加して，既存データからのインポート機能，アンケート調査表の自動作成と調査データ一括入力機能，重要度表の出力機能，報告書作成機能，セグメント分析機能などを備えている．また，関連製品として，パネラーごとの重要度表を解析する多変量解析システムJUSE-MA，問題の整理と項目の洗い出しに有効なKJ法ツールの問題解決七つ道具などがあり，企画設計から解析，報告書の作成までの一連の手順を行うことができる．

（2）問合せ先

　　㈱日本科学技術研修所　第3営業部
　　TEL：03-5379-5210　FAX：03-5379-1911
　　http://www.i-juse.co.jp
　　〒151-0051　東京都渋谷区千駄ヶ谷5-10-11

## 3.2　エキスパート・チョイス・プロ（ディエムエス㈱）

（1）概要と特徴

　AHP開発者であるトーマス・サーティ教授が興した会社（Expert Choice社）で作成しているAHPによる意思決定支援ソフトウェアを日本語化して販売している．英語版・日本語版ともに提供されている．

　世界各国で利用されているソフトウェアを日本語化したものであり，定評のある英語版と同じ特徴を備えている．階層構造の構築やリアルタイムに結果が表示される感度分析機能がとくに便利である．

① これまでに蓄積した膨大な研究例や実用例を元に，大変使いやすいユーザーインタフェースで階層構築，一対比較，整合度チェック，感度分析，報告書作成などが行える．

② 画面上で各種要因を記入していくだけで階層構造の構築が簡単に行える．

さらに400以上の具体的な階層構造がインターネットを通じて入手可能で，これを元にしてユーザー独自の階層構造を簡単に構築することができる．
③ 4種類の一対比較方法を備えており，数値による入力や言葉を用いた評価が可能である．
④ 5種類のグラフを用いた感度分析は条件の変更がリアルタイムに反映され，解析結果の検討や仮説分析が簡単に行え，集団での意思決定作業にも極めて有効であることが実証されている．
⑤ 通常の一対比較だけでなく多数の代替案に対してもAHPを適用できる「絶対評価法」にも対応しており，最大200の代替案を同時に取り扱って優先順位や重要度の比較検討が可能である．

「エキスパート・チョイス・プロ」は1人または10人程度までの集団（500人分までのデータを取り扱える）での意思決定を想定しており，他の表計算ソフトやワープロソフトとの間のデータのやりとりも可能となっている．

姉妹品にチーム・エキスパート・チョイスがあり，ネットワークや携帯端末を利用した集団意思決定（400まで）に威力を発揮する．また，費用／便益分析や最大効率曲線なども利用できる．

（2） 問 合 せ 先

　　ディエムエス㈱　エキスパート・チョイス担当
　　TEL：075-342-4345　FAX：075-342-4346
　　http://web.kyoto-inet.or.jp/org/dms_inc/
　　〒600-8176　京都市下京区烏丸通六条上ル　第5キョートビル


## 3.3　AHP関連ソフトウェア（大栄広告事業社）

（1）　概要と特徴

　AHPに関する基本的計算を実行してくれるソフトウェアを3種類提供している．従来型，絶対評価法，外部従属法の3種類のソフトウェアで，それぞれの目

的に適合したシステムを提供している．とくに最新の研究成果を取り入れた外部従属法システムについては，他の市販ソフトウェアでは実現されていないものであり，レベルどうしが従属関係にある場合に有効である．

① 従来法システム
- 階層の上から順番に一対比較を行うスタンダードな方法
- 四つのステップに分かれている．階層は9まで解析可能
- 各レベルで比較できる要素の数は九つ．代替案も九つまで

② 絶対評価法システム
- 主に代替案が多いときに用いるAHPの拡張版
- 各評価基準を重み付けするところまでは従来型と同じで，各評価基準に関する代替案の一対比較は行わない
- 各評価基準に関して良い・普通・悪いなどの段階を設定し定量化
- 各代替案を逐一評価し，最も良い評価のものが最適案となる
- 階層数の上限は9まで．代替案数は約5000まで

③ 外部従属法システム
- これもAHPの拡張版で，レベルどうしが従属している場合に用いる
- 各評価基準を重み付けするところまでは従来型と同じ
- まず各代替案から見て，各評価基準間を一対比較し，重みを決定
- 算出された重みは，スーパーマトリックスという行列に配列する
- 行列の無限大乗を行うことによって，最適解が求められる
- 算出された重みを，直接スーパーマトリックスに入力できる機能もある

ISMシステム・DEMATELシステムなど階層構造そのものを作成するためのソフトウェアを手軽に使用できる形で提供している．位置付けとしては入門用，学習用ではあるが，実用に十分耐えるだけの機能を備えている．

(2) 問合せ先

　　大栄広告事業社
　　TEL : 0778-24-4503　FAX : 0778-24-4503

E-mail: s-r.dk@p2442.nsk.ne.jp

## 3.4 人事評価（㈱インテリジェント・ウェイブ）

### （1） 概要と特徴

　AHP開発当初からその有効性が期待され，多くの実用例もある人事評価という分野に用途を絞り込んだソフトウェアである．

　リクルート，人事異動，昇給や昇格を決定するにあたって，その評価をいかに適切に行うかは上司や人事担当者にとっては非常に大切なことである．「人事評価」は客観的な評価を行いながらも，個々の会社の戦略的な人事を取り入れられるAHPを使用した画期的な人事評価支援ツールである．

　評価者／評価項目に対し経営者の意志を反映した重要度の設定ができ，経営方針に則した的確な評価結果が得られる．しかも，AHPにより項目間の重要度に生じた矛盾を数学的に検知でき，正確かつ整合性のある評価結果が得られる．

① 各種評価機能(全員評価＝順位付け，選抜評価＝相対評価)，採点方法(○×評価，5または7段階評価，人数比率制限)
② 各種帳票(記入用考課表，個人の評価結果，評価結果の一覧表)の印刷機能
③ 評価者／評価項目／重要度のカスタマイズ機能(各社独自の評価項目に対応)
④ 評価結果の保存機能(給与計算など外部プログラムから利用可能)
⑤ パスワードの入力方式によりセキュリティは保たれている(マスターファイルの一部は外部からの判読も不可能としている)

　評価者は5人まで，評価項目は大中小各5項目の合計125項目が使用でき，各企業の特質に応じたきめこまかな評価が可能となっている．また，グラフ機能は過去の履歴参照等，人事評価に必要な機能を十分に備えている．

### （2） 問合せ先

　㈱インテリジェント・ウェイブ

TEL : 03-5361-7233　FAX : 03-5269-0577
http://www.tokyo.iwc.co.jp
〒160-0022　東京都新宿区新宿2-9-23　SVAX新宿B館7F

## 4. おわりに

　本稿ではAHPの外国における適用事例を2例紹介した．それ以外にも各種の事例を調査してみたが，AHPが現実の意思決定に利用されている事例の多さに驚くと同時に，日本国内においては実用例が比較的少ないことを感じた．これはいわゆる日本人の国民性によるところが多いのかもしれないが，時代の波は意思決定プロセスを明確に提示することを要求し始めている．その一手段としてAHPの利用を進めることで，日本的意思決定の短所の改善に役立つものであると確信している．

　さらに，AHPを日本語で利用できる市販ソフトウェアの紹介を行った．これらを利用することで運用上の手間を省いてAHPの利用が広まることを願っている．紹介した最初の2種類は汎用のAHPソフト，3番目のものは入門・学習用，4番目のものは人事評価に特化したものである．いずれもそれぞれの特徴をもっており，用途に応じて販売元に問合せを行って適切なソフトウェアを選択することが重要である．

　最後に，成果の紹介を快諾し協力していただいた著者や企業の皆様にこの場を借りてお礼を申し上げたい．その成果が正しく伝わるよう努力したつもりだが，間違いなどについてはすべて本稿執筆者の責任である．

**参考文献**

[1] Hamalainen, R. P., "Computer Assisted Energy Policy Analysis in the Parliament of Finland," *Interfaces*, No.4, 1998, pp.12-23.
[2] Hamalainen, R. P., "A decision aid in the public debate on nuclear power," *European Journal of Operational Research*, Vol.48, 1990, pp.66-76.

[3] Saaty, T. L. and Mu, E., "The Peruvian Hostage Crisis of 1996-1997 : What Should the Government Do?" *Socio-Economic Planning Sciences Journal*, Vol. 31, No.3, 1997, pp.165-172.

# 阪神高速道路における自動点検監視システムの評価

桃澤宗夫

## 1. はじめに

　阪神都市圏の自動車交通の定時，定速性の確保と安全，円滑，快適のため，阪神高速道路には，交通管制システム，料金収受システムなどの様々な情報システムが整備されている．これらのシステムの運転運用を支えるため，システムを構成する設備の良好な稼動が必須であり，常時監視システムによりその状況を把握している．システムを構成する各種設備の自動点検監視を行うために，その点検監視項目導入の優先順位を評価する必要に迫られた．

　本事例は，不確実な状況における意思決定手法として開発されたAHP手法の一つである「Absolute Measurement法」を活用し，上記構成設備のうち電力系施設の点検監視項目について，導入の優先順位の評価を試みた事例研究である．

　これまで設備の点検監視項目は，センサー技術の動向に相応して経験的に導入が進められてきたが，本研究により今後一定の基準により統一的に評価されたうえで整備されることとなろう．

## 2. 設備データの導入評価検討

　阪神高速道路の各種情報システムの運転運用状況は，運転監視データと障害監視データにより常時集中監視されており，設備障害が発生した場合は，直ちに警報表示機能により監視員にその状況と内容が通報されるシステムになって

**図表1 評価の背景とニーズ**

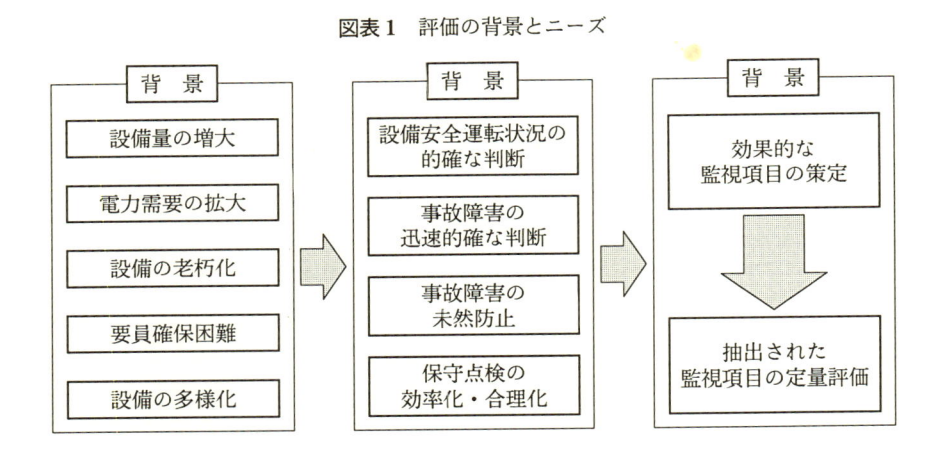

| 背景 | 背景 | 背景 |
|---|---|---|
| 設備量の増大<br>電力需要の拡大<br>設備の老朽化<br>要員確保困難<br>設備の多様化 | 設備安全運転状況の的確な判断<br>事故障害の迅速的確な判断<br>事故障害の未然防止<br>保守点検の効率化・合理化 | 効果的な監視項目の策定<br>↓<br>抽出された監視項目の定量評価 |

いる．しかし，ITS(Intelligent Transportation System)の導入が急速に進められようとしている中で，図表1に示す背景とニーズおよび対応が新たな課題となっている．

## 2.1 データ項目の抽出

このため効果的な設備データのセンシング項目の見直しと策定作業を行い，既に導入済みの設備データの現状項目および将来導入されるであろう項目を含め，考え得るすべての項目を抽出した．その結果，抽出された項目数は，電力設備データにおいては386項目にのぼった．

## 2.2 評価要因

多数の項目を対象とするため，代替案の数も多くなり，AHP手法を用いることが難しい．そこで，AHP手法の一つであるAbsolute Measurement法により，この386項目の定量評価を行うこととした．本研究では取り扱う代替案のデータがすべて定性的なので，木下の提案する「データがファジィの場合」の計算方法によることとした．

## 2. 設備データの導入評価検討

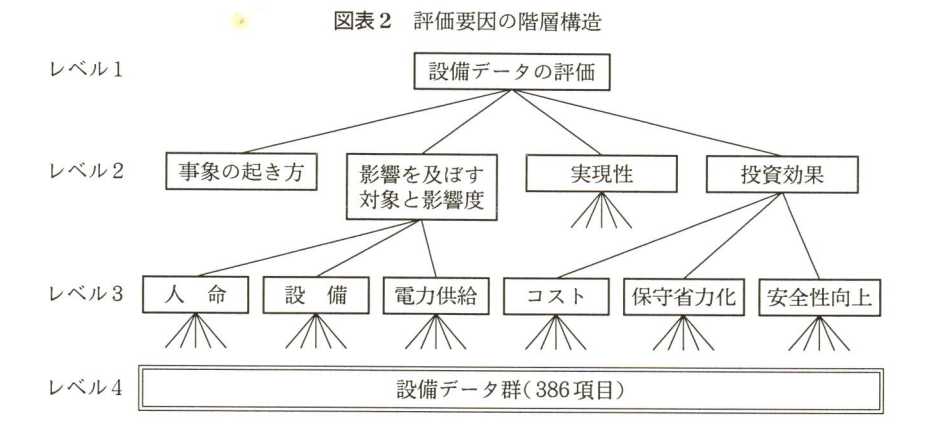

**図表2 評価要因の階層構造**

```
レベル1                    設備データの評価
                    ┌─────────┼─────────┬─────────┐
レベル2     事象の起き方  影響を及ぼす    実現性      投資効果
                      対象と影響度
              ┌────────┼────────┐      ┌────┬────┬────┐
レベル3      人命     設備    電力供給   コスト  保守省力化  安全性向上

レベル4          設備データ群（386項目）
```

評価の要因として基本的な項目とその階層構造を図表2に示す．評価要因が細分化できるものについては，下位レベルの項目を設けることで階層的に扱うこととし，最下位のレベルの386項目を置いた．

## 2.3 ペア比較

この階層構造に基づき，各レベルの要素間の重み付けを行う．つまり，あるレベルにおける要素間のペア比較を，一つ上のレベルにある関係要素を評価基準にして行う．

最終レベルでの重み付けの数値は，合計すれば1となり，正規化されている．この数値そのものが「設備データの評価」とする最終目標から見る評価基準となっている．

次に，これら最終レベルでの各評価基準から見て設備データ（386の全項目）の重要度を評価することとなる．そして，最終評価から見た各項目の評価に換算して，全項目の評価を得ることとなる．

レベル2およびレベル3の重み付け数値は，この分野で経験豊かな有識者である評価者が行う所定の作業に基づき決定される．評価者が行う要素間のペア比較に用いられる値は，重要性の尺度に基づき $1/9, 1/8, \cdots, 1/2, 1, 2, 3, \cdots,$

9とする．

その具体的な作業の概要は，次のとおりである．

図表3に示すようにレベル2において，①「事象の起き方」，②「影響を及ぼす対象と影響度」，③「実現性」，④「投資効果」が要因として取り上げられている．一例として，「投資効果」に対して「影響度」は『かなり重要』としたので，ペア比較マトリックスの2行4列は「5」となる．

以下，評価者によって得られたペア比較マトリックスは結果として次の式が得られた．

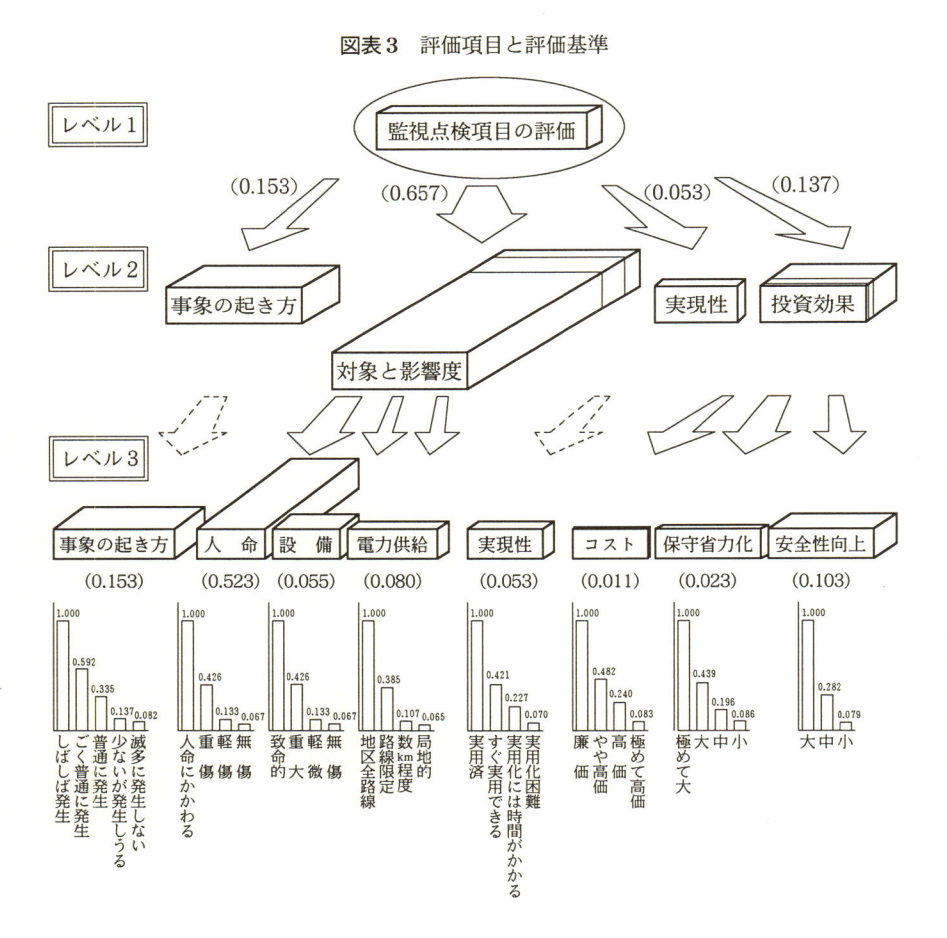

**図表3　評価項目と評価基準**

レベル1：監視点検項目の評価

レベル2：
- 事象の起き方 (0.153)
- 対象と影響度 (0.657)
- 実現性 (0.053)
- 投資効果 (0.137)

レベル3：
- 事象の起き方 (0.153)：しばしば発生 1.000／ごく普通に発生 0.592／普通に発生 0.335／少ないが発生しうる 0.137／滅多に発生しない 0.082
- 人命 (0.523)：人命にかかわる 1.000／重傷 0.426／軽傷 0.133／無傷 0.067
- 設備 (0.055)：致命的大 1.000／重傷 0.426／軽傷 0.133／無微 0.067
- 電力供給 (0.080)：地区全路線 1.000／路線限定 0.385／数km程度 0.107／局地的 0.065
- 実現性 (0.053)：実用済 1.000／すぐ実用できる 0.421／実用化には時間がかかる 0.227／実用化困難 0.070
- コスト (0.011)：廉価 1.000／やや高価 0.482／高価 0.240／極めて高価 0.083
- 保守省力化 (0.023)：極めて大 1.000／大 0.439／中 0.196／小 0.086
- 安全性向上 (0.103)：大 1.000／中 0.282／小 0.079

$$A = \begin{array}{c} \phantom{A} \\ \text{事象の起き方} \\ \text{影響度} \\ \text{実現性} \\ \text{投資効果} \end{array} \begin{array}{cccc} \text{事象の起き方} & \text{影響度} & \text{実現性} & \text{投資効果} \\ \end{array}$$

$$A = \begin{array}{c} \text{事象の起き方} \\ \text{影響度} \\ \text{実現性} \\ \text{投資効果} \end{array} \begin{bmatrix} 1 & 11/7 & 5 & 1 \\ 7 & 1 & 7 & 5 \\ 1/5 & 1/7 & 1 & 1/3 \\ 1 & 1/5 & 3 & 1 \end{bmatrix} \quad (1)$$

## 2.4 固有ベクトルの算出

このペア比較マトリックスから得られる正規化された固有ベクトルは次のとおりとなる.

$$W_2^T = (0.153013,\ 0.657358,\ 0.0526685,\ 0.13696) \quad (2)$$

ただし,添字 $T$ は転置マトリックスを表す.

このことは,「影響を及ぼす対象と影響度」が最も重要であり,次に「事象の起き方」がそれに続くことを示している.

次に,レベル2の要因「影響を及ぼす対象と影響度」は,①「人命」,②「設備」,③「電力供給」を要因として階層的にレベル3へと展開される.

この三つの要因を上記と同様にペア比較して計算した結果,正規化した固有ベクトルは次のとおりとなる.

$$W_{31}^T = (0.79585,\ 0.0830026,\ 0.121147) \quad (3)$$

さらに,レベル2の要因「投資効果」は,①「コスト」,②「保守省力化」,③「安全性向上」を要因としてレベル3へと展開され,その固有ベクトルは次のとおりとなる.

$$W_{32}^T = (0.0782501,\ 0.171357,\ 0.750392) \quad (4)$$

## 2.5 重みベクトルの算出

レベル3へと展開された固有ベクトル $W_{31}^T$ および $W_{32}^T$ は,レベル1から見た重み付けを考慮に入れ,次の式で得られる結果となる.

$$0.657358 \cdot W_{31}^T = (0.5231583, 0.0545624, 0.0796323) \quad (5)$$
$$0.13696 \cdot W_{32}^T = (0.0107171, 0.0234690, 0.1027736) \quad (6)$$

したがって，図表3に示すレベル3の各要因の重みベクトルを $W^T$ とすると次のとおりとなる．

$$W^T = (0.153, 0.523, 0.055, 0.080, 0.053, 0.011, 0.023, 0.103) \quad (7)$$

図表3におけるレベル2および3の数値は，以上の作業によって決定された評価項目の重みである．

## 2.6 評価点数

以下の計算式により評価点数を求める．

評価点数＝Σ[(レベル3の評価項目ウェイト)×(各選択項目の評価基準)]

ここでは，受配電設備の障害監視データ「配電線地絡」という項目の評価例について図表4に示す．

このデータの評価点数は下記となる．

$$\text{評価点数} = 0.153 \times 0.592 + 0.523 \times 0.426 + 0.055 \times 0.426 + 0.080 \\ \times 0.385 + 0.053 \times 1.000 + 0.011 \times 1.000 + 0.023 \times 0.086$$

図表4 設備データの評価例

| 評価対象データ(受配電設備の「配電線地絡」) | | | |
|---|---|---|---|
| 評価項目 | 評価項目ウェイト | 評価選択項目 | 評価基準 |
| 事象の起き方 | 0.153 | ごく普通に発生 | 0.592 |
| 人 命 | 0.523 | 重 傷 | 0.426 |
| 設 備 | 0.055 | 重 大 | 0.426 |
| 電力供給 | 0.080 | 路線に限定 | 0.385 |
| 実現性 | 0.053 | 実用性 | 1.000 |
| コスト | 0.011 | 廉 価 | 1.000 |
| 保守省力化 | 0.023 | 小 | 0.086 |
| 安全性向上 | 0.103 | 大 | 0.282 |

## 2. 設備データの導入評価検討

**図表 5　全項目の得点分布状況（降順）**

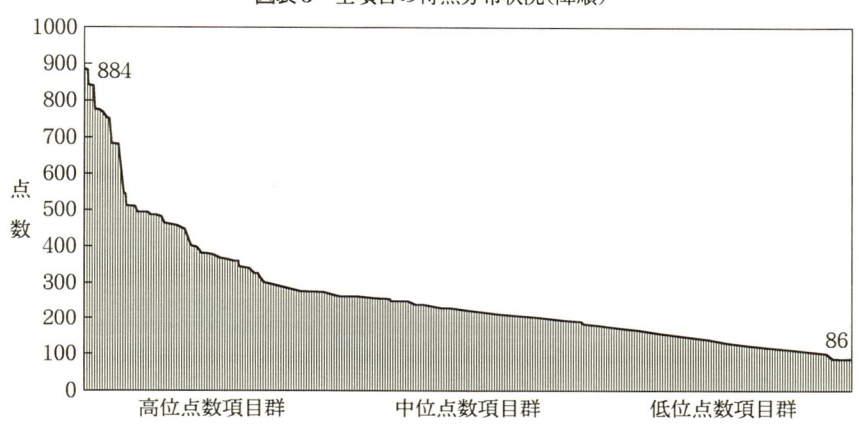

**図表 6　ニーズ別，導入状況別得点分布状況**

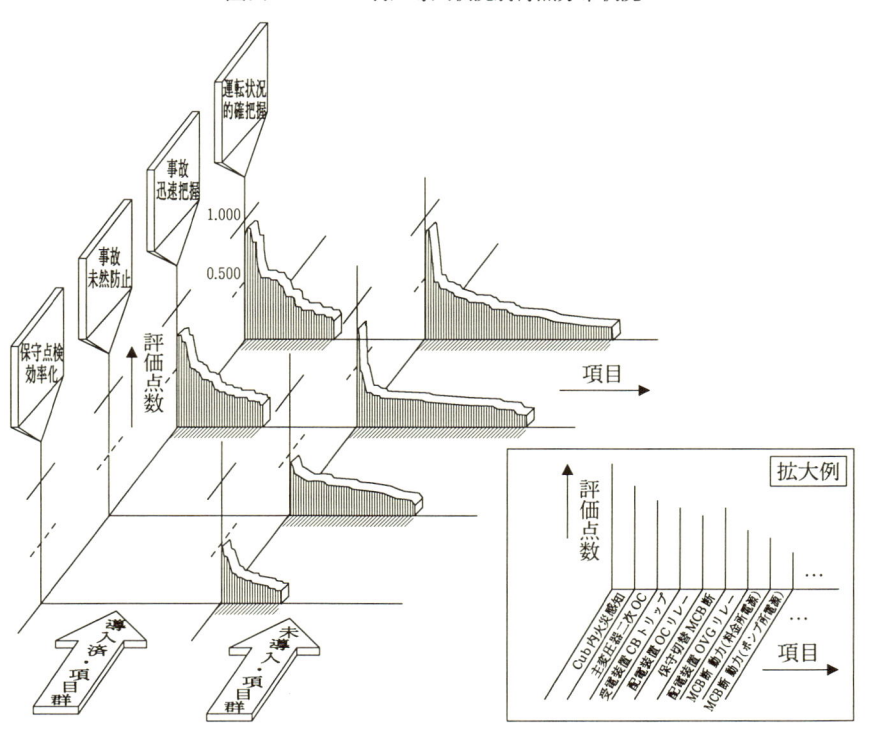

$$+ 0.103 \times 0.282 = 0.462$$

このようにして全項目386に対して評価し,評価点数を算出する.

得られた設備データの評価点数を1000倍して評価得点に用いる.総合的に見れば次のようになる.

① すべての評価項目に最高ランクを与えた場合,評価得点は1000点となり,またすべての評価項目に最低ランクを与えた場合,評価得点は70点となる.
② 全項目数386のうち,最高点と最低点を得た項目は次のとおりである.
　　最高点－運転監視データの「受電遮断器」と「発電装置遮断器」　884点
　　最低点－保全データの「スイッチギア内湿度」　　　　　　　　　86点

全項目の評価得点をすべて紹介すると膨大な量となるので,ここでは最高点から最低点に至る得点分布状況を,降順に図表5に示す.また,同じ状況をニーズ別および導入状況別に区分して図表6に示す.

## 3. 考　　察

定量評価した結果から次の2点が明らかになり,今後の導入に際して項目選定作業を支援できるものと期待できる.

① 未導入の項目群の中で,かなり高得点の項目がある.
② 保守点検効率化および事故未然防止のニーズから抽出した項目はすべて未導入であるが,その得点は全体として低い.

以下に設備データの個々の考察として,電力施設のうち受配電設備について主な考察点を述べる.

### (1) 運転監視データ

評価の結果,上位(1～11位)の評価は電力供給系の主機器運転制御に関連する項目,次に中位(12～26位)は主機器運用に関する項目(電気量計測),下位(29位以下)は補助系に関する項目となっている.また,中位以上の項目は,ほとんどが既に導入済となっているが,図表7に示す項目については中位以上の評価であったが未導入の項目である.これらの項目は,運用面,保全面,事故未然防

## 3. 考 察

図表7 今後導入すべき運転監視データ

| | 項　目 | 順　位 | 評価点 | 抽出した理由 |
|---|---|---|---|---|
| 運転監視 | 直接＋扉閉アラーム | 8 | 400 | 事故未然防止，運用者ニーズ |
| | GTR，1次LBS | 20 | 241 | 運転状況的確把握 |
| | 負荷制限MC | 24 | 212 | 運転状況的確把握，省エネ制御 |
| | 引込用PAS | 24 | 212 | 運転状況的確把握 |

止等のニーズから抽出した項目であり，今後優先的に導入していくべきものと考える．

（2） 障害監視データ

評価の結果，上位（1～10位）の評価は電力供給系の主機器重故障に関する項目，中位（11～18位）はその軽故障に関する項目，次いで下位（19位以下）は補助系故障に関する項目となっている．大半が現在導入済ではあるが，同一項目で監視対象機器数が多いものは一括監視となっているため，障害箇所の迅速かつ詳細把握の面から，今後個別監視の方向で導入検討する必要がある．

（3） 予測保全と自動点検データ

このデータは，現在開発中の技術に該当するものが多いが，異常発生時は電力供給に直接支障をきたすことと運用者のニーズから，図表8に示す評価点が比

図表8 導入が必要な予測保全，自動点検データ

| | 項　目 | 順　位 | 評価点 |
|---|---|---|---|
| 予測保全 | 充電部近接時状態検知 | 1 | 317 |
| | 高圧ケーブル絶縁監視 | 2 | 289 |
| | 変圧器絶縁監視 | 6 | 252 |
| | GIS部分放電 | 8 | 221 |
| | 盤内加熱 | 9 | 213 |
| 点検 | 受配電シーケンス | 4 | 231 |
| | CB真空漏れ監視 | 6 | 211 |

較的高位である項目については，導入が必要と考えられる．

## 4. おわりに

今回の事例研究では，都市高速道路付属施設のうち電力系施設の自動点検・監視項目に限定してその評価を数量化したものである．

ここで得られた評価数値は不変不動なものではなく，都市高速道路の電力系施設を取り巻く環境や背景に応じて変わる可能性があり，また質的な評価自体が変化することもあり得る．経済情勢が厳しい場合には，「投資効果」の要素が影響し，コスト面を重視した結果となるであろう．また，「対象と影響度」は，重大な設備事故による社会的影響を重要視すれば，評価結果もそれに応じた数値として表れる．そのため評価する時代の社会情勢，環境問題などに適応した評価結果を期待できる．

ここに紹介したように，本来数値で表されていない定性的なものを数値に変換，評価したことで，これまでとは別の視点から，システムと構成設備の新たな関係を見出すことができた．また今後，本手法を都市高速道路の道路交通管理情報システム全体の分析に適用することで，高速道路の安全性，円滑性，快適性に一層寄与するものと期待される．

### 参考文献

[1] 桃澤宗夫，木下栄蔵，中川 昭，「阪神高速道路の道路交通管理設備における自動点検監視システムの評価に関する研究」，『高速道路と自動車』，第39巻，第5号，1996，pp.20-27.
[2] Momozawa, M., "An Evaluation Study of Automatic Supervising System for Road Facilities" *Proc. of the 5th ISAHP '99 KOBE*, Aug. 1999, pp.263-269.
[3] 木下栄蔵，『AHP手法と応用技術』，総合技術センター，1993.
[4] 木下栄蔵，「階層分析法による多目意思決定問題への応用に関する研究」，『交通工学』，Vol.128，No.1，1993.

# 新たな地方国際空港の候補地選定

轟　朝幸

## 1. はじめに

　1980年代後半，円高や好景気に支えられて海外旅行需要は急増し，国際空港の容量が不足した．地方においても本格的な国際空港の整備をとの要望が高まり，地方の政財界や行政などによって，地方国際空港の成立可能性の調査検討が数多く実施された．それらの調査検討結果に基づき，本格的国際空港を整備する必要性が強く叫ばれるようになっていた．しかし，その空港を地域内のどこに立地させるかについては，地元関係者間の誘致合戦もあり，候補地を一カ所に決める合意形成は困難な場合がある．

　ここでは，ある地方において国際空港の候補地一本化のために設けられた第三者機関と，そこでの議論に採用された総合評価手法を紹介するものである．

## 2. 候補地選定問題

### 2.1　経　　緯

　国際空港のような大規模な社会基盤施設の建設では，それに伴う将来にわたる広範囲な経済波及効果を期待して，地域による誘致合戦が行われることは珍しくない．今回のケースにおいても，誘致を表明した地方自治体間で競争が繰り広げられた．各自治体では，それぞれ独自に航空需要予測や地域への社会経済への影響などの調査検討を実施し，それぞれが地元の最適性を主張し合うも

のであった.議論は平行線を辿り,候補地一本化の目途が立たない状況となっていた.そこで,候補地一本化に向けて新たに第三者機関を設置し,その答申を踏まえて地方としての最終的な意見の集約を行うこととなった.

## 2.2 候補地選定問題の明確化

設立された第三者機関に求められた検討内容は,誘致表明があり,かつ事前調査によって立地条件を満足している候補地の中から,最適と考えられる候補地一つを選定することであった.候補地として挙げられていたのは,3地域5地点であった.最適候補地の選定には,客観的で総合的な判断が求められた.第三者機関の委員には,地元の利害から離れた客観的な立場の経済界,学界,研究機関等を代表する5人が,地元の知事会と経済団体によって選任された.評価はこの5人の有識者の判断に委ねられたのである.第三者機関での評価審議は,利害関係者の誘致に対する熱意に対抗しうるため,客観的なデータに基づいた総合評価と,その結果の信頼性を明確に説明しうることが必要とされた.

## 2.3 第三者機関での審議手順

第三者機関での審議は,次の手順によって進められた.
① 基本的考え方の整理
誘致表明がされたすべての候補地の立地適性を確認した.また,総合評価の視点を整理した.その視点としては,空港建設・運用の技術的条件,経済的条件,空港立地の地域受容性に加え,地域内の格差是正と地域全体としての一体性も加味することが確認された.
② 評価の前提条件の整理
社会・経済フレームの将来見通しの方向,および国際空港の規模と運用方針などを整理した.
③ 新たな(追加)調査
上記の前提条件に基づき,将来航空需要,空港アクセス条件(整備費,アクセ

## 3. 候補地代替案の総合評価

**図表1　候補地代替案の一覧**

| 候補地A | | 候補地B | 候補地C | | 候補地D | 候補地E | |
|---|---|---|---|---|---|---|---|
| ケース1 | ケース2 | ケース3 | ケース4 | ケース5 | ケース6 | ケース7 | ケース8 |
| 現X空港廃止 | 現X空港存続 | 現X空港廃止 | 現X空港存続 | 現X空港廃止 | 現X空港存続 | 現X空港存続 | 現X空港存続 |
| | | | | 新X空港建設 | | 現Y空港存続 | 現Y空港存続 |

シビリティの変化),空港整備費用,地域全体への波及効果などを別途に予測調査し,その結果を総合評価に反映させることとした.

④　候補地代替案の設定

既存空港の存続等の状況による新空港への影響の大きさを考慮して,五つの候補地をさらに条件をつけて八つのケースに分け,候補地代替案と定めた(図表1).

⑤　候補地代替案の総合評価

候補地代替案の総合評価の方法を検討し,AHP手法を採用した.その手法を用いて総合評価を行った.次節において,採用にあたっての検討経緯と採用した手法について詳細に説明する.

⑥　最適候補地の決定

総合評価の結果を踏まえて,最終候補地案を決定し,その選定理由を整理した.

## 3. 候補地代替案の総合評価

### 3.1　代替案評価手法の検討

代替案に優劣をつけるような問題は,様々な異なる観点から代替案を評価し,それぞれの観点からの評価結果を比較考量して最終的に判断を下す作業(あるいは思考)である.つまり,複数の評価基準を総合化するものであり,多基準分析

問題といわれる．多基準分析問題の多くは，各々の評価基準を共通尺度で評価することが困難であり，また価値判断が介在するといった意思決定問題である．

空港のような社会資本の整備においては，その投資に見合う効果の大きさが投資の判断材料となるが，効果は多岐に広範囲に及ぶことから，それぞれの効果をいかに総合化するかが重要なポイントである．一般には，多種多様な効果を費用に換算して便益とし，それを投資費用と比較する費用便益分析が用いられる．しかし，環境質や安全性，快適性などの非市場価値の便益計測技術が不十分であったり，超長期にわたる地域発展への影響や地域間公平性などの不確定要素を考慮しにくいといった問題点がある．

総合化の方法としては，一元尺度にかかわらず，評価項目ごとの評価結果を意思決定者(個人もしくはグループ)が勘案して判断を下すといった方法も一般的である．しかし，意思決定プロセスが不明瞭となりやすく，客観性，説明性に乏しいといった問題点がある．

地方国際空港候補地選定のために設けられた第三者機関においては，以上の各々の手法の問題点を概ね補うことが可能な手法として，AHP手法を採用することになった．既存の様々な調査検討結果を踏まえて，委員の価値判断を定量的に取り入れることができる手法を選択したのである．また，AHPは，評価作業の手軽さ，わかりやすさに優れていて，議論の集約に役立ち，かつ県民，市民への説明と理解が容易といった利点を持つことから，評価作業をサポートするとともに審議結果のアカウンタビリティ(説明責任)の確保に資するものと期待された．

### 3.2 AHPによる評価作業

AHPによる総合評価の手順は，主に4段階から構成される(図表2)．
① 評価基準項目の抽出および体系化
② 評価基準項目の重み付け
③ 評価基準ごとの代替案評価
④ 代替案の総合評価

## 3. 候補地代替案の総合評価

**図表2　AHP手法の手順**

```
        代替案の設定
             ↓
    ① 評価基準項目の
       抽出・体系化  ←┐
         ↓ ↓          │
  ② 評価基準項目の  ③ 基準項目別
      重み付け        代替案の評価
         ↓ ↓
    ④ 代替案の総合評価
             ↓
       最適代替案の選定
```

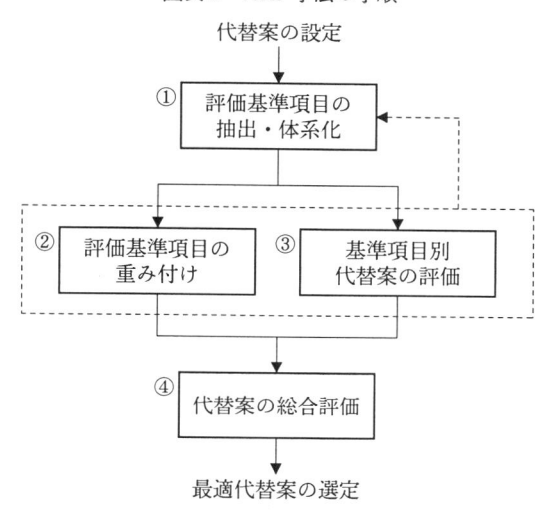

オリジナルなAHPである相対評価法では，②と③において，評価者(意思決定者)の価値判断を取り入れるために，評価基準項目間どうしおよび代替案どうしの一対比較アンケートが行われる．しかし，今回の第三者機関における検討では，入手可能な客観的統計データをできるだけ反映させるために，③代替案の評価に客観データを用いて絶対評価を行う方法である絶対評価法[3]の考え方を採用した．

### (1) 評価基準項目の抽出および体系化

評価基準項目は既存調査などを参考にして網羅的に列挙し，項目の独立性に配慮しながらツリー構造状に整理した．ツリーは評価を進めていく各段階においても常にフィードバックしながら修正を加えた．それによって最終的に決定された評価ツリーは3層の構造となった．第1層は建設，運航，利用，立地地域への影響，他地域への影響の五つの大項目から構成されている(図表3)．

### (2) 評価基準項目の重み付け

次に，ツリーを構成する項目の重み付けを行った．重み付けは部分ツリーご

**図表3 総合評価ツリー**

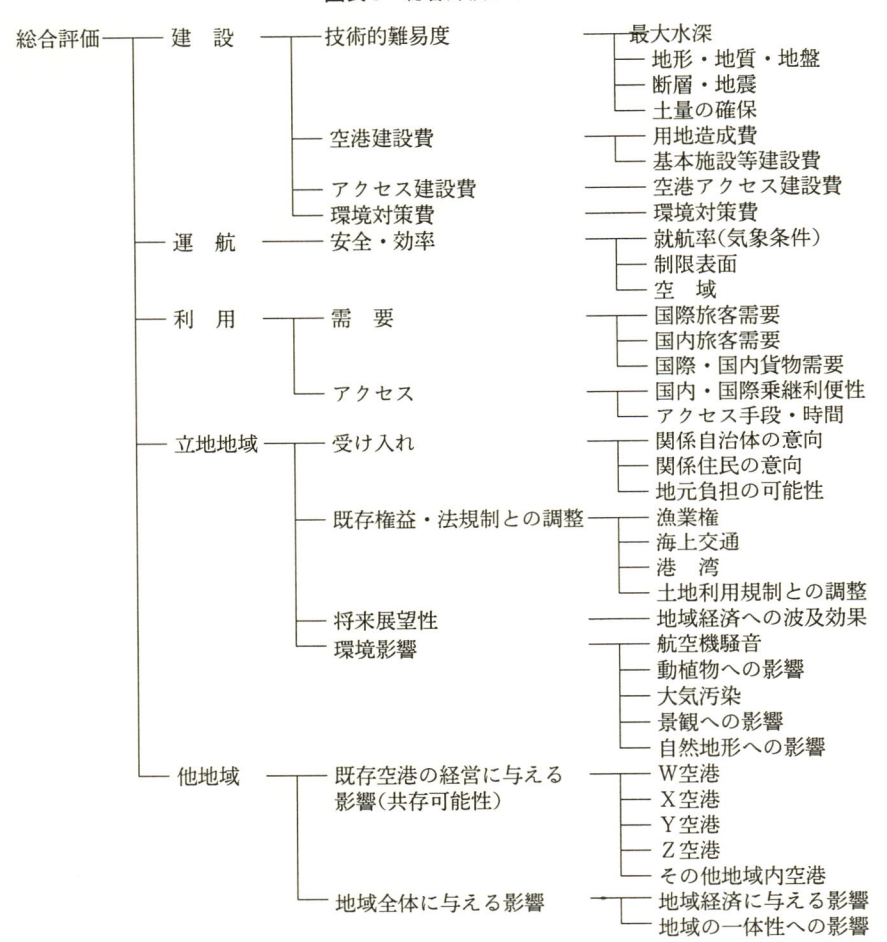

- 総合評価
  - 建設
    - 技術的難易度
      - 最大水深
      - 地形・地質・地盤
      - 断層・地震
      - 土量の確保
    - 空港建設費
      - 用地造成費
      - 基本施設等建設費
    - アクセス建設費
      - 空港アクセス建設費
    - 環境対策費
      - 環境対策費
  - 運航
    - 安全・効率
      - 就航率(気象条件)
      - 制限表面
      - 空域
  - 利用
    - 需要
      - 国際旅客需要
      - 国内旅客需要
      - 国際・国内貨物需要
    - アクセス
      - 国内・国際乗継利便性
      - アクセス手段・時間
  - 立地地域
    - 受け入れ
      - 関係自治体の意向
      - 関係住民の意向
      - 地元負担の可能性
    - 既存権益・法規制との調整
      - 漁業権
      - 海上交通
      - 港湾
      - 土地利用規制との調整
    - 将来展望性
      - 地域経済への波及効果
    - 環境影響
      - 航空機騒音
      - 動植物への影響
      - 大気汚染
      - 景観への影響
      - 自然地形への影響
  - 他地域
    - 既存空港の経営に与える影響(共存可能性)
      - W空港
      - X空港
      - Y空港
      - Z空港
      - その他地域内空港
    - 地域全体に与える影響
      - 地域経済に与える影響
      - 地域の一体性への影響

とに各項目に大小関係を付与するものであり，評価者を被験者とした意識アンケートによって得られる．部分ツリー内の各項目間を一対比較することにより，評価者の価値基準を数値化する．つまり，上層の要素を構成する下層項目を比較し，「(上層の)要素を支配する項目として，(下層の)一対の項目間のどちらがどの程度重要か」を問い，項目間の比例尺度を保持するように相対重要度を固有値計算により算出するものである．第三者機関では，ツリー内の大項目およ

## 3. 候補地代替案の総合評価

び中項目の上2層については,委員のアンケートによって重み付けを行った.一方,最下層の小項目は委員の価値判断によらず,統計データや別の専門家等のヒアリング結果をもとに別途評点(配点法による)をつけ,委員による承認を経て決定した.このような方法をとった理由は,小項目は既存の調査等によるデータによって客観的に明らかにされているものも多く,それらを可能な限り評価に反映させたいとの意図からである.また,小項目は極めて専門的な項目が並んでおり,委員は有識者ではあるものの,細部にわたるすべての項目に対する高度な知識を備えているわけではなく,それらの判断はより高度な知識を持つ専門家の判断に委ねた方が的確であるとの理由からである.さらに,大項目および中項目での各部分ツリーごとに各項目に対して直感的に配点を行う方法による重み付けも行い,一対比較法での結果の妥当性検証し,最終判断には一対比較法を用いることとした.

委員の意識アンケートは,委員が一同に会して,質問や用語の意味解釈を確認しながら実施された.また,アンケート結果に基づいた評価結果をその場でコンピュータを用いて計算し,一対比較回答の首尾一貫性($CI$ 値)や総合評価値の違和感の有無を確認しながら,もう一度アンケートを実施するといった作業を繰り返した.これは,質問などに対する勘違いや意味解釈の相違などをできる限り取り除くための措置である.

(3) 評価基準ごとの代替案評価

代替案の評価は,ツリー最下層に並ぶ評価基準項目ごとに各代替案を絶対評価するといった方法で行われた.ツリー最下層の小項目ごとに既存調査などの結果に基づいた絶対評価値などを4段階の評点に基準化して絶対評価値とした.各評点は,概ね,4点:特に優れている,3点:優れている,2点:普通,1点:劣っている,とした.評価は第三者機関が委託した専門家集団が実施し,最終的に委員の承認を得るといった手続きを経て決定した.

(4) 代替案の総合評価

次に,代替案の総合得点を算出した.総合化は,重み付き線形和関数により

なされた．重みは部分ツリーごとに和が10になるように基準化した．ツリー最下層につけた絶対評価による得点と，その項目に付した重みの積を全最下層項目について算出し，部分ツリーごとに合計して上位層要素の得点とした．同様に順次上位層の重みと得点の積を合計し，全体ツリーの総合得点を代替案ごとに算出した．

また，算出された総合得点の妥当性を検証するために，重みを考えられる範囲で変更し，代替案の優劣順位に大きな変動がないかといった感度分析によって確認した．

### 3.3 総合評価の結果

候補地代替案ごとの総合得点および大項目の得点シェアの結果は，図表4に示すとおりである．結果は評価者（委員）別と評価者5人の平均値を示している．結果は委員全員の得点においてケース1が最も高くなり，地方国際空港の立地候補の代替案として最適との結果が得られた．配点法による重み付け法の場合も同

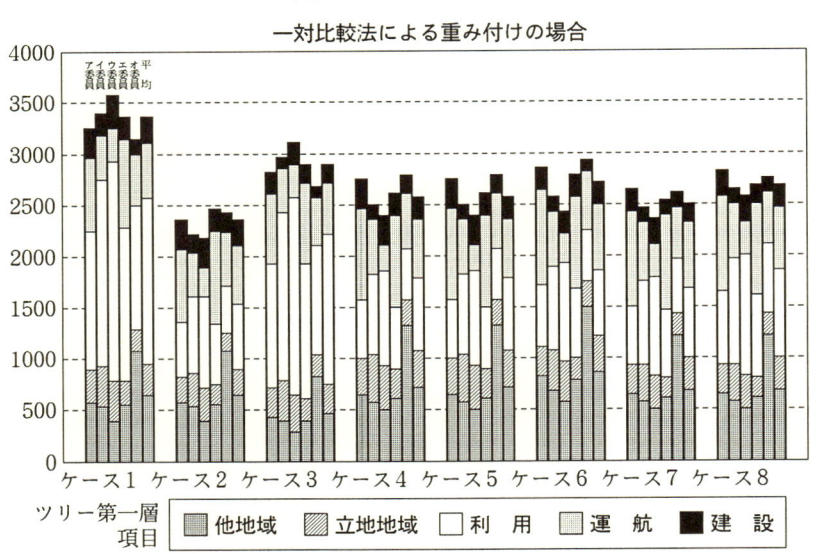

**図表4　総合評価の結果**

一対比較法による重み付けの場合

様であり，結果の妥当性を裏付けるのに役立った．各代替案を項目ごとに見てみると，建設条件はケース6が最も得点が高く，運航条件はケース4および5，利用条件はケース1，立地条件および他地域への波及効果条件はケース1および2が高い得点であった．このような分析により，委員間の価値判断の相違や総合評価結果への各要素の影響度などを把握することが可能となり，第三者機関での意見集約および外部（県民，市民等）への説明し易さの向上に極めて有効であった．

## 4. AHP適用の成果と留意点

地方国際空港の候補地選定を任された第三者機関では，AHPによる総合評価結果に基づき，地方国際空港の最適立地の候補地（既存空港の存続条件付き）に関する結論を答申した．この結論は当時の状況下での5人の有識者による判断であり，必ずしも絶対的なものではない．国際空港整備をとりまく社会・経済・政治的状況などが大きく変わることがあれば，当然のことながら結果も変わるものである．そのような場合には，第三者機関での検討結果を基に，再度検討を加えるような柔軟な対応が必要である．

以上をふまえ，地方国際空港の候補地選定における総合評価にAHPを採用した成果を整理すると，以下のようにまとめることができる．

① 評価基準を明確にでき，評価項目間の重要度に関する評価者の価値判断を定量的に表現できた．
② 委員間の価値判断や論点の相違をより明確にでき，議論の発散防止と意見集約の促進に貢献した．
③ 第三者機関での議論の透明性と外部への結論の説明容易性，説得性を向上させることができた．

最後に，適用に際しての留意点を整理すると，以下のようにまとめることができる．

① 評価者（意志決定者）選出の妥当性確保

AHPは評価者の価値判断を定量的に表現することができるといった長所があ

る．したがって，評価者の能力が問われることになり，今回のような国民を代表しての判断には，大局的見地から判断ができる人の選任が求められる．また，細部にわたる部分的判断には，より専門家の判断も加味することが必要である．評価者や専門家の選出に際しても，透明性と説明責任が不可欠である．

② 恣意性の排除

評価者の恣意性を完全に排除することは不可能である．したがって，評価プロセスと評価結果についての情報公開と説明責任によって，透明性と合意可能性を担保することが不可欠である．また，評価者の価値規範は社会状況に応じて変化するという認識が必要であり，状況に応じて再評価が必要である．

③ AHP手法の課題

評価項目間の独立性確保や評価者間での評価結果の集約化方法などに課題があり，AHP手法の改良が望まれる．

本章は，轟，福本の「九州国際空港構想の候補地選定」[1]および轟の「空港適地選定の一手法」(第32回運輸政策コロキウム講演録)[2]を加筆修整したものである．

## 参考文献

[1] 轟 朝幸，福本潤也，「九州国際空港構想の候補地選定」,『AHPの理論と実際』，第40回シンポジウム，日本オペレーションズリサーチ学会，1998，pp.55-58.
[2] 轟 朝幸，「空港適地選定の一手法」,『運輸政策研究』，Vol.2，No.3，1999，pp.69-72.
[3] 木下栄蔵,『孫子の兵法の数学モデル』，講談社ブルーバックス，1998.

# ANPモデルによるリスク評価

岸　邦宏

## 1. はじめに

　本事例は，北海道上川町の壮大な景勝地を有する層雲峡地区遊歩道が岩盤の崩落の危険性から通行止めとなっている問題を対象としている．観光振興と安全性の確保といった，相反する意見の中での合意形成を目指して，観光客，地域住民，行政といった異なる立場のリスク評価，遊歩道の整備方策に関する代替案の評価について，ANPモデルを適用するものである[1]．

## 2. 事例対象地区の現状

　層雲峡は大雪山国立公園内にあり，北海道を代表する観光地である．この地域の中心となっているのが，壮大な岩肌のそびえる大函，小函地区であり，柱状節理の史跡名勝天然記念物となっている．しかし，長年の風化により柱状節理の損傷が激しく，専門家の調査により小函を含む周辺地域が岩盤崩落危険地域であると判定され，現在遊歩道が通行止めとなっている．
　それまで遊歩道では年間5万人以上の観光客がサイクリングや散策により，その絶景を堪能していた．このため遊歩道の通行止めは，層雲峡観光に大きな打撃となるものと懸念された．
　通行止め区間の略図を示したものが図表1である．通行止めは最大の観光名所である神削壁付近の遊歩道1130mに及んだ．この区間の落石防止の応急工事だけでも13年間で27億円，本格工事では20年間で600億円もかかると推計され，

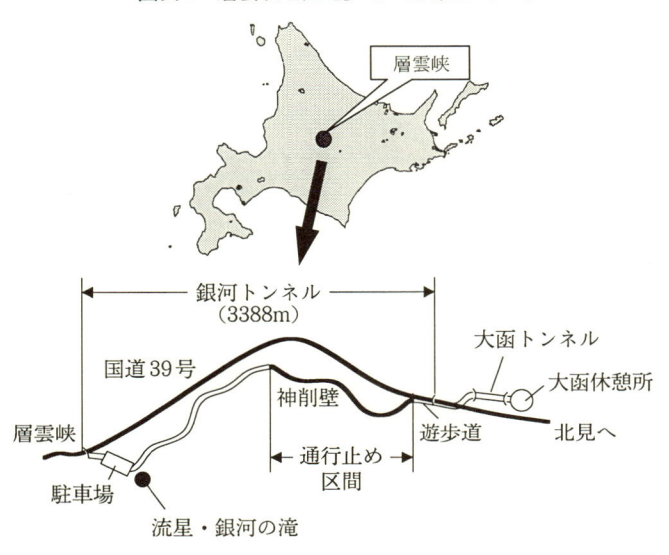

**図表1 層雲峡地区遊歩道の通行止め区間**

しかも工事では観光の目玉となっている柱状節理を削ることになる．

遊歩道の通行止めが自分達の死活問題となる観光業者や地域住民と，何よりも安全性の確保を第一と考える行政の意見は大きく異なり，遊歩道の今後のあり方については結論を得るのに難航極まりないものであった．しかし，両者とも町の将来を見据え，観光客の意見も含めた総合的な視野で納得のいく今後の方策を探っていきたいという考えは共通であった．そこで，最も合理的な最善解を分析するためにANPモデルの適用を試みることとした．

## 3. リスクの受容と拒否

### 3.1 リスクとは

一般に「危険」という意味を示す言葉には，次のものがある．
- danger ： 危険の意味の普通語，あぶない
- hazard ： 予測されるが避けられない危険(偶発的であることを強調)

- risk： 自発的に危険を冒すこと（危険の発生確率と冒すメリットを自覚）

これらの言葉の比較から「リスク」の大きな特徴として，危険性とメリットが表裏一体でそこに存在しているものであることがわかる．つまり，その両側面の検討から，いずれの判断も選択可能なものがリスクであり，リスクを受容するということは，人の自発的行為なのである．また，リスクは，「ゼロ」か「マイナス」という概念ではなく「プラス」か「マイナス」という賭的要素が多大に含まれているものである．

## 3.2 リスクの受容と拒否に関するプロセス

実在するリスクに対し，専門家あるいは政府レベルで，そのリスクを受け入れる価値があるかどうか評価を行うとする．そして公衆はそのリスクを受け入れるかどうか判断する．

この公衆が受け入れる，または受け入れないといったプロセスには，いく通りかの場合が考えられる．

図表2は，様々な条件のリスク受容のプロセスをまとめたものであり，各々の流れは，次のように表現することができる [2]．

(a) リスクあるなしにかかわらず公衆が受け入れる．（例： 地震）
(b) 専門家の評価を受けて公衆が受け入れる．（例： 予防注射）
(c) 専門家の評価を無視しても公衆が受け入れる．（例： タバコ）
(d) 専門家の評価にかかわらず公衆は受け入れない．（例： 原子力発電所）
(e) 専門家の評価どおり公衆は受け入れない．（例： 産業廃棄物）
(f) 改善の状況により受け入れる，または受け入れない．

また，層雲峡の遊歩道通行止め問題においては，上記(c)と(e)の選択を以下のように解釈できる．

(c) 専門家の評価（危険性が高い）を無視しても公衆が受け入れる（行く）．
(e) 専門家の評価（危険性が高い）どおり公衆は受け入れない（行かない）．

このプロセスをふまえて，層雲峡遊歩道の整備方策を探るため，観光客のリスク意識を中心に意識調査を実施した．

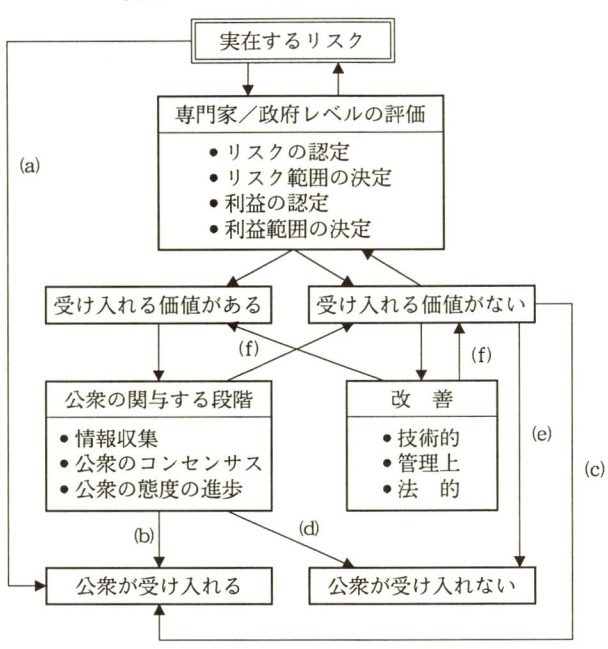

**図表2　リスク受容と拒否のプロセス**

```
                          ┌──────────────┐
          ┌──────────────→│ 実在するリスク │←──────────┐
          │               └──────┬───────┘            │
          │                      ↓                    │
          │              ┌──────────────────┐         │
          │              │ 専門家／政府レベルの評価 │         │
          │              │  ● リスクの認定    │         │
         (a)             │  ● リスク範囲の決定  │         │
          │              │  ● 利益の認定     │         │
          │              │  ● 利益範囲の決定  │         │
          │              └────┬──────────┬──┘         │
          │                   ↓          ↓            │
          │        ┌──────────────┐ ┌──────────────┐  │
          │        │受け入れる価値がある│ │受け入れる価値がない│──┤
          │        └──────┬───────┘ └──────┬───────┘  │
          │          (f)  ╲╱  (f)          ↑          │
          │               ╳                │          │
          │          ╱  ╲                  │          │
          │   ┌──────────────┐      ┌──────────┐     │
          │   │ 公衆の関与する段階 │      │  改　善   │     │
          │   │ ● 情報収集      │      │ ● 技術的  │    (e)
          │   │ ● 公衆のコンセンサス│      │ ● 管理上  │    (c)
          │   │ ● 公衆の態度の進歩 │      │ ● 法　的  │     │
          │   └──────┬───────┘      └──────────┘     │
          │       (b)↓       (d)↓                    │
          │   ┌──────────────┐ ┌──────────────┐      │
          └───│ 公衆が受け入れる │ │公衆が受け入れない│──────┘
              └──────────────┘ └──────────────┘
```

出典）鈴木継美，田口　正編，『環境の安全性－その評価をめぐって』，
　　　恒星社厚生閣，1987，p.30より引用し，筆者が加筆修整．

## 4．観光振興と安全性に関する意識調査の実施

　観光振興と安全性の観点からANPモデルにより分析を行うために，1998（平成10）年6月26日に意識調査を実施した．

　意識調査は地域住民，観光客および有識者と行政関係の人々等からなる専門部会の三つの立場に分けて行った．調査方法は，地域住民と専門部会は留置き回収方式，観光客はインタビュー方式とした．インタビューは，層雲峡流星・銀河の滝駐車場および温泉街にある黒岳ロープウェー駅で行った．回収票数は専門部会21票，地域住民9票，そして観光客は65票であった．

## 5. ANPモデルによる遊歩道代替案の評価

### 5.1 ANPモデルによる層雲峡遊歩道整備方策の階層図

　層雲峡遊歩道整備方策についてのANPモデルの階層図を図表3に示す．

　評価項目には「費用抑制」（防災対策費を抑えること），「安全性」，「観光価値」（景勝地を十分堪能できることと観光産業の振興）をとりあげた．代替案として「全面通行止め」（現状），監視体制の強化や危険察知装置の導入等を行った上での「通行止め区間の短縮」，本格工事を行った上での「全面通行」を採用した．

### 5.2 ANPモデルの適用

　本事例の場合，各代替案はそれぞれに特徴を持ち，例えば「全面通行止め」は安全と費用面には大きく関与するが，観光価値には重点を置かない施策である．よって「全面通行止め」はこの部分を強く評価されるべきものであって，他の代替案と一律ではなく，安全と費用を評価基準の中心に据えるべきである．

　このような点から，評価項目から見た代替案の評価だけでは，各代替案のプラスとマイナスの特徴が正しく反映されないと考え，ANPモデルを適用することとした[3][4][5][6]．

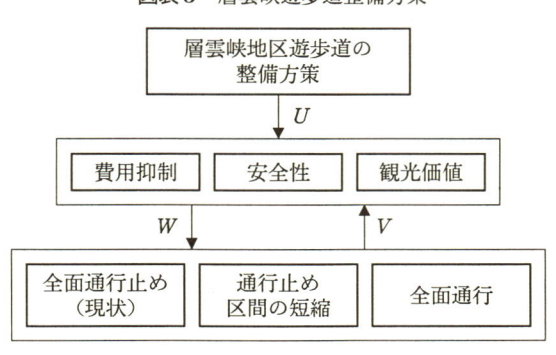

図表3　層雲峡遊歩道整備方策

## 5.3 重要度の決定

意識調査における一対比較では，図表3の階層図の $U$ にあたる総合目的からの評価項目に関する重要度比較を各々の立場(地域住民，専門部会，観光客)に行った．また，評価項目に関する代替案の重要度(階層図の $W$)と代替案に関しての評価項目の重要度(階層図の $V$)については，筆者らが議論の上決定した．この $W$ と $V$ の決定については，調査結果を参考とし，以下の条件を設定して重要度を定めた．

条件1： 専門部会は，上川町の将来と問題全体を総合的に考える立場である．
条件2： 住民にとっては遊歩道通行止めは死活問題であるが，安全対策は町の財政面にも関係する．
条件3： 観光客には直接自分の生活に関わらない問題である．しかし，景勝地をとてもすばらしいと感じている．

意識調査の一対比較による $U$ の重要度は図表4のようになった．

遊歩道整備方策問題の意見対立の現状どおり，一番重要と考える項目について地域住民が「観光価値」で50％，専門部会が「安全性」で58％と対照的な結果となった．

## 5.4 ANPの超行列(Super Matrix：以下S)

本研究の階層図を考えるとき，その超行列は既約行列ではないのでoutputの

図表4 $U$ の重要度

|  | 安全性<br>($U_1$) | 費用抑制<br>($U_2$) | 観光価値<br>($U_3$) |
|---|---|---|---|
| 住民 | 0.34 | 0.16 | 0.50 |
| 専門部会 | 0.58 | 0.14 | 0.28 |
| 観光客 | 0.63 | 0.12 | 0.25 |

## 5. ANPモデルによる遊歩道代替案の評価

ない成分からinputのない成分への仮想的評価を加えた以下の超行列を設定した．

また，$U$については図表4のように，それぞれの立場ごとに値を変えて代入している．

$$S = \begin{bmatrix} 0 & \delta e & \delta e \\ U & 0 & \varepsilon V \\ 0 & \varepsilon W & 0 \end{bmatrix}$$

$$= \begin{bmatrix} 0 & \delta & \delta & \delta & \delta & \delta & \delta \\ U_1 & 0 & 0 & 0 & \varepsilon 0.649 & \varepsilon 0.258 & \varepsilon 0.051 \\ U_2 & 0 & 0 & 0 & \varepsilon 0.279 & \varepsilon 0.105 & \varepsilon 0.227 \\ U_3 & 0 & 0 & 0 & \varepsilon 0.072 & \varepsilon 0.637 & \varepsilon 0.722 \\ 0 & \varepsilon 0.481 & \varepsilon 0.735 & \varepsilon 0.067 & 0 & 0 & 0 \\ 0 & \varepsilon 0.114 & \varepsilon 0.207 & \varepsilon 0.218 & 0 & 0 & 0 \\ 0 & \varepsilon 0.405 & \varepsilon 0.058 & \varepsilon 0.715 & 0 & 0 & 0 \end{bmatrix}$$

ただし，$e$：要素がすべて1の行列，$\delta$：パラメータ$(0 < \delta < 1)$；$\varepsilon = 1 - \delta$，$\delta = 0.5$とした．

以上のような超行列 $S$ について，本事例のような既約ではない行列の場合，評価項目の総合評価ベクトルを

$$X = (x_1, x_2, x_3)$$

代替案の総合評価ベクトルを

$$Y = (y_1, y_2, y_3)$$

としたとき，

$$\delta(x_1 + x_2 + x_3 + y_1 + y_2 + y_3) = x_0$$

とおくと，

$$X = x_0 (I - \varepsilon^2 VW)^{-1} U$$

$$Y = \varepsilon x_0 W (I - \varepsilon^2 VW)^{-1} U$$

として解を得る（$I$は単位行列）．

ここで$\delta = 0.5$を用いているが，これは$\delta = 0.25, 0.75, 0.9$でも評価順位は変

わらず，変化の割合も小さいので中間値の $\delta = 0.5$ を採用した．

## 5.5 評価項目の総合評価ベクトル

評価項目の総合評価ベクトルの結果を図表5に示す．

住民について見ると，全項目に対して均一の評価となったが，「安全性」の重みは他者より少ない割合となっていることがわかった．また，専門部会と地域住民に関する総合評価ベクトルが「安全性」，「費用抑制」，「観光価値」の順に決まったのに対し，観光客については「安全性」，「観光価値」，「費用抑制」となっている．これは，観光客のみが費用面に対し直接影響を受けない立場であることが反映されたことによると考えられる．

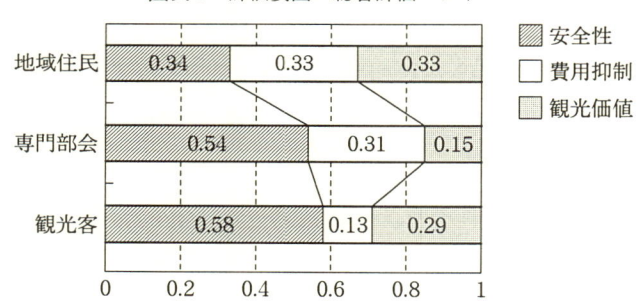

図表5 評価要因の総合評価ベクトル

| | 安全性 | 費用抑制 | 観光価値 |
|---|---|---|---|
| 地域住民 | 0.34 | 0.33 | 0.33 |
| 専門部会 | 0.54 | 0.31 | 0.15 |
| 観光客 | 0.58 | 0.13 | 0.29 |

## 5.6 代替案の総合評価ベクトル

代替案の総合評価ベクトルの結果を図表6に示す．

住民と専門部会が「全面通行止め」，「全面通行」，「通行止め区間の短縮」の順になっている．これは，安全重視の専門部会は「全面通行止め」が最も重要であるのは当然といえるが，住民に関しては，住民の意向として多大な資金を必要とする安全対策を施しての遊歩道の存続よりも，安全性を考えての通行止めの方策の方がよいといった部分が反映されている．これに対し，観光客が「全

**図表6 代替案の総合評価ベクトル**

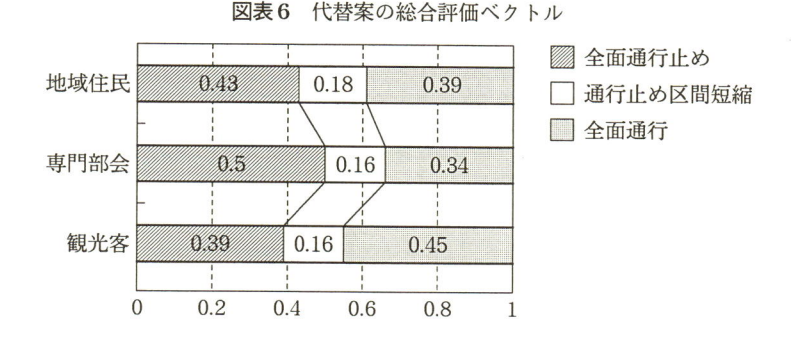

| | 全面通行止め | 通行止め区間短縮 | 全面通行 |
|---|---|---|---|
| 地域住民 | 0.43 | 0.18 | 0.39 |
| 専門部会 | 0.5 | 0.16 | 0.34 |
| 観光客 | 0.39 | 0.16 | 0.45 |

面通行」,「全面通行止め」,「通行止め区間の短縮」の順になっているのは,評価要因の総合評価ベクトル同様,安全性を守るために本格工事をしての全面通行ならば,重要と考えていた安全性はもちろんのこと,観光価値の享受も満たされる.何より費用的なことでは,部外者であることから当然の結果であると考えられる.

以上のことからANPモデルによる総合分析からは,安全性,費用,観光を総合的に検討したとき,住民と専門部会の評価は「全面通行止め」が望ましいという結果となった.

## 6. ANPモデルの評価の政策決定への適用

本事例では政策決定の困難な層雲峡遊歩道整備方策問題について,ANPモデルの評価による検討を行い,今後の遊歩道のあり方として「全面通行止め」が望ましいと分析した.上川町ではこの結果を受け,再度住民と専門部会の検討会議が開かれ,その結果遊歩道は全面通行止めという形で閉鎖されることとなった.また,遊歩道は町道であったことから,上川町議会においても遊歩道の町道廃止が議決され,本事例の分析は現実の政策決定に反映される結果となった.

近年のトンネル崩落事故等により,安全性の確保が強く要請され,通行止めの措置が頻繁にとられている.しかし,そこが観光景勝地であるなど,地域住

民の生活を支えるものになっている場合も多く存在する．単に危険を排除することが正しい解決策であるとはいい難く，政策決定は非常に困難である．

本事例では，観光客，住民，専門部会それぞれの立場の考えを分析し，さらにANPモデルによる代替案評価を行い，リスクマネジメントとしての意思決定に有用性があることを示した．

今後の課題として，パラメータの詳細分析と立場の違いによる格付け等による重要度の修正について検討する必要がある[7][8]．


## 参考文献

[１] 高橋卓也，岸 邦宏，佐藤馨一，「ANPモデルによる観光地のリスク評価に関する研究」，『土木計画学研究・論文集』，No.16，1999，pp.155-160.
[２] 鈴木継美，田口 正編，『環境の安全性－その評価をめぐって』，恒星社厚生閣，1987，pp.29-30.
[３] 木下栄蔵，『孫子の兵法の数学モデル』，講談社，1998.
[４] 木下栄蔵，『孫子の兵法の数学モデル 実践篇』，講談社，1998.
[５] 高橋磐郎，「AHPからANPへの諸問題 Ⅰ～Ⅵ」，『オペレーションズ・リサーチ』，Vol.43(No.1～No.6)，1998.
[６] 高橋磐郎，「Saaty型Supermatrixと木下・中西型「一斉法」の比較」，『AHPの理論と実際』，日本オペレーションズ・リサーチ学会，1998.
[７] 中西昌武，木下栄蔵，「階層分析法AHPにおける意思決定ストレスのモデル化に関する研究」，『土木計画学研究・論文集』，No.13，1996，pp.153-160.
[８] 中西昌武，木下栄蔵，「集団意思決定ストレス法の集団AHPへの適用」，*Journal of the Operations Research Society of Japan*，Vol.41，No.4，1998，pp.560-571.

# 21世紀の社会経済環境の構造変化に対応したトリップ発生モデル

土 井 利 明

## 1. はじめに

　本事例は，1995年8月の土木計画学研究論文集に筆者らが発表した同名の論文[1]からビジネストリップを中心に抜粋，加筆修整したものである．

　国土軸に該当し得る新幹線の計画(例えば，中央新幹線)の特徴として，東海道新幹線以降の例を見ても，その地域，ひいては国土全体に与える影響は極めて大きく，しかも計画，建設期間，さらには開業から真に国土に根付くための期間が非常に長期にわたるため，計画の段階においては長期的展望のもと，国土全体の長期計画との整合性を踏まえ進めていくことが必要となる．

　その一方，需要予測のベースとなる社会経済環境はといえば，21世紀を目前にして，国内外ではバブルの崩壊や冷戦構造の終結，さらには地球環境保全などを機にした様々な変革が生じ，社会システムが大きく変わろうとしている．このような条件下で，今後の新たな新幹線計画においては，上記のような新幹線計画の特徴を考慮し，長期的な展望の中で，今後の社会経済環境の構造変化を考慮して進めていく必要があるというのが筆者らの問題意識であり，需要予測手法として意思決定手法であるAHP手法を用いたモデルの提案[2][3]を行っている．

## 2. 既往の研究経緯

　発生交通量想定モデルは，従来より様々な研究が行われてきている．これら

の中で，主に利用されるモデルは原単位法，回帰モデル法であり，今回のモデルも，基本的には前者の原単位法を利用したモデルとしているが，構造変化への対応を行っている．今後予想される情報化の影響による交通需要への影響を考慮したものとして研究［4］があるが，余暇活動の志向性にまで着目してモデル化を行った例は見あたらない．

一方，AHPの適用といった観点から見ると，機関選択モデル［5］や地域の魅力［6］の想定に用いられた事例があるが，発生交通量に適用した事例は見あたらない．

## 3. 提案する需要予測手法の考え方と概要

### 3.1 需要予測の考え方

第1節で述べた新幹線計画の位置付け，および特徴から，次の三つの事柄が新幹線計画における需要予測として重要と考える．
1) 社会経済環境の変化に対応していること．
2) 価値観の変化に対応していること．
3) 関係者の合意の得られる算定手法であること．

そのために，様々なシナリオのもとに需要を予測し，かつその過程において需要構造を明らかにしようと試みるわけで，それは「そもそも，今後の社会経済環境の構造変化自体は，言うまでもなく予測が困難である．需要予測にあたり特定化することは，たとえその結果としての予測精度が高かったとしても，予測時点での客観性を欠くとのそしりは免れることができない．したがって，需要予測に対する各階各層の支持を得るためには，個々の社会，経済情勢の予測にそれぞれ対応した計算を行うことが必要であり，これらの主観的計算結果の集合が客観的な予測となり得るとの考えが最も合理的である」と考えるからである．

## 4. 発生モデルの概要

### 4.1 モデル化の考え方

　トリップ発生量に今後の社会経済環境の構造変化が与える影響を想定し，そのキーワードをまとめたものが図表1である．

　ビジネストリップでは，今後の労働時間短縮（以後「時短」）の動向，および情報化の進捗にあわせてビジネスのあり方がいかに変わるかというところが，発生量の変動要素といえる．こういった事柄を表現する手法として，既に述べたように AHP を利用している．

　この手法を適用したのは，判断要素を階層構造に分解することで，問題を構造的に整理することができ，各判断要素の重み付けは，様々な構造変化に対応して行え，様々なシナリオ（各階各層の主観的予測）を反映できる．さらに重み付けを変化させることで，各要素の感度分析が行えるという理由からである．

　ところで，設定する階層構造の同定，さらにはその構造のもとでの計量化（要因の重み付け）は以下のように行うこととした．

　まず，階層構造については実際に行動するときの判断の志向パターンを再現

図表1　発生量を左右する構造変化

| | キーワード |
|---|---|
| 人口構造の変化 | 高齢化<br>少子化 |
| 情報化 | 通信機器への代替<br>情報量増大による誘発 |
| ビジネススタイルの変化 | 労働時間短縮<br>就業形態の多様化 |
| 余暇活動の変化 | 余暇時間の増大<br>余暇の多様化<br>価値観の変化 |
| 国際化 | 海外旅行の増大 |

することで，同意の得られやすい，しかもシナリオとリンクした形での重み付けがやりやすい構造とし，また重み付けについては2010年委員会報告（経済審議会，平成3年）など，公的な予測データをできる限り使うことでシナリオライティングを極力減らし，データのないものについては，筆者らを含め5名のワーキンググループの合意のもとで行った．

## 4.2 トリップ発生量の想定フロー

図表2にトリップ発生量の想定フローを示す．まず，現状のトリップ量をビジネス，観光，家事私用と目的別に分類し，さらに個々について，トリップの性

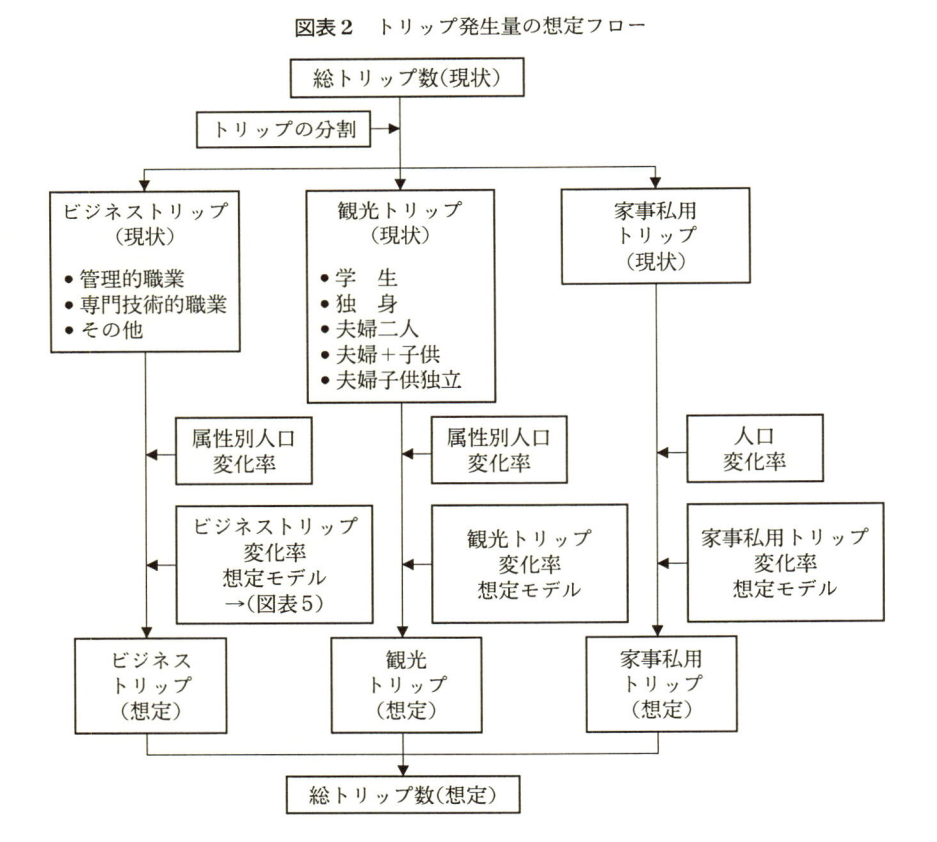

**図表2** トリップ発生量の想定フロー

```
                    総トリップ数(現状)
                          │
                    トリップの分割
         ┌────────────────┼────────────────┐
         ▼                ▼                ▼
   ビジネストリップ     観光トリップ      家事私用
      (現状)            (現状)          トリップ
   ・管理的職業        ・学 生           (現状)
   ・専門技術的職業    ・独 身
   ・その他            ・夫婦二人
                      ・夫婦＋子供
                      ・夫婦子供独立

   属性別人口          属性別人口         人口
   変化率              変化率             変化率

   ビジネストリップ    観光トリップ       家事私用トリップ
   変化率              変化率             変化率
   想定モデル          想定モデル         想定モデル
   →(図表5)

   ビジネス            観光               家事私用
   トリップ            トリップ           トリップ
   (想定)              (想定)             (想定)
         └────────────────┼────────────────┘
                          ▼
                    総トリップ数(想定)
```

4. 発生モデルの概要    273

図表3 本モデルのトリップのセグメント

| トリップの目的 | トリップ主体 |
|---|---|
| ビジネストリップ | 管理的職業従事者<br>専門・技術的職業従事者<br>その他の職業従事者 |
| 観光トリップ | 学生<br>独身<br>夫婦+子供<br>夫婦子供独立 |
| 家事私用トリップ | セグメントに分類せず |

質を考慮し属性別に分割している.

この分割した個々のトリップ数に対し,後述するAHP手法等を用いた目的別トリップの変化率と,各属性別の人口変化率を掛けることによって,将来の属性別交通量を求めることとしている.

また本モデルでは,トリップの目的別にその属性を図表3のように分割し,構成の変化,価値観の多用化などに対応できるようにしている.

## 4.3 ビジネストリップ発生モデル

図表4に,ビジネストリップの1人当たりのトリップ発生量変化率の想定手順を示す.

本モデルでは,トリップ量そのものに着目するのではなく,直接情報行動量(定義:Face to Faceで顧客や訪問者と面談,会議,打合せ,決済に費やす時間.単位は分／日)の変化に着目してモデル化を行っている.

直接情報行動量については参考文献[7]に実測および予測値のデータがあり,この値を就業者1人当たりのGDPと労働時間変化を考慮して線形回帰モデルを作成すると,相関係数0.91が得られる.このモデル(直接情報行動量想定モデル)によって将来の直接情報行動量を求めることとした.

このモデルに予測年のGDP,就業者数や労働時間を入力データとして算出した値は,現状をベースとした将来の直接情報行動量と考えられるため,構造変

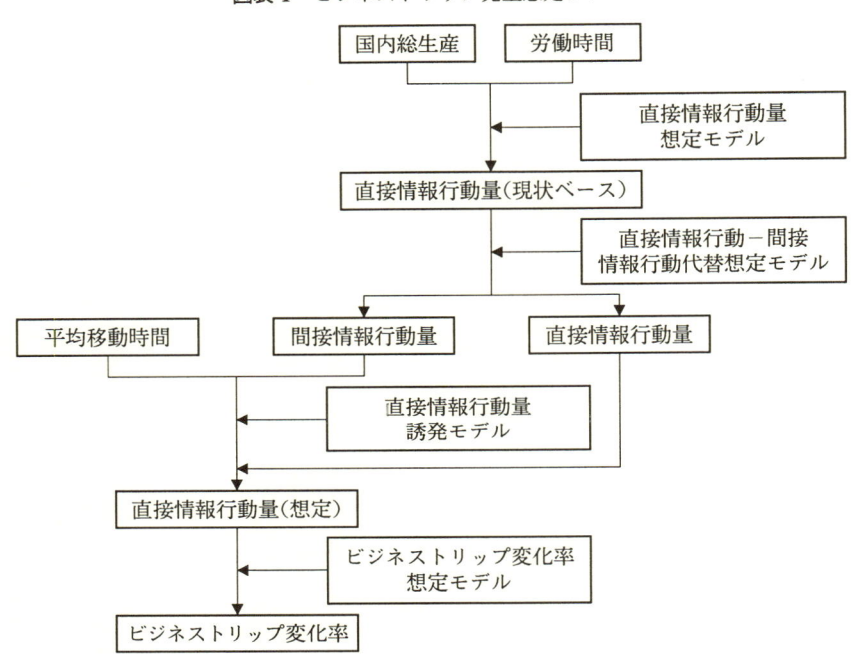

**図表4　ビジネストリップ発生想定フロー**

```
        ┌──────────┐  ┌────────┐
        │ 国内総生産 │  │ 労働時間 │
        └─────┬────┘  └───┬────┘
              │           │
              │      ┌────┴──────────┐
              │      │ 直接情報行動量  │
              │      │  想定モデル    │
              │      └────┬──────────┘
              ▼           │
        ┌──────────────────┐
        │直接情報行動量(現状ベース)│
        └────┬─────────────┘
             │       ┌──────────────────┐
             │       │ 直接情報行動－間接 │
             │       │ 情報行動代替想定モデル│
             │       └──────────────────┘
             ▼
 ┌────────┐ ┌──────────┐ ┌──────────┐
 │平均移動時間│ │間接情報行動量│ │直接情報行動量│
 └────┬───┘ └────┬─────┘ └────┬─────┘
      │          │             │
      ▼          ▼             │
      ┌──────────────────┐
      │   直接情報行動量   │
      │    誘発モデル      │
      └────────┬─────────┘
               ▼
      ┌──────────────────┐
      │ 直接情報行動量(想定) │
      └────────┬─────────┘
               │    ┌──────────────────┐
               │    │ ビジネストリップ変化率│
               │    │   想定モデル       │
               │    └──────────────────┘
               ▼
      ┌──────────────────┐
      │ ビジネストリップ変化率│
      └──────────────────┘
```

化に十分対応しているとはいえない．一方，将来動向を鑑みると，情報化の進展は大きく，情報通信を利用した直接情報行動の間接情報行動（定義：電話，手紙等メディアに接触する時間）への一定部分の転換が予想される．本モデルではAHPを利用し，図表5のような階層図のもとで一対比較を行い代替率を想定した（直接情報行動量－間接情報行動量代替想定モデル）．

このようなトリップの情報機器への代替が生じると，従来ならば移動に費やすと考えられる時間が，別の業務に向けられ，新たな情報行動が生じることが考えられる．そこで新たに誘発される直接情報行動量を想定するモデル（直接情報行動量誘発モデル）を作成した．具体的には，直接情報行動量と移動時間，先に想定した直接情報行動から間接情報行動への代替率を行動量の分担率と読み換え，これらを利用して無限等比級数の和として帰着させた．

一方，マストラ交通量を目的変数とし，直接情報行動量を説明変数として線

4. 発生モデルの概要   275

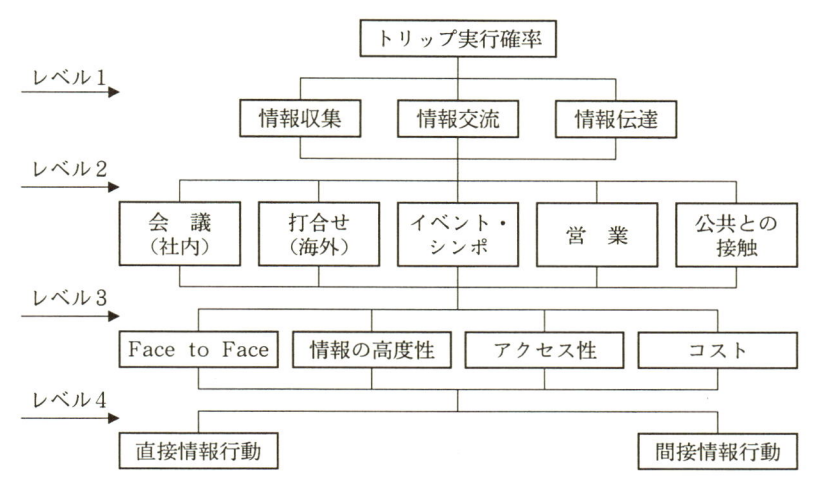

**図表5 間接情報行動への代替比率想定階層図**

```
                    ┌─────────────┐
                    │トリップ実行確率│
                    └─────────────┘
レベル1 →                   │
              ┌─────────────┼─────────────┐
          ┌───────┐    ┌───────┐    ┌───────┐
          │情報収集│    │情報交流│    │情報伝達│
          └───────┘    └───────┘    └───────┘
レベル2 →      │
    ┌──────┬──────┬──────┬──────┐
  ┌────┐ ┌────┐ ┌──────┐ ┌────┐ ┌──────┐
  │会議│ │打合せ│ │イベント│ │営業│ │公共との│
  │(社内)│ │(海外)│ │・シンポ│ │    │ │接触    │
  └────┘ └────┘ └──────┘ └────┘ └──────┘
レベル3 →
    ┌──────────┬──────────┬──────────┐
  ┌──────────┐┌─────────┐┌────────┐┌────┐
  │Face to Face││情報の高度性││アクセス性││コスト│
  └──────────┘└─────────┘└────────┘└────┘
レベル4 →
  ┌──────────┐                    ┌──────────┐
  │直接情報行動│                    │間接情報行動│
  └──────────┘                    └──────────┘
```

**図表6 ビジネストリップの発生交通量変化率想定に利用したモデルの概要**

| | 直接情報行動量<br>想定モデル | 直接情報行動量<br>誘発モデル | ビジネストリップ量<br>変化率想定モデル |
|---|---|---|---|
| モデルの形 | $\dfrac{T_i^{\text{indx}}}{Wh} = aGdp + b$<br><br>$T_i^{\text{indx}}$：直接情報行動量<br>　　　（1990年=1）<br>$Gdp$：就業者数1人当たりの国内総生産<br>　　　（1999年=1）<br>$Wh$：労働時間<br>　　　（1990年=1）<br>$a, b, c$：パラメータ | 初項 $\dfrac{\alpha\beta T_i T_t}{T_i + T_t}$<br>項比 $\dfrac{\beta T_t}{T_i + T_t}$<br>の等比級数の和として帰着<br>$T_i' = \dfrac{\alpha\beta T_i T_t}{T_i + (1-\beta)T_t}$<br>$T_i'$：新たに誘発される直接情報行動量（分）<br>$T_i$：直接情報行動量（分）<br>$T_t$：移動に要する時間（分）<br>$\alpha$：直接情報行動分担率<br>$\beta$：間接情報行動分担率 | $Trip = cT_i^{\text{indx}} + d$<br><br>$Trip$：マストラ交通量<br>　　　（1990年=1）<br>$T_i^{\text{indx}}$：直接情報行動量<br>　　　（1990年=1）<br>$c, d$：パラメータ |
| パラメータ値（）内はt値 | $a$　0.6467（3.724）<br>$b$　0.2725（2284）<br>回帰係数　0.907 | | $c$　0.674（3.673）<br>$d$　0.320（2.300）<br>回帰係数　0.933 |

形回帰モデルを作成すると,相関係数が0.93程度のモデルが作成される(ビジネストリップ量変化率想定モデル).このモデルを利用して,図表6に示したように直接情報行動量の変化からビジネストリップの変化率を想定した.

## 5. トリップ発生量の想定

### 5.1 評価すべき課題の設定

今後予想される社会経済環境の構造変化に対応して,次の課題について検討する.
1) 今後の社会経済環境の構造変化の影響を,想定される標準的なシナリオのもとで評価する.
2) 上記シナリオに含めた構造変化のうち,変動要素の大きいと考えられる要因の中から,次の点をピックアップし,その変動による影響を評価する.
   ア.労働時間短縮の進捗およびGDPによる影響
   イ.情報化の進捗による影響

### 5.2 シナリオの設定

上記の評価に対し,図表7のとおり標準的な「シナリオ1」と,個々の構造変化がより加速度的に進んだ「シナリオ2」の二つのシナリオを設定した.

### 5.3 ビジネストリップ発生量の想定

(1) 直接情報行動量(現状ベース)の想定

GDPの推移を図表7のシナリオのように仮定し,各シナリオの労働時間を仮定した結果として,図表8に示す情報行動量(現状ベース)が推計される.
なお,ここでは属性ごとの違いは考慮していない.

## 5. トリップ発生量の想定

図表7 設定シナリオ

| | シナリオ1 | シナリオ2 |
|---|---|---|
| 時 短 | 労働時間が短縮され，年間労働時間が1850時間程度となる | 情報通信機器等の利用による業務の効率性の向上により，さらに時短が進み，年間労働時間が1700時間程度となる |
| 情報化 | 情報通信インフラの整備や情報通信手段の高性能化が進み，その影響により現在行われているトリップについての代替，誘発が起こる | シナリオ1に比べて魅力的なソフトの普及や，さらなる料金の低減化が進み，トリップについて一層の代替，誘発が起こる |
| 余暇活動志向性 | 余暇をゆっくりと楽しむという志向が強まり，旅行志向，休息志向が高くなる | 余暇を活発に楽しむようになり，旅行志向が大きく拡大する |
| 余暇活動制約要因 | 労働時間短縮を受けて，可処分時間が増加，また経済成長を背景とした可処分所得も増加する | シナリオ1と比べて一層労働時間が短縮することから，可処分時間がさらに増加する |
| GDP | 1990年代2～3％，2000年代に1～2％程度で経済成長が推移し，2010年で620兆円程度となる | |

図表8 シナリオ別の直接情報行動量(現状ベース)(分／日)

| | 情報行動量(現状ベース) |
|---|---|
| 現 状 | 46.3 |
| シナリオ1 | 55.6 |
| シナリオ2 | 51.1 |

### (2) 直接情報行動量(想定値)の想定

図表5に示した階層図の重み付けを図表9の方針のもとに求めた結果を図表10，図表11に示す．

この結果より，図表6に示した式を用い，代替および誘発を考慮した属性別の直接情報行動量(想定値)として，図表12のように求められる．なお想定に際し

**図表9　重み付けの方針**

| 図表5における各項目 | | | シナリオ1 | | | シナリオ2 | | |
|---|---|---|---|---|---|---|---|---|
| | | | 管理的職業 | 専門技術的職業 | その他の職業 | 管理的職業 | 専門技術的職業 | その他の職業 |
| レベル1 | 情報交流 | | －△ | ＋△ | －△ | －○ | ＋△ | －○ |
| | 情報伝達 | | －△ | | －△ | －△ | | －○ |
| レベル2 | 情報収集 | 会議 | －△ | －△ | －△ | －○ | －○ | －○ |
| | | 公共との接触 | －△ | －△ | －△ | －△ | －△ | －△ |
| | 情報交流 | 会議 | －△ | | －△ | －○ | －○ | －○ |
| | | 打合せ | | ＋△ | | | ＋△ | |
| | | 公共との接触 | | | －○ | | | －○ |
| | 情報伝達 | 公共との接触 | －△ | | | －△ | | |
| レベル3 | 会議 | Face to Face | －○ | －○ | －○ | －◎ | －◎ | －◎ |
| | | 情報の高度性 | ＋△ | ＋△ | ＋△ | ＋○ | ＋○ | ＋○ |
| | | コスト | ＋△ | ＋△ | ＋△ | ＋○ | ＋○ | ＋○ |
| | 打合せ | Face to Face | | －△ | | | －○ | |
| | | 情報の高度性 | | ＋△ | | | ＋△ | |
| | | アクセス性 | | ＋△ | | | ＋△ | |
| | | コスト | ＋△ | ＋△ | ＋△ | ＋○ | ＋○ | ＋○ |
| | 営業 | Face to Face | | －△ | | | | －○ |
| | | コスト | | ＋△ | | | | ＋○ |
| | 公共との接触 | Face to Face | －○ | －○ | | －○ | －○ | |
| | | アクセス性 | ＋○ | ＋○ | | ＋○ | ＋○ | |
| | | コスト | ＋○ | ＋○ | | ＋○ | ＋○ | |

注）現状の重み付けと比べて
　　◎…3，○…2，△…1
　　＋，－はそれぞれ増減を表している．
　　また，レベル2でイベント・シンポが選択された場合，必ずレベル4で直接情報行動を選択するとしているため，レベル3の直接情報行動，間接情報行動の選択基準については，重み付けを行っていない．

て，$\alpha, \beta$ については，図表5を利用して想定した間接情報行動量代替比率を直接情報行動量，間接情報行動量分担比率と読み変えて利用し，$T_i$ は，「平成元年度東京都市圏のパーソントリップ調査」による1日のトリップ時間データを利用した．

## 5. トリップ発生量の想定

図表10 重み付け結果(シナリオ1)

| | 管理的職業 | 専門技術的職業 | その他の職業 |
|---|---|---|---|
| レベル1, 2 | | | |
| 会　議 | 20.5% | 13.7% | 25.5% |
| 打合せ | 36.4% | 44.3% | 16.2% |
| イベント・シンポ | 11.3% | 25.6% | 7.7% |
| 営　業 | 25.7% | 11.5% | 45.2% |
| 公共の接触 | 6.1% | 4.9% | 5.5% |
| レベル3 | | | |
| | 会　議 | | |
| Face to Face | 52.5% | 52.5% | 52.5% |
| 情報の高度性 | 21.2% | 21.2% | 21.2% |
| アクセス性 | 5.1% | 5.1% | 5.1% |
| コスト | 21.2% | 21.1% | 21.2% |
| | 打合せ | | |
| Face to Face | 42.4% | 15.3% | 42.4% |
| 情報の高度性 | 42.4% | 63.2% | 42.4% |
| アクセス性 | 5.0% | 15.3% | 5.0% |
| コスト | 10.3% | 6.2% | 10.3% |
| | イベント・シンポ | | |
| Face to Face | 56.4% | 56.4% | 56.4% |
| 情報の高度性 | 11.8% | 11.8% | 11.8% |
| アクセス性 | 26.3% | 26.3% | 26.3% |
| コスト | 5.5% | 5.5% | 5.5% |
| | 営　業 | | |
| Face to Face | 59.2% | 59.2% | 31.8% |
| 情報の高度性 | 30.1% | 30.1% | 31.8% |
| アクセス性 | 5.3% | 5.3% | 31.8% |
| コスト | 5.3% | 5.3% | 4.5% |
| | 公共との接触 | | |
| Face to Face | 43.8% | 20.0% | 20.0% |
| 情報の高度性 | 43.8% | 40.0% | 40.0% |
| アクセス性 | 6.3% | 20.0% | 20.0% |
| コスト | 6.3% | 20.0% | 20.0% |
| レベル4(全属性で同一) | | | |
| | 直接情報行動量 | 間接情報行動量 | |
| Face to Face | 90.0% | 10.0% | |
| 情報の高度性 | 87.5% | 12.5% | |
| アクセス性 | 10.0% | 90.0% | |
| コスト | 12.5% | 87.5% | |

図表11 重み付け結果(シナリオ2)

| | 管理的職業 | 専門技術的職業 | その他の職業 |
|---|---|---|---|
| レベル1, 2 | | | |
| 会議 | 12.6% | 10.8% | 15.9% |
| 打合せ | 40.8% | 49.7% | 16.9% |
| イベント・シンポ | 12.6% | 23.8% | 8.1% |
| 営業 | 27.7% | 11.1% | 53.0% |
| 公共の接触 | 6.2% | 4.8% | 6.2% |
| レベル3 | | | |
| | 会議 | | |
| Face to Face | 31.8% | 31.8% | 31.8% |
| 情報の高度性 | 31.8% | 31.8% | 31.8% |
| アクセス性 | 4.5% | 4.5% | 4.5% |
| コスト | 31.8% | 31.8% | 31.8% |
| | 打合せ | | |
| Face to Face | 39.7% | 12.5% | 39.7% |
| 情報の高度性 | 39.7% | 62.5% | 39.7% |
| アクセス性 | 4.7% | 12.5% | 4.7% |
| コスト | 16.0% | 12.5% | 16.0% |
| | イベント・シンポ | | |
| Face to Face | 56.4% | 56.4% | 56.4% |
| 情報の高度性 | 11.8% | 11.8% | 11.8% |
| アクセス性 | 26.3% | 26.3% | 26.3% |
| コスト | 55.0% | 5.5% | 5.5% |
| | 営業 | | |
| Face to Face | 59.2% | 59.2% | 31.3% |
| 情報の高度性 | 30.1% | 30.1% | 31.3% |
| アクセス性 | 5.3% | 5.3% | 31.3% |
| コスト | 5.3% | 5.3% | 6.3% |
| | 公共との接触 | | |
| Face to Face | 43.8% | 8.8% | 8.8% |
| 情報の高度性 | 43.8% | 43.3% | 43.3% |
| アクセス性 | 6.3% | 23.9% | 23.9% |
| コスト | 6.3% | 23.9% | 23.9% |
| レベル4(全属性で同一) | | | |
| | 直接情報行動量 | 間接情報行動量 | |
| Face to Face | 90.0% | 10.0% | |
| 情報の高度性 | 87.5% | 12.5% | |
| アクセス性 | 10.0% | 90.0% | |
| コスト | 12.5% | 87.5% | |

図表12　直接情報行動量(想定値)(分／日)

|  | 管理的職業 | 専門技術的職業 | その他の職業 |
|---|---|---|---|
| シナリオ1 | 48.84 | 48.74 | 44.62 |
| シナリオ2 | 44.31 | 43.79 | 39.71 |

図表13　ビジネストリップ変化率

|  | 管理的職業 | 専門技術的職業 | その他の職業 |
|---|---|---|---|
| シナリオ1 | 1.05 | 1.05 | 0.99 |
| シナリオ2 | 0.98 | 0.97 | 0.91 |

(3) トリップ変化率の想定

(2)の結果より，図表6の式を利用し，トリップ量変化率を求めた結果が図表13となる．

## 6. 予測結果

### 6.1 トリップ発生量の算定結果

第5節で求めた目的別トリップの変化率を使い，その構成人口を掛けることでトリップ発生量を求めた結果が，図表14，図表15，図表16である．

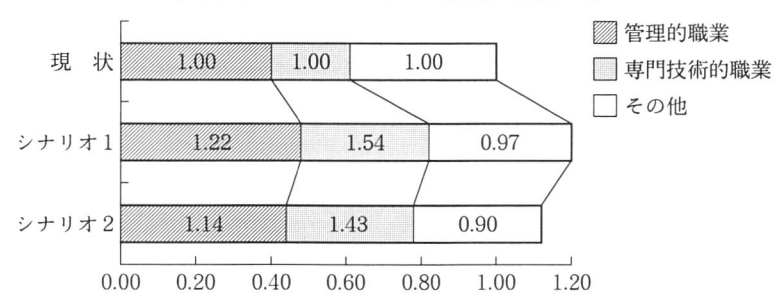

図表14　ビジネストリップ発生量(現状＝1)

| | 管理的職業 | 専門技術的職業 | その他 |
|---|---|---|---|
| 現状 | 1.00 | 1.00 | 1.00 |
| シナリオ1 | 1.22 | 1.54 | 0.97 |
| シナリオ2 | 1.14 | 1.43 | 0.90 |

**図表15 観光トリップ発生量(現状＝1)**

| | 学生 | 独身 | 夫婦二人 | 夫婦＋子供 | 夫婦＋子供独立 |
|---|---|---|---|---|---|
| 現　状 | 1.00 | 1.00 | 1.00 | 1.00 | 1.00 |
| シナリオ1 | 0.57 | 2.08 | 0.57 | 0.96 | 2.56 |
| シナリオ2 | 1.06 | 2.29 | 0.61 | 1.05 | 2.97 |

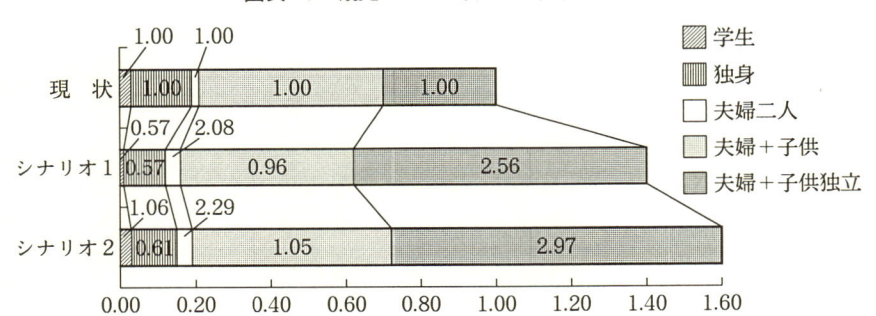

**図表16 総トリップ発生量(現状＝1)**

| | ビジネス | 観光 | 家事私用 |
|---|---|---|---|
| 現　状 | 1.00 | 1.00 | 1.00 |
| シナリオ1 | 1.19 | 1.41 | 1.06 |
| シナリオ2 | 1.11 | 1.59 | 1.06 |

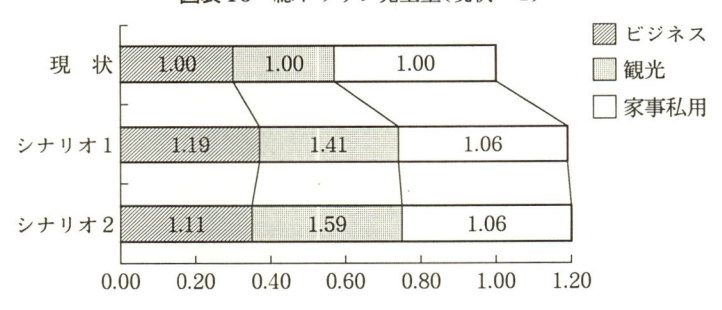

　シナリオ1とシナリオ2で比較すると，ビジネストリップについては，シナリオ2がシナリオ1より7％程度少なくなっているが，別に求めた観光トリップを見ると，逆にシナリオ2の方が12％程度多く，全体ではシナリオ2の方が2％程度多い結果となっている．

　なお，図表14～図表16内の数字は，現状の各属性における値を1とした場合の比率を示している．

## 6.2　感度分析

　以上，二つのシナリオのもとに算定結果を提示したが，ここでは前項で述べた変動要素の大きい二つの観点から，感度分析を行う．

なお，図表中の1，0，-1はAHP手法における各要因の重み付けを一つ上げる（例えば3を4），変化させない，一つ下げる（例えば，3を2）ことを意味している．

### （1） 時短，GDPの影響

図表17は，シナリオ1をベースにしてGDPと労働時間についての感度を示したものである．どちらの要因も，経済活動の根幹に影響を及ぼす要因であり，ビジネストリップの発生量に及ぼす影響も大きい．

### （2） 情報化の影響

図表18は，シナリオ1をベースにして直接情報行動量（現状ベース）とFace to Faceの重要性についての感度を示したものである．直接情報行動量の大小は，トリップに大きな影響を及ぼす一方でFace to Faceの重要性はほとんど影響を及ぼさない結果となっている．これは，Face to Faceの重要性が弱まるにつれて，トリップが情報通信機器に代替される一方，とりやめトリップ分の余裕時間の発生に伴い，新たなビジネストリップが誘発されることが要因となっている．

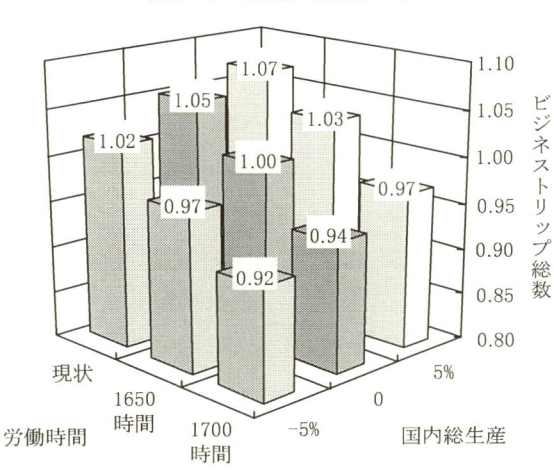

**図表17 感度分析結果（1）**

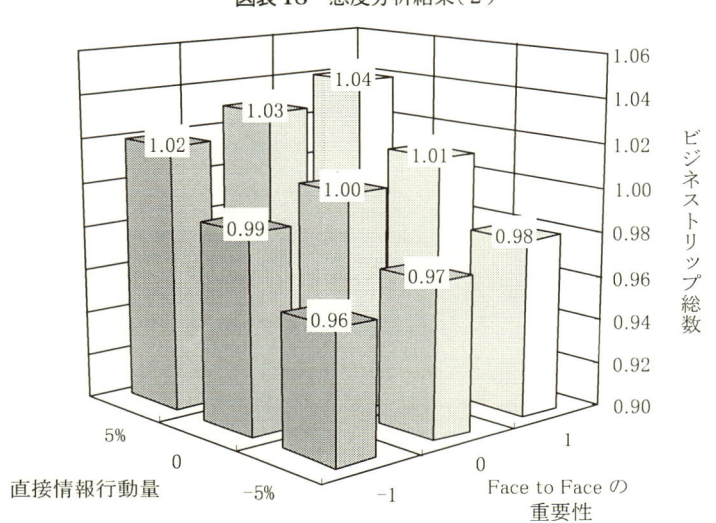

図表18 感度分析結果(2)

## 7. おわりに

このように，新幹線計画のような長期展望が求められ，かつそれ自体が社会経済環境の構造変化をもたらし得るプロジェクトについて，AHP手法による意思決定が最も合理的と思われる需要予測の一つの考え方を提案し，その考えに基づいた具体例として，ビジネストリップ発生モデルを提示した．観光トリップ，家事私用トリップについては，参考文献を参照願いたい．

**参考文献**

［1］ 土井利明，柴田洋三,「21世紀の社会経済環境の構造変化に対応したトリップ発生モデル」,『土木計画学研究・論文集』, No.12, 1995年8月号, pp.453-462.

［2］ 土井利明，柴田洋三,「21世紀の社会経済環境の構造変化に対応する新たな需要予測手法に関する考察」,『運輸と経済』, 1994年10月号, pp.30-39.

［3］ 土井利明，柴田洋三,「21世紀の社会経済環境の構造変化に対応した観光発生モデル」,『土木計画研究講演集』, No.17, pp.453-456.

［4］ 文 世一,「情報通信技術の進歩がオフィス企業の交通需要と立地分布及び都市の規模に及ぼす影響」,『土木計画研究講演集』, No.10, pp.111-118.

［5］ 佐々木 綱，木下栄蔵,「AHPによる交通経路選択特性の比較評価」,『土木学会年次技術講演会講演概要集』, 第4部, 1986, pp.73-75.

［6］ 溝上章志,「広域観光周遊トリップの需要予測手法に関する一考察」,『土木学会西部支部研究発表会講演概要集』, 1990, pp.538-539.

［7］ 電気通信総合研究所,『情報行動の長期予測研究』, ㈱電気通信総合研究所, 1983.

# 県民意識調査と県の将来像の評価

印南洋之

## 1. はじめに

　本事例は，約千名から回答を得た県民意識調査において，個々の回答者が一対比較を行う形式でアンケート調査を実施したAHP手法の適用事例である．県民意識調査は，県の総合計画（「とちぎ新時代創造計画：三期計画」，1996年度から2000年度までの5カ年計画）を策定するための基礎調査の一環として1994年2月に実施したもので，栃木県内の学識経験者，各種団体役員，企業経営者などを対象とし，郵送により配布・回収を行ったアンケート調査である．この調査票の一部に，『栃木県の将来像』に関する4項目の評価基準と4項目の代替案について，個々の回答者が一対比較を行う形式の調査項目を盛り込むことで，AHP手法の適用を試みたものである．

　県民意識調査は，行政の各種施策に対する県民のニーズを把握することと，栃木県の将来像（県全体のあるべき姿）に関して県民が抱くイメージを把握することが主な目的であった．この目的に対応した調査票の作成に際し，施策に対する県民ニーズに関する設問は，個々の施策（総合計画における施策の小分類）を表示し，それぞれについて「現状の満足度」と「今後の期待度」を回答するという従来より多く用いられてきた形式の設問とすることができた．

　一方，県民が抱く将来像の把握に関しては，県政の重要な視点である「文化の振興」「自然との共生」「生活環境の充実」「成長の促進（産業振興等）」の4項目を将来像の基本要素として，これら4項目に関する県民の評価を分析することが望ましいと考えた．各種分析手法を検討した結果，代替案の優先順位やウェ

イトが分析されるAHP手法が相応しいと考えたものである．

本事例では，回答者が一対比較を行う形式のアンケート調査を実施したため，回答の精度が幾分低くなったが，個々の回答者のウェイトを算定することで，回答者の属性や個別施策に関するニーズなどと関連付けた分析も可能であった．

## 2. 県民意識調査におけるAHPの実施方法

### (1) 県民意識調査の概要

県民意識調査は，配布数1604票，回収数988票で，郵送により配布・回収を行ったものである．調査対象者は，県内の有識者について，居住市町村，性別，年齢，職業に偏りがないよう選出したもので，行政に関してある程度の基礎知識を有している人達である．このため，無作為抽出により一般県民を対象とする場合とは異なり，一対比較のような複雑な設問であっても回答できるであろうと想定したものである．

### (2) AHP問題の階層構造

県民意識調査では，"『県民の一人ひとりが豊かさを実感できる栃木県』を実現するために，県の将来像はどうあるべきか"という設問を設け，図表1に示す階層構造のもとにAHP問題を設定した．ここでは，『県民一人ひとりが豊かさを実感できる栃木県』という最終目標に対して，「文化振興県」「自然共生県」「生活充実県」「成長促進県」の4項目を将来像の代替案とし，「安全で安心できる生活」「快適で便利な生活」「発展的で活力ある生活」「ゆとりとうるおいに満ちた生活」の4項目を評価基準とした(図表1)．

### (3) アンケート調査票におけるAHP問題の設問形式

調査票では，個々の回答者がAHP問題に回答する設問形式とし，評価基準の比較1組，各評価基準から見た代替案の比較4組，計5組の一対比較を行うための回答欄を設けた．各組6通り($= {}_4C_2$)，合計で30通りの一対比較を行うもの

## 図表1 「栃木県の将来像」選択の問題構造

【目　標】　　　　　【評価基準】　　　　　　　　　　　【代替案】
　　　　　　　　　〔生活の豊かさの4分類〕　　　　　　〔将来の5方向〕

- A：安全で安心できる生活　――　文化振興県
- B：快適で便利な生活　――　自然共生県
- C：発展的で活力ある生活　――　生活充実県
- D：ゆとりとうるおいに満ちた生活　――　成長促進県

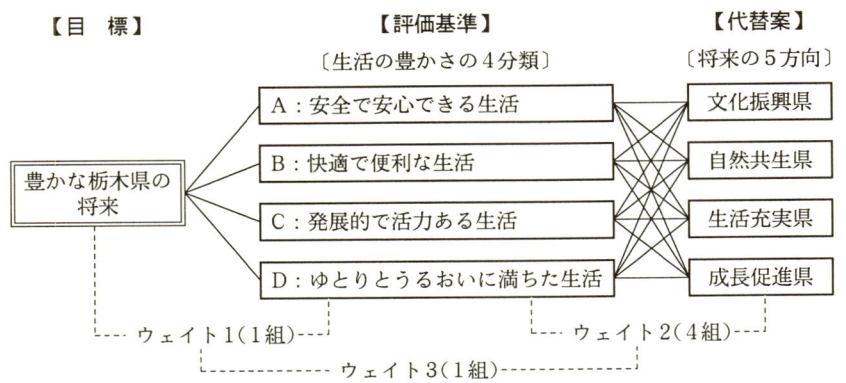

豊かな栃木県の将来

----- ウェイト1（1組）-----　　----- ウェイト2（4組）-----
-------------- ウェイト3（1組）--------------

## 図表2　県民意識調査におけるAHPの設問形式（調査票の回答欄の例）

### 【4つの評価基準の比較形式】

「豊かさを実感できるとちぎづくり」を進めていくためには，下表の各欄の左側の生活像と右側の生活像とではどちらが重要とお考えですか．記入例を参考に番号に○印をつけてください．

| 豊かな「生活像」 | 常に左側重要が非 | なり左側重要か | やや左側重要が | 同じ程度 | やや右側重要が | なり右側重要か | 常に右側重要が非 | 豊かな「生活像」 |
|---|---|---|---|---|---|---|---|---|
| 記入例：○○○の生活 | 1 | 2 | 3 | 4 | 5 | 6 | 7 | △△△の生活 |
| A.安全で安心できる生活 | 1 | 2 | 3 | 4 | 5 | 6 | 7 | B.快適で便利な生活 |
| A.安全で安心できる生活 | 1 | 2 | 3 | 4 | 5 | 6 | 7 | C.発展的で活力ある生活 |
| A.安全で安心できる生活 | 1 | 2 | 3 | 4 | 5 | 6 | 7 | D.ゆとりとうるおいに満ちた生活 |
| B.快適で便利な生活 | 1 | 2 | 3 | 4 | 5 | 6 | 7 | C.発展的で活力ある生活 |
| B.快適で便利な生活 | 1 | 2 | 3 | 4 | 5 | 6 | 7 | D.ゆとりとうるおいに満ちた生活 |
| C.発展的で活力ある生活 | 1 | 2 | 3 | 4 | 5 | 6 | 7 | D.ゆとりとうるおいに満ちた生活 |

### 【代替案の比較形式－評価基準Aの場合】

①Aの「安全で安心できる生活」を実現する観点から，左右どちらの将来の姿が望ましいですか．

| 豊かな「生活像」 | 常に左側重要が非 | なり左側重要か | やや左側重要が | 同じ程度 | やや右側重要が | なり右側重要か | 常に右側重要が非 | 豊かな「生活像」 |
|---|---|---|---|---|---|---|---|---|
| 記入例：○○○県 | 1 | 2 | 3 | 4 | 5 | 6 | 7 | △△△県 |
| 1.文化振興県 | 1 | 2 | 3 | 4 | 5 | 6 | 7 | 2.自然共生県 |
| 1.文化振興県 | 1 | 2 | 3 | 4 | 5 | 6 | 7 | 3.生活充実県 |
| 1.文化振興県 | 1 | 2 | 3 | 4 | 5 | 6 | 7 | 4.成長促進県 |
| 2.自然共生県 | 1 | 2 | 3 | 4 | 5 | 6 | 7 | 3.生活充実県 |
| 2.自然共生県 | 1 | 2 | 3 | 4 | 5 | 6 | 7 | 4.成長促進県 |
| 3.生活充実県 | 1 | 2 | 3 | 4 | 5 | 6 | 7 | 4.成長促進県 |

で，回答欄の左右に示された評価基準または代替案を，「左側が非常に重要」から「右側が非常に重要」までの7段階で評価し，1から7までのいずれかの数字に○印を付ける形式とした(図表2).

## 3. AHPによる「県の将来像」の分析結果

### (1) AHP問題の回答状況

県民意識調査は，1604人を対象として実施し988人より回答を得たが，AHP問題に関しては，73人が無回答(記入なし)であった(図表3)．また，回答のあった915人についても，適合性の基準を $CI \leq 0.15$ とした場合の有効回答が292人(31.9％)，$CI \leq 0.20$ とした場合が491人(53.7％)であった．このため，適合性の基準を $CI \leq 0.20$ とし，$0.20 < CI \leq 0.50$ の範囲のサンプル(306人)について修正を行い，全体で797名を有効回答として集計・分析を行った．

ここで行った修正は，計算されたウェイト $W_1 \sim W_4$ をもとに，$W_i/W_j$ を $(i, j)$ 成分とする行列 $W$ を作成し，アンケート調査による一対比較の行列 $N$ の成分と比較し，次の条件に該当する場合に，$N$ の $(i, j)$ 成分を $W$ の $(i, j)$ 成分に置き

図表3　AHP問題の回答状況

| 項　目 | 人　数 |
|---|---|
| アンケート調査の配布数 | 1604人 |
| アンケート調査の回答数 | 988人 |
| AHP問題の解答数(記入数) | 915人 |
| AHP問題の有効回答数 | 797人 |
| 　　$CI \leq 0.15$ の回答数 | 292人 |
| 　　$CI \leq 0.20$ の回答数 | 491人 |
| 　　$0.20 < CI \leq 0.50$ の回答数 (回答を修正したサンプル) | 306人 |
| AHP問題の無効回答数 | 191人 |
| 　　未記入の回答数 | 73人 |
| 　　$CI > 0.50$ の回答数 | 118人 |

換えたものである.
① $N(i,j)$ と $W(i,j)$ が1を境に逆転している場合
② $N(i,j)$ と $W(i,j)$ が2倍より大きな開きがある場合

## (2) AHPにおけるウェイトの計算結果

「県の将来像」に関するAHP問題の最終計算結果である評価基準および代替案のウェイトは,図表4および図表5に示すとおりである.これらのウェイトは,個人別にウェイトを算定したのち単純平均したものである.

評価基準については,「D:ゆとりとうるおいに満ちた生活」のウェイトが最も高く,「B:快適で便利な生活」が最も低くなった.この結果は,個人の生活に関して物量的な条件より質的な側面を重要視していることを示している.

**図表4 評価基準(生活の豊かさ)のウェイト**

- 1. 文化振興県 0.226
- 2. 自然共生県 0.276
- 3. 生活充実県 0.282
- 4. 成長促進県 0.216

**図表5 代替案(県の将来像)のウェイト**

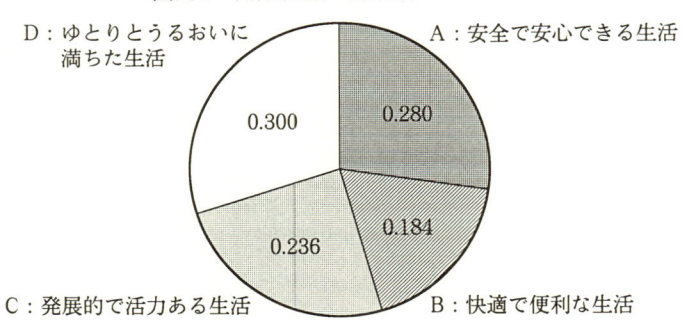

- A:安全で安心できる生活 0.280
- B:快適で便利な生活 0.184
- C:発展的で活力ある生活 0.236
- D:ゆとりとうるおいに満ちた生活 0.300

## 3. AHPによる「県の将来像」の分析結果

県の将来像については，四つの代替案の優先順位が，「生活充実県」「自然共生県」「文化振興県」「成長促進県」の順となり，"県民一人ひとりの生活を充実することを目指す"ことが将来において最も期待されていることが示された．しかし，代替案のウェイトには大きな差がなく，四つの代替案の要素が調和していること，すなわち，"個人生活，自然環境，経済，文化のバランスが取れた県"が将来像の平均的なイメージとして示された．

### (3) 一つの代替案を優先する回答者のグループによる分析

有効回答全体(797人)の平均値では「県の将来像」の4つの代替案のウェイトは近似した値となったが，個人別の算定結果を見ると，いずれか一つの代替案のウェイトが他より高くなる傾向が見られた．そこで，優先する(最も高いウェイトとする)代替案ごとに回答者を四つのグループに分け，このグループごとにウェイトの平均値の算定を行った．

#### 1) 一つの代替案を優先するグループの構成

この四つのグループは，図表6に示す構成となっており，「2.自然共生県」を優先する回答者と「3.生活充実県」を優先する回答者がともに240人を超えたサンプル数であり，他の二つの代替案は100人台のサンプル数である．ここで，複数の代替案のウェイトが同じ値で，特定の代替案を優先しない53人のサンプルについては分析から除外した．

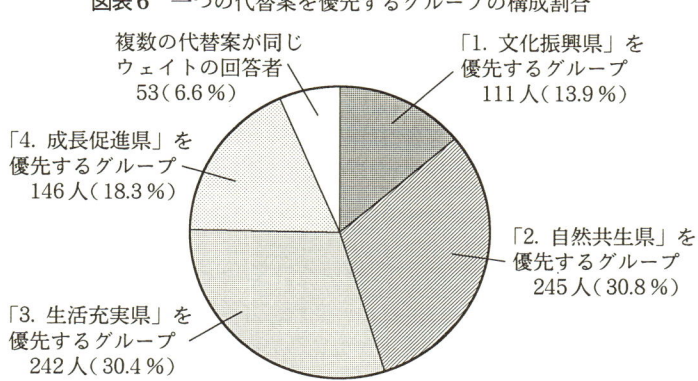

**図表6　一つの代替案を優先するグループの構成割合**

- 複数の代替案が同じウェイトの回答者 53人(6.6%)
- 「1.文化振興県」を優先するグループ 111人(13.9%)
- 「2.自然共生県」を優先するグループ 245人(30.8%)
- 「3.生活充実県」を優先するグループ 242人(30.4%)
- 「4.成長促進県」を優先するグループ 146人(18.3%)

2) 評価基準(生活の豊かさ)のウェイト

評価基準のウェイトは,図表7のように示され,「1.文化振興県」を優先するグループでは「D:ゆとりとうるおいに満ちた生活」が他より高く,「2.自然共生県」と「3.生活充実県」を優先するグループでは「A:安全で安心できる生活」が,「4.成長促進県」を優先するグループでは「C:発展的で活力ある生活」が他より高い結果となった.また,全体の平均で最もウェイトが低かった「B:快適で便利な生活」は,グループ別でも最もウェイトが低くなった.

3) 代替案(県の将来像)のウェイト

代替案のウェイトは,図表8のように示され,各グループとも優先する代替案

**図表7** 一つの代替案を優先するグループ別の評価基準のウェイト

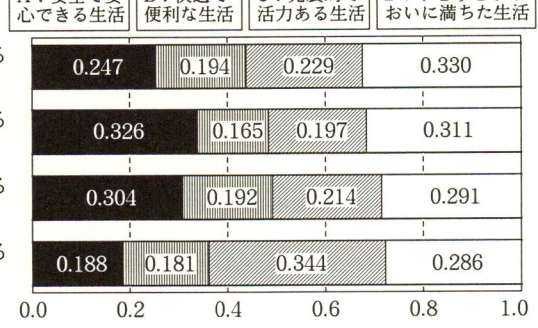

| グループ | A:安全で安心できる生活 | B:快適で便利な生活 | C:発展的で活力ある生活 | D:ゆとりとうるおいに満ちた生活 |
|---|---|---|---|---|
| 「1.文化振興県」を優先するグループ(111人) | 0.247 | 0.194 | 0.229 | 0.330 |
| 「2.自然共生県」を優先するグループ(245人) | 0.326 | 0.165 | 0.197 | 0.311 |
| 「3.生活充実県」を優先するグループ(242人) | 0.304 | 0.192 | 0.214 | 0.291 |
| 「4.成長促進県」を優先するグループ(146人) | 0.188 | 0.181 | 0.344 | 0.286 |

**図表8** 一つの代替案を優先するグループ別の代替案のウェイト

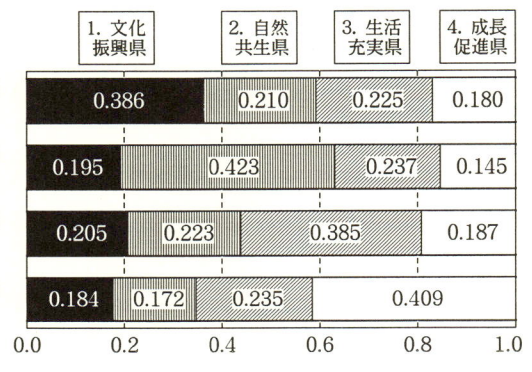

| グループ | 1.文化振興県 | 2.自然共生県 | 3.生活充実県 | 4.成長促進県 |
|---|---|---|---|---|
| 「1.文化振興県」を優先するグループ(111人) | 0.386 | 0.210 | 0.225 | 0.180 |
| 「2.自然共生県」を優先するグループ(245人) | 0.195 | 0.423 | 0.237 | 0.145 |
| 「3.生活充実県」を優先するグループ(242人) | 0.205 | 0.223 | 0.385 | 0.187 |
| 「4.成長促進県」を優先するグループ(146人) | 0.184 | 0.172 | 0.235 | 0.409 |

のウェイトが0.4前後となり，2番目の代替案のウェイトより0.15以上の差が生じている．また，2番目以降の代替案のウェイトは，0.24から0.15の範囲に概ね入り，比較的近似した値となっており，各グループとも優先する代替案のウェイトと他の三つの代替案のウェイトの比が概ね2：1：1：1になっている．こうした中で，「2. 自然共生県」を優先するグループでは，2番目以降の代替案のウェイトにも0.5程度の差が見られ，各代替案のウェイトの開きが最も大きくなっている．

## 4．「県の将来像」と期待される県政施策

　本事例では，AHP手法による代替案の優先順位やウェイトの分析に加えて，AHP問題と他の設問とを組み合わせた分析を行っている．この分析は，AHP問題と県政の満足度・期待度に関する設問とを組み合わせたもので，AHP分析により求めた一つの代替案を優先するグループごとに個別施策の優先順位（満足度と期待度の関係から求めた個別施策の序列）を算定し，期待される県政施策の特徴を把握するとともに，代替案のイメージを具体化したものである．

（1）「県の将来像」の代替案ごとに見た期待される県政施策の特徴

　四つの代替案を優先するグループごとに個別施策の優先順位を算定した結果は図表9のように示され，県の将来像の各代替案にとって重要であると想定される県政施策が上位のランクに位置付けされ，それら施策と相反する要素を持った施策が相対的に下位に位置付けられている．全体平均の優先順位と各グループの優先順位を比較すると，以下の特徴が整理される．

　「1. 文化振興県」を優先するグループでは，「道路・交通機関」「都市景観」「文化の振興」が最も上位となり，「生涯学習社会形成」「国際交流の推進」など広義の文化と関連する施策項目が全体平均より優先順位が高く，都市環境や国際交流などを含めた広い分野で地域文化の振興が期待されているといえる．

　「2. 自然共生県」を優先するグループでは，「ゴミ処理」「自然環境保全」が最も上位となり，「公害防止」「資源エネルギー」などの優先順位が高く，自然と

図表9　将来像の代替案のうち一つを優先するグループ別に見た県政の個別施策の優先順位（ランク区分）

| | 全体(797人) | 「文化振興県」を優先するグループ(111人) | 「自然共生県」を優先するグループ(245人) | 「生活充実県」を優先するグループ(242人) | 「成長促進県」を優先するグループ(146人) |
|---|---|---|---|---|---|
| ランク5 | ・下水道<br>・ゴミ処理<br>・道路・交通機関<br>・都市景観 | ◎道路・交通機関<br>◎都市景観<br>◎文化の振興<br>・ゴミ処理 | ◎ゴミ処理<br>◎自然環境保全<br>・下水道<br>・都市景観 | ・道路・交通機関<br>・下水道<br>・ゴミ処理 | ・下水道<br>・道路・交通機関<br>・都市景観 |
| ランク4 | ・自然環境保全<br>・公害防止<br>・イメージアップ<br>・地域ぐるみの福祉<br>・青少年の健全育成<br>・高齢者福祉 | ▼下水道<br>・自然環境保全<br>・高等教育（大学等）<br>◎生涯学習社会形成<br>・青少年の健全育成<br>・高齢者福祉<br>・地域ぐるみの福祉 | ◎公害防止<br>▼道路・交通機関<br>◎障害者福祉対策<br>・地域ぐるみの福祉<br>・高齢者福祉<br>・青少年の健全育成 | ・都市景観<br>・イメージアップ<br>・地域ぐるみの福祉<br>・高齢者福祉 | ◎イメージアップ<br>▼ゴミ処理<br>◎高等教育（大学等）<br>・まちおこし<br>・青少年の健全育成<br>・地域ぐるみの福祉 |
| ランク3 | ・高等教育（大学等）<br>・児童福祉<br>・障害者福祉対策<br>・文化の振興<br>・物価安定・消費者保護<br>・公平公正な社会<br>・まちおこし<br>・過疎対策<br>・公園緑地<br>・雇用の安定・拡大<br>・交通安全<br>・資源エネルギー | ・イメージアップ<br>・公害防止<br>◎国際交流の推進<br>・まちおこし<br>・児童福祉<br>・障害者福祉対策<br>・物価安定・消費者保護<br>・公園緑地<br>・医療<br>・公平公正な社会<br>・コミュニティ活動<br>・学校教育（小中高） | ・文化の振興<br>◎資源エネルギー<br>・児童福祉<br>・公平公正な社会<br>・高等教育（大学等）<br>・交通安全<br>▼イメージアップ<br>・医療<br>・公園緑地<br>・過疎対策<br>・生涯学習社会形成<br>◎生活衛生 | ◎物価安定・消費者保護<br>◎青少年の健全育成<br>▼自然環境保全<br>◎過疎対策<br>・障害者福祉対策<br>・公害防止<br>・まちおこし<br>・雇用の安定・拡大<br>・児童福祉<br>・高等教育（大学等）<br>・公平公正な社会<br>・医療 | ◎高度技術産業<br>◎商工業・観光<br>▼児童福祉<br>・公害防止<br>・文化の振興<br>・障害者福祉対策<br>・過疎対策<br>◎国際交流の推進<br>・公園緑地<br>・雇用の安定・拡大<br>・公平公正な社会<br>▼高齢者福祉 |

4．「県の将来像」と期待される県政施策

| | | | | | |
|---|---|---|---|---|---|
| ランク3 | ・生涯学習社会形成<br>・医療<br>・国際交流の推進 | ・生活衛生 | ・物価安定・消費者保護 | ・生涯学習社会形成<br>・公園緑地<br>・交通安全<br>・文化の振興<br>▼住宅宅地 | ・交通安全<br>▼自然環境保全<br>▼物価安定・消費者保護<br>・スポーツ・レクリエーション施策<br>・資源エネルギー |
| ランク2 | ・生活衛生<br>・住宅宅地<br>・商工業・観光<br>・高度技術産業<br>・コミュニティ活動<br>・学校教育(小中高)<br>・スポーツ・レクリエーション施策<br>・農林水産業<br>・幼児教育 | ・資源エネルギー<br>▼交通安全<br>・スポーツ・レクリエーション施策<br>▼過疎対策<br>・商工業・観光<br>・住宅宅地<br>▼雇用の安定・拡大<br>・高度技術産業<br>・健康づくり<br>・幼児教育<br>・農林水産業 | ・雇用の安定・拡大<br>・まちおこし<br>◎農林水産業<br>・住宅宅地<br>・国際交流の推進<br>・コミュニティ活動<br>・スポーツ・レクリエーション施策<br>・学校教育(小中高)<br>・商工業・観光<br>・高度技術産業<br>・幼児教育<br>・健康づくり<br>・自然災害防止 | ・国際交流の推進<br>・資源エネルギー<br>・商工業・観光<br>・生活衛生<br>・高度技術産業<br>・学校教育(小中高)<br>・コミュニティ活動<br>・スポーツ・レクリエーション施策<br>・農林水産業 | ・生涯学習社会形成<br>▼医療<br>・住宅宅地<br>・コミュニティ<br>・学校教育(小中高)<br>・生活衛生<br>・幼児教育 |
| ランク1 | ・健康づくり<br>・自然災害防止<br>・防犯・防火 | ▼自然災害防止<br>▼防犯・防火 | ・防犯・防火 | ・幼児教育<br>・健康づくり<br>・防犯・防火<br>・自然災害防止 | ・農林水産業<br>▼防犯・防火<br>・自然災害防止<br>▼健康づくり |

〔凡例〕◎：全体平均と比較して優先度の増加が大きいもの。　▼：全体平均と比較して優先度の減少が大きいもの。

の調和を基調とした生活環境の充実が期待されているといえる．

「3. 生活充実県」を優先するグループでは，全体平均と比較して優先順位が大きく上昇する項目はなく，全体平均と類似した構成となっており，各種要素の調和が期待されているといえる．

「4. 成長促進県」を優先するグループでは，「イメージアップ」「高等教育（大学等）」「高度技術産業」「商工業・観光」などの優先順位が高く，高等教育や高度技術産業など新しい時代に向けた産業振興が期待されているといえる．

以上の代替案ごとの特徴把握とともに，特定の施策に関して四つの代替案の視点から評価することもできた．その例として，「道路・交通機関」は，自然共生の観点からは優先順位が下がり，自然環境との調和が重要であることが示される．また，「まちおこし」は，成長促進の観点では上位の優先順位にあるものの，他の観点では優先順位が低く，施策の内容によって優先度の評価も変化する可能性が高いことが示される．

(2) 「県の将来像」の代替案に関するイメージの具体化

上記では，四つの代替案の観点から期待される施策の特徴を示したが，これは，期待される施策によって代替案の特徴を説明していることにほかならない．そこで，AHP問題を設定した段階では抽象的な説明であった四つの代替案について，県政施策の優先度の分析と組み合わせることによって，イメージの具体化を行ったものである．各代替案は，以下のようなイメージとして説明される．

① 文化振興県： 従来の機能性重視から，ゆとりや潤いを持った地域環境の重視へと転換を図り，総合的に文化水準が高い地域の形成を目指す．

② 自然共生県： 自然に包まれた地域環境を基調として，快適でいきがいの持てる生活環境の形成を目指す．

③ 生活充実県： 活力があり住みやすい地域の仕組みを向上させ，安定した生活を持続することができる地域環境の形成を目指す．

④ 成長促進県： 各種産業の発展や都市機能・交通網の整備を図り，豊かでゆとりと潤いのある地域環境の形成を目指す．

## 5. おわりに

栃木県では，毎年，「県政世論調査」が実施されており，県民が求める重要施策についてはある程度の序列を持って把握してきたところであるが，今回の調査・分析により，県の将来的な方向にそった施策の優先順位が分析され，今後の施策の組立てに有効な資料が得られたものと考える．

本事例で示した県の将来像の評価へのAHP手法の適用は，個人別にAHPを算定する方法を選択したことで，回答方法（一対比較）そのものが複雑な形式となり，回答率と精度が低下したという問題点を残した．しかし，分析結果は，代替案として設定した四つの将来像の相互の関係が比較的明確に示され，施策の優先順位と関連付けることで，代替案そのもののイメージをより明確にすることができた．また，将来像の視点から見た県政施策の評価についても分析を行うことができた．

今後のAHP手法の適用に関して，県民意識調査のように多くの一般住民を対象としたアンケート調査では，個々の回答者が一対比較を正確に行うことが困難であることなどから，アンケート調査の集計結果を用いることが望ましいと考えられる．一方，本事例で扱ったような一般住民の意識調査においては，AHPのウェイトの大小を1回の調査だけで云々するのではなく，経年的な調査によって変化を見ていくことに一つの意義があると考えられ，今後，一定期間ごとに同様の調査を実施していくことが望ましいと考えられる．

## 参考文献

[1] 木下栄蔵，『AHP手法と応用技術』，総合技術センター，1993．
[2] 栃木県企画部，『「豊かな」栃木県づくりに関する有識者意向調査報告書』，1994年．

# 索　引

## 〔ア〕

| | |
|---|---|
| Outer Dependence 法 | 2 |
| アカウンタビリティ | 252 |
| アクター法 | 92 |
| Absolute Measurement 法 | 239 |
| アルゴリズム | 169 |
| 安全性解析 | 204 |
| 意見集約 | 257 |
| 意識調査 | 286 |
| 意思決定手法 | 215 |
| 意思決定ストレス | 148 |
| 一斉法 | 7, 47, 65, 149 |
| 一対比較 | 11, 193, 231, 264, 287 |
| ——行列群 | 176, 177 |
| ——区間行列 | 84 |
| ——グラフ G | 187 |
| ——値 | 12 |
| ——値の尺度 | 4 |
| ——判断 | 193 |
| ——評価 | 192 |
| ——法 | 255 |
| 一票の重み | 95 |
| Inner Dependence 法 | 2 |
| ウェイト | 289 |
| 売り手 | 176 |
| AHP 支援システム | 192 |
| ANP の基本方程式 | 23 |
| AHP の国際的適用事例 | 9 |
| AHP の七つの柱 | 6 |
| AHP 評価の繰返し修正支援法 | 9 |
| AHP 問題 | 287 |
| ANP モデル | 259, 263 |
| AM 法 | 153, 155 |
| 影響マトリックス | 154 |
| エルスバーグの反例 | 134 |
| $L_1$ ノルム | 171 |
| $L_2$ ノルム | 171 |
| $L_\infty$ ノルム | 171 |
| 応用理論 | 131 |
| 重み付き線形和関数 | 255 |
| 重みベクトル | 243 |

## 〔カ〕

| | |
|---|---|
| 階層構造 | 11, 50, 192 |
| ——の構築 | 231 |
| 階層分析アプローチ | 58 |
| 買い手 | 176 |
| 外部従属法 | 2, 22 |
| 外部評価 | 27 |
| ——値 | 164 |
| ——平均値 | 164 |
| 確定効用モデル | 144 |
| 確率行列 | 22 |
| 確率重要度 | 205 |
| 加重一斉法 | 69 |
| 過小評価 | 112 |
| 過剰評価率 | 166 |
| 仮想的代替案 | 61, 138, 141 |
| 過大評価 | 112 |
| 価値関数 | 132 |
| 価値判断 | 252, 253, 257 |

| | | | |
|---|---|---|---|
| 可能性測度 | 8, 118 | 区間値 | 80, 176 |
| 可変次元アルゴリズム | 177 | 区間判断 | 178 |
| 加法型効用関数 | 134 | クリティカリティ重要度 | 204 |
| 加法独立性 | 135 | グループ意思決定支援システム | 197 |
| 間隔尺度 | 142 | グループ一対比較行列 | 185 |
| 環境アセスメント | 231 | グループAHP | 183, 185, 186 |
| 完全グラフ | 187, 188 | ——法 | 8 |
| 完全情報 | 108 | 経済波及効果 | 249 |
| 感度係数 | 193 | ゲーム理論 | 6 |
| 感度分析 | 193, 231, 256 | 限界効用 | 132 |
| 幾何平均 | 19 | 限界代替率 | 132 |
| ——法 | 187 | 見解分析 | 99 |
| 危機管理 | 228 | 原始行列 | 22 |
| 希求水準 | 138, 140, 141 | 原始指標 | 22 |
| 危険 | 260 | 原始データ | 94 |
| 記述的モデル | 134, 137 | 原子力発電所建設の可否 | 226 |
| 基準化 | 34 | 県民意識調査 | 10 |
| 基数効用関数 | 132 | 構造式 | 17 |
| 基数尺度 | 132 | 後続調査 | 65 |
| 規制代替案 | 47 | 効用加算ルール | 143 |
| 期待効用 | 133 | 効用関数 | 4, 131 |
| ——最大化の仮説 | 132 | 効用値 | 136 |
| 木下栄蔵 | 90 | 効用独立 | 134 |
| 規範的モデル | 133 | 効用理論 | 131 |
| 基本事象 | 204 | 国際的適用事例 | 225 |
| きめる社会ときまる社会 | 6 | コストベネフィット評価 | 9 |
| 既約行列 | 22 | コストベネフィット分析 | 215 |
| 逆数行列 | 161 | 固有値法 | 160 |
| 行列の既約性 | 162 | 固有値問題 | 4, 160 |
| 強連結 | 22, 162 | 固有ベクトル | 243 |
| 均衡価格比 | 174, 175 | コンセルド基準 | 143 |
| 均衡条件 | 177 | 〔サ〕 | |
| 均衡状態 | 165 | | |
| 区間AHP | 79 | サイクル | 22 |
| ——による集団合意形成法 | 78 | ——の長さ | 22 |
| ——法 | 6 | 最小過剰評価率 | 167 |

| | | | |
|---|---|---|---|
| 最小ノルム問題 | 172 | 重複データ | 187 |
| 最小不満値 | 85 | 住民参加型ワークショップ | 6 |
| 最大過剰評価率 | 167 | 重要度 | 264 |
| 最大固有値 | 149 | ——決定モデル | 86 |
| 最適化問題 | 167 | ——に望む特性 | 181 |
| Saatyの定理 | 147 | 従来型AHP | 2, 54 |
| サヴェージ | 133 | 従来型絶対評価法 | 55, 56 |
| CI値 | 255 | 主観的確率 | 146 |
| 恣意性 | 258 | 主観的選好 | 142 |
| 自己評価 | 27 | 主観的評価 | 192 |
| ——値 | 164 | 主固有ベクトル | 11, 12 |
| システム科学的技法 | 1 | 主固有モデル | 8 |
| 視点間ストレス | 94 | 主張区間 | 82, 185 |
| 自動点検監視システム | 9, 239 | 首尾一貫性 | 255 |
| 支配型AHP | 3, 47 | 順位逆転問題 | 4 |
| 支配代替案 | 48 | 順序効用関数 | 132 |
| ——間の互換性 | 54 | 順序尺度 | 132 |
| ——法 | 3, 34, 47, 49 | 状況特性 | 138 |
| 支配的視点 | 55 | 情報エントロピー | 146 |
| 支配評価水準 | 60 | 乗法型効用関数 | 134 |
| ——法 | 3, 60 | 情報公開 | 258 |
| 支配力 | 69 | 情報単位 | 94 |
| 市販ソフトウェア | 225 | 序数効用関数 | 132 |
| 社会基盤施設 | 249 | 人事システム | 183 |
| 社会経済環境 | 269, 270, 271, 272, 273, 276, 284 | 人事評価システム | 190 |
| | | 新製品価格決定のゲーム | 174 |
| 弱順序 | 133 | 信頼性 | 204 |
| 弱選好差独立性 | 135 | ——・安全性解析 | 9 |
| 尺度格付け基準 | 59, 63 | 推移性 | 133 |
| 集団案 | 94 | 推移律 | 148 |
| 集団意思決定ストレスの最小化 | 95 | 数理経済学 | 172 |
| 集団意思決定ストレス法 | 6, 91 | 数量化Ⅲ類 | 98 |
| 集団AHP | 4 | 正行列 | 161 |
| 集団幾何平均法 | 92 | 整合性 | 147, 193 |
| 集団合意形成 | 6, 77 | ——指標 | 147 |
| 集団全体の不満足度 | 85 | 整合性の評価 | 4 |

| | | | |
|---|---:|---|---:|
| 整合度 | 105, 193 | 属性値 | 59 |
| ——の検討 | 231 | ソフトウェア | 225 |
| 政策決定 | 267 | 損害 | 207 |
| 正の線形変換 | 133, 138 | 損失関数 | 174 |
| 制約条件 | 180 | | |
| 絶対評価法 | 2, 215, 253 | 〔タ〕 | |
| 説得性 | 257 | 退化現象 | 172 |
| 設備データの評価 | 241 | 大規模AHP | 186 |
| 説明可能度 | 120 | 第三者機関 | 249, 250 |
| 説明責任 | 252, 258 | 対数最小二乗推定 | 18 |
| 説明容易性 | 257 | 対数最小二乗法 | 17, 160 |
| 漸化式 | 72 | 代替案 | 12, 50, 192, 287 |
| 線形効用関数 | 150, 157 | 多基準分析問題 | 251 |
| 線形選好関数 | 142 | 多属性効用関数 | 134 |
| 選好関係 | 133 | 多属性効用理論 | 143 |
| 選好関数モデリング | 142 | たたき台 | 35 |
| 選好関数モデル | 8 | ダメージ | 207 |
| 選好構造差独立性 | 135 | 多目的意思決定 | 132 |
| 選好差独立性 | 135 | ——モデル | 1 |
| 選好順位逆転現象 | 137, 141 | 多目的システム | 1 |
| 先行調査結果 | 65 | 地方国際空港 | 9 |
| 選好強さ | 135 | 中間事象 | 204 |
| 選好特性 | 138 | 超行列 | 7, 11, 21, 264 |
| 選択公理 | 144 | 追加情報処理 | 65 |
| 総過剰評価率 | 169 | 追加制約 | 170 |
| 総計 | 32 | 追加データ | 65 |
| 総合化 | 252, 255 | TS法 | 179 |
| 総合クリティカリティ重要度 | 207 | 適合性の基準 | 289 |
| 総合重要度 | 143, 194 | 出来高 | 59 |
| ——の値 | 136 | 透明性 | 258 |
| 総合評価手法 | 249 | 凸依存性 | 135 |
| 総合評価ベクトル | 265, 266 | トップ事象 | 204 |
| 総合目的 | 50 | トップダウン | 54 |
| 相互効用独立性 | 135 | トリップ発生モデル | 10 |
| 相互評価 | 21 | | |
| ——法 | 2, 253 | 〔ナ〕 | |

| | | | |
|---|---|---|---|
| 内部従属法 | 2, 153, 155 | 評価基準 | 12, 192, 287 |
| 中西昌武 | 90 | 評価項目 | 50 |
| 二部グラフ | 109 | 評価者格付け | 94 |
| ニュートラル評価（N評価） | 120 | 評価者の見解の重み | 94 |
| ニュートンラフソン法 | 208 | 評価者の見解の保持 | 94 |
| ニューラルネットワークモデル | 6 | 評価者の差別化 | 95 |
| ネットワーク構造 | 22 | 評価者の揺れ動く支配視点 | 66 |
| ノルム | 171 | 評価点数 | 244 |
| | | 費用便益分析 | 252 |
| 〔ハ〕 | | ファジィ一対比較法 | 204 |
| 配点法 | 255, 256 | ファジィ AHP | 117 |
| バイナリ AHP | 108, 178 | ファジィ性 | 4 |
| Harker法 | 179 | ファジィ線形計画問題 | 214 |
| パス追跡アルゴリズム | 177 | ファジィ測度 | 117 |
| パターン解析 | 98 | フィンランド国会 | 227 |
| 発言権 | 97 | フォールトツリー | 204 |
| 発生確率データ | 204 | ――解析 | 204 |
| Hamalainen型 | 4 | フォン・ノイマン | 132, 146 |
| ばらつき最小化問題 | 166, 167 | フォン・ノイマン＝モルゲンシュルテン | |
| 汎用 AHP ソフトウェア | 231 | 効用関数 | 133 |
| 比較行列 | 12 | 不完全一対比較 | 179 |
| 非加重一斉法 | 69 | ――行列 | 179 |
| 非加法性 | 118 | 不完全情報 | 110 |
| 非加法的ウェイト | 119 | 不完全データ | 187 |
| ビジネストリッ発生モデル | 284 | 服従代替案 | 48 |
| ビジネストリップ | 271, 272, 273, 274, 275, 277, 282, 283 | 服従評価水準 | 60 |
| | | 付順方式 | 87 |
| ――発生トリップ | 273 | 普遍的視点 | 55 |
| ――発生モデル | 275 | 不満値 | 85 |
| ――発生量 | 276, 281, 283 | フロベニウスの定理 | 24 |
| ――変化率 | 274, 275, 276, 278, 281 | フロベニウスのミニマックス（Min-Max） | |
| ――変化率想定モデル | 272, 274, 276 | 定理 | 8, 28, 168 |
| 比尺度 | 142, 171 | 分解表現 | 135 |
| 非線形最適化問題 | 185 | 分数計画問題 | 170 |
| 必然性測度 | 8, 119 | ペア比較 | 241 |
| 非負行列 | 161 | ペルー日本大使公邸人質事件 | 228 |

| | |
|---|---:|
| ペロンの定理 | 162 |
| ペロン-フロベニウスの定理 | 87, 163 |
| 便益 | 252 |
| 貿易紛争解決策 | 231 |
| 補完値 | 179 |
| ボトムアップ | 54 |

〔マ〕

| | |
|---|---:|
| マキシマックス評価（MM評価） | 120 |
| マキシミン評価（MN評価） | 120 |
| マルコフ過程 | 148 |
| マルチウィンドウ | 197 |
| 無差別曲線 | 132 |
| 目標計画法 | 87 |
| モデル | 17 |
| モルゲンシュルテン | 132 |
| 問題解決シナリオ | 91 |
| モンテカルロ法 | 151 |

〔ユ〕

| | |
|---|---:|
| 有向グラフ | 106 |

〔ラ〕

| | |
|---|---:|
| ランダム効用モデル | 144 |
| リスク | 207, 260, 261 |
| ——受容 | 261 |
| ——評価 | 10, 259 |
| ——マネジメント | 268 |
| リニューアル評価 | 215 |
| 類似見解グループ | 100 |
| Lootsmaの指数型 | 4 |
| ルースモデル | 144 |
| 連結性 | 133 |

| | |
|---|---:|
| ロジットモデル | 6, 8, 144 |

〔ワ〕

| | |
|---|---:|
| 割安感 | 174 |

〔英字〕

| | |
|---|---:|
| Absolute Measurement Approach | 2 |
| AHP | iii, 215 |
| Allais | 134 |
| ANP | iii |
| CI | 147, 289 |
| Concurrent Convergence | 68 |
| D-AHP | 8, 136, 137, 139, 141 |
| DI | 85 |
| DS | 85 |
| FTA | 204 |
| Hamalainen, R. P. | 226 |
| IIA | 145 |
| ISAHP | 1 |
| ITS | 240 |
| LLS | 17 |
| LPF | 142 |
| Luce, R. D. | 144 |
| MCDM | 132 |
| McFadden, D | 145 |
| MDS | 85 |
| PFM | 142 |
| Relative Measuremenet Approach | 2 |
| Saaty, T. L. | iii, 90, 184, 228 |
| super matrix | 2, 7, 264 |
| Windows | 197 |
| Wolfe | 173 |

**編著者紹介**

木下 栄蔵（きのした えいぞう）

- 1975年　京都大学大学院工学研究科修士課程 修了
- 1975年　阪神電鉄株式会社 入社
- 1980年　神戸市立工業高等専門学校 講師
- 1983年　同校 助教授
- 1989年　京都大学 工学博士
- 1991年　米国ピッツバーグ大学大学院ビジネススクール 客員研究員
- 1992年　神戸市立工業高等専門学校 教授
- 1994年　名城大学学部新設準備室 教授
- 1995年　名城大学都市情報学部 教授 現在に至る

**著　書**

『AHP手法と応用技術』総合技術センター，1993
『オペレーションズリサーチ』工学図書，1995
『意思決定論入門』近代科学社，1996
『社会現象の統計分析－手法と実例－』朝倉書店，1998
『孫子の兵法の数学モデル』講談社，1998
『孫子の兵法の数学モデル 実践編』講談社，1998
ほか多数

---

### AHPの理論と実際

2000年 6 月26日　第 1 刷発行
2008年 1 月18日　第 4 刷発行

　　　　　　　　　　編著者　木 下 栄 蔵
　　　　　　　　　　発行人　谷 口 弘 芳

検印省略

発行所　株式会社 日科技連出版社
〒151-0051 東京都渋谷区千駄ケ谷5-4-2
電話　出版 03-5379-1244
　　　営業 03-5379-1238～9
振替口座 東京00170-1-7309

印刷・製本　壮光舎印刷

Printed in Japan

Ⓒ Eizo Kinoshita et al. 2000
ISBN978-4-8171-5030-1
URL http://www.juse-p.co.jp/